JN485430

드럭 워즈

DRUG WARS

Drug Wars by Robin Feldman, Evan Frondort
© Robin Feldman and Evan Frondorf 2017
All Rights reserved.

Korean translation edition © Joyoon Communication 2017
Published by arrangement with Cambridge University Press, Ltd., Cambridge, England
Through Bestun Korea Agency, Seoul, Korea
All rights reserved.

이 책의 한국어 판권은 베스툰 코리아 에이전시를 통하여
저작권자인 Cambridge University Press, Ltd.와 계약한 조윤 커뮤니케이션에 있습니다.
저작권법에 의해 한국 내에서 보호를 받는 저작물이므로
어떠한 형태로든 무단 전재와 무단 복제를 금합니다.

드럭워즈
-제약회사들이 반드시 알아야 할 새로운 시대의 생존전략

1판 1쇄 인쇄 2017년 12월 1일
1판 1쇄 발행 2017년 12월 12일

저 자 로빈 펠드판 에반 프런도르프
역 자 고기현
펴낸곳 조윤커뮤니케이션
펴낸이 최몽순
편집디자인 redkoplus
인쇄·제본 한영문화사
주소 서울시 종로구 삼봉로 81 두산위브 파빌리온 304
전화 02-730-88421 **팩스** 02-730-8814
출판등록 제300-2005-208
등록일자 2001년 4월 13일

ISBN 978-89-91216-90-7
값 25,000원

드럭 워즈

DRUG WARS

로빈 펠드만 ROBIN FELDMAN
에반 프론도르프 EVAN FRONDORF
옮긴이 **고기현**

제약회사들이 반드시 알아야 할 새로운 시대의 생존전략

HOW BIG PHARMA RAISES PRICES
AND KEEPS GENERICS OFF THE MARKET

JOYOON
Communications

추천의 글 1

미국으로부터 배우는 한국 제약산업의 미래

지금 세계 각국에서 역점사업으로 추진하고 있는 4차산업 혁명의 중심에는 제약. 바이오 산업이 있습니다. 제약산업의 전세계 시장 규모는 자동차, 반도체 시장보다도 큰 1,000조원대에 달합니다. 우리나라도 제약 선진국으로서의 면모를 갖추고 국제무대에서 당당하게 경쟁하고 있습니다. 'cGMP수준의 생산 인프라 구축', 의약품 실사 상호협력국제기구인 PIC/S 가입, 25개의 국산신약 개발과 의약품 수출 급증이 이를 잘 말해주고 있습니다.

하지만, 한국 제약산업의 본격적인 도전은 이제 시작일 뿐입니다.

우리가 미래성장 동력인 제약산업을 통해 고부가가치· 양질의 일자리를 창출하고 '2020년 세계 7대 제약강국 진입'이라는 현실로 만들어가기 위해 국내가 아닌 전세계 시장을 향한 도전이 필요한 시점입니다.

이번에 출간된 <드럭워즈>는 전 세계에서 가장 큰 시장을 형성하고 있는 미국의 이야기 입니다. 그래서 후발주자인 우리가 무엇을 준비해야 어디에 관심을 가질 것인지 통찰력을 일깨우는 책입니다. 때문에 제약산업에 투신하고 있는 기업인이나 이 분야로 진출하기를 꿈꾸는 청년들이 일독할 만한 가치가 있는 책입니다.

국가적으로도 한국의 미래 신성장 동력이자 국민의 생명과 건강에 직결되는 의약주권을 지키기 위해서 관심이 필요하고 이를 정책적으로 지원 육성시켜 나가야 합니다.

이런 시기에 출간된 이 책은 시의 적절하게 한국제약 산업의 문제점을 진단하고 나아가야 할 방향을 제시해 줄 것이며 또한 글로벌 경쟁력을 갖추기 위해 무엇을 해야 할지를 알려줍니다.

모쪼록 이 책에 담겨 있는 사례들을 공부함으로써 미국이라는 제약강대국의 현실 그리고 전략 등을 제대로 파악해서 우리 나라가 제약강국으로 진입하는 데 반면교사로 삼을 수 있기를 기대합니다.

황상섭 대한약사회 제약유통위원장,

미국 Locust Walk 수석 부사장

추천의 글 2

통찰력 길러주는 시의적절한 참고서

2015년 3월 15일부터 본격적인 허가특허연계제도가 한국에 시행됨에 따라 제네릭 의약품을 개발하고 시판하기 위해서 오리지널 사와의 특허분쟁을 피할 수 없게 되었습니다. 허가특허연계제도는 미국의 Hatch-Waxman법을 모태로 만들어진 것이므로, Hatch-Waxman법 하에서 발생했던 각종 특허소송을 이해하고 국내 제약환경에 적합한 특허전략을 도출해 내는 것은 국내 대부분 제약사에게 당면한 큰 숙제입니다.

이런 상황에서 미국의 제네릭사와 오리지널 사와의 이해관계 및 이를 둘러싼 국가정책 및 특허소송을 객관적인 시각으로 서술한 <드럭 워즈>를 번역 출간하게 된 것은 참으로 시의 적절한 일이 아닐 수 없습니다.

현재, 특허심판원, 특허법원 등에서 다루어지고 있는 제약관련 특허분쟁 중 적지 않은 수가 미국에서 발생했던 특허분쟁과 실질적으로 동일하거나 또는 극히 유사한 쟁점을 갖고 있습니다. 따라서, 〈드럭워즈〉에 소개된 내용을 숙지하는 것만으로도, 오리지널사와 제네릭사 사이의 특허분쟁의 개시, 진행 및 종결에 이르기까지의 과정과 아울러, 그 뒷면에 숨겨져 있는 회사들 사이의 이해관계, 국가 정책 및 국민에게 미치는 영향에 대해서 깊은 통찰력을 갖게 될 것이라 확신합니다.

〈드럭워즈〉의 출간으로 인해, 허가특허연계제도 하에서 오리지널사와의 특허분쟁에 자신감을 갖게 된 국내 제약사들이 조만간 미국 시장으로 진출하여 랜박시나 테바와 같은 기업으로 성장할 날이 멀지 않았음을 기대하게 됩니다. 결코 쉽지 않은 작업임에도 불구하고, 이와 같은 전문적이고 소중한 내용을 정확하게 번역해 주신 이니스트바이오제약 고기현 이사님에게 존경의 마음을 담은 격려의 말씀을 드리며, 한국의 모든 제약·약업 관련 분들께 이 책을 추천합니다.

박종혁 변리사, 약학박사

역자의 글

지피지기백전불태知彼知己百戰不殆 경쟁사를 알고 나를 알면 백 번 싸워도 위태롭지 않고,

제구포신除舊布新 묵은 것을 버리고 새로운 것을 펼칠 수 있도록 도와준다

2012년 기준 세계 제약시장 규모는 1000조원으로 자동차 600조원, 반도체 400조원을 합친 규모다. 2016년엔 1400조원 규모로 성장했으며 미국의 점유율은 31%다. 2012년 세계 20대 제약회사 중 미국계가 8개다. 그래서 우리는 미국 시장을 배워야 한다. 나는 미국계 제약회사, 유럽계 제약회사를 다녔고 지금은 국내 제약회사에 다니고 있다. 서로 다른 독특한 환경을 가지고 있는 제약회사들의 특징이 있지만 현재 가장 큰 시장을 차지하고 있는 미국을 제대로 알아야 하는 것은 중요하다. 그래서 이 책을 번역한 이유이다. 도대체 미국 제약 시장에서는 무슨 일이 일어나고 있는가

한편 2017년 초부터 도널드 트럼프 대통령이 미국 제약업체들에게 의약품 가격을 내리라고 촉구했다. 트럼프 대통령은 백악관에서 미국 주요 제약업체 대표들을 만나 미국산 의약품의 생산을 늘리고 가격을 낮출 것을 요청했다. 트럼프 대통령은 대신 미국 식품의약청(FDA)이 새로운 의약품을 신속히 승인할 수 있도록 하겠다고 강조했다. 트럼프 대통령은 제약 업체들이 약값을 "천문학적"으로 올려왔다며 "가격을 낮출 많은 이유들이 있고, 노인(메디케어)과 저소득층(메디케이드) 건강 복지 프로그램을 위해서는 선택의 여지가 없다 "며 제약 업체들을 압박한 것이다. 보이지 않는 전쟁이 일어나고 있는 듯 했다.

미국에서 헬스케어 업종 주가는 지난 해 미국 대통령 선거를 앞두고 힐러리 클린턴 전 국무장관의 당선이 유력해지면서 급락했었다. 클린턴 전 장관은 의약품 약값을 낮추겠다는 내용의 트위터를 남기기도 했었다. 트럼프 대통령 당선 이후 다시 회복세로 돌아서기는 했다. 〈Drug Wars〉 는 이런 시기의 한 가운데서 쓰여진 책이라는 점에서 흥미롭다. 이 책은 두 명의 법학자가 가장 최근의 미국 에서 일어나고 있는 현재의 제약마켓(Pharmaceuticals)의 상황을 보여주는 안내서이자, 개혁을 위한 로드맵이고, 앞으로 올 일에 대한 경고인 것이다.

한미약품은 자체 개발한 역류성 식도염 치료제 '에소메졸(성분명 에소메프라졸 스트론티움·Esomeprazole Strontium)'이 국내 제약회사 최초로 미국 약전(USP)에 등재되기도 하였다. 에소메졸은 미국 식품의약국(FDA)로부터 시판 허가를 받은 국내 최초 개량신약이다. 또한 내가 몸 담고 있는 이니스트도 미국에 항암제 원료를 수출하기 위해 오송에 있는 항

암제 공장의 FDA 허가를 받기 위해 준비하고 있다. 이렇듯 국내의 많은 제약회사들이 미국에 진출하기 위해 노력하고 있다. 그래서 우리는 현재 미국을 알아야 하는 것이다.

한·미 자유무역협정(FTA)이 발효된 지 5년이 경과했다. 2011년 1265억달러 규모의 양국 간 재화와 서비스 무역은 2016년에 1500억달러로 증가했다. 미국 트럼프 정부의 한·미 FTA에 대한 평가는 '냉·온탕'을 오가고 있다. 얼마 전 미국무역대표부(USTR)가 발간한 '무역정책아젠다보고서'는 미국의 무역적지에 방점을 찍으며 한·미 FTA 재협상을 시사했다. 이어 발표된 '무역장벽보고서'는 "한·미 FTA 협정이 미국의 아시아 내 핵심 전략 파트너와 유대를 강화하는 한편 미국 수출업체를 위한 한국의 사업 환경을 개선했다"고 긍정 평가하고 있다.

중요한 것은 도널드 트럼프 대통령의 의중이다. 그는 얼마 전 피터 나바로 국가무역위원회(NTC) 위원장 등 강경파가 배석한 가운데 2건의 '무역 관련 행정명령'에 서명했다. 무역적자의 원인을 국가별·상품별로 면밀히 파악해 반덤핑관세와 상계관세 강화 방안을 검토하라는 것이다. 미국 근로자를 위한 '평평한 운동장'을 만들겠다는 것이 그의 지론이다.

한·미 FTA가 '윈윈'이 되기 위해서는 미국 시장을 제대로 이해하고 한국의 산업 발전에 요긴한 지렛대를 찾는 것이 중요하다. 양국의 협력 기회 확대 방안으로 제약산업에 주목할 필요가 있는 것이다. 글로벌 신약 개발에 성공하는 경우 고부가가치 창출이 가능해 그 자체가 신(新)성장동력이다. 소국 스위스가 8만달러의 국민소득을 유지하는 데는 제약산업의 기여가 결정적이다. 우리나라가 제약산업으로 인해 강소국이 되는데 이 책이 작은 보탬이 되기를 기대해 본다.

2017년 깊어가는 가을

고기현

Contents

추천의 글 1/2

역자의 글

프롤로그 대규모 스캔들, 상승하는 약가 15

01 뭇매를 맞는 거대 제약회사들 16

02 개혁의 방향 33

03 제약회사의 이상한 경제학 35

04 제네릭에 대하여 45

들어가는 말: 제네릭 진입, 험한 길 61

제1장 "1.0 세대"
전형적 "지연을 위한 지불(Pay-for-Delay)"의 흥망사 75

01 지연을 위한 지불의 기본 개요 76

02 시장 진입 병목 현상을 일으키는 지연을 위한 지불 83

03 "지연을 위한 지불"이 실제로 잘못된 것인가?
대법원으로 향하는 제약업계 87

제2장 "2.0 세대"
복잡한 '지연을 위한 지불' 103

01 이미 한 발 앞서간 Actavis 104

02 리피토(LIPITOR) 소건: 실질적인 모든 것들 111

03 Actavis 이후의 배경, 계약, 조항,
그리고 킹 드럭(KING DRUG) 116

제3장 "3.0 세대"
i. 제네릭 방해를 위한 적극적인 새로운 전략 135

01 새로운 세대의 제약 지연 136
02 제품 바꿔치기와 보라색 알약 141
03 제품 바꿔치기의 새로운 사례 149
04 제품 바꿔치기와 스카우트의 명예 156

제4장 "3.0 세대"
ii. 규제 경로의 지속적인 차단 163

01 REMS-기반의 지연 165
02 지연 vs. 시민 탄원 179
03 "스키니 라벨" 방지: 카브-아웃 차단 194

제5장 사라진 시민의 경로에 대한 실증적 증거 221

01 방법론 226
02 결과 237
03 아직 먼 길 250

결론 체계적 개혁에 대한 요청 265

01 사회적 피해 268
02 체계, 간소화, 선 사인, 그리고 표준-기반의 정책 272

찾아보기 282

프롤로그

대규모 스캔들,
상승하는 약가

Prologue: Big Scandals, Higher Prices

01

뭇매를 맞는 대형 제약회사

매년 1 월, 샌프란시스코에서 열리는 J. P. Morgan 보건 컨퍼런스(Healthcare Conference). 세계에서 가장 유망한 산업으로 각광받는 최신 신약개발 동향을 듣기 위해 전세계 제약 및 바이오테크 업체와 1만여 명에 이르는 전문가들이 모여든다. 양복쟁이들이 과학자들과 어울려 대화를 나누고, 금융 담당 기자들은 열띤 취재경쟁을 통해 보도를 한다. 몇몇 회사들은 칵테일 파티를 벌인다. 이는 차별화를 높이려고 여자들을 일부러 고용하여 관심을 유도한다는 점에서 논란을 불러오기도 한다.[1] 거래는 대개 샌프란시스코의 금융 지구 중심부에 자리한, 화려한 웨스틴 세인트 프랜시스(Westin St. Francis) 호텔의 은밀한 객실에서 진행된다. 하지만 사람들은 여전히 투자자 프레젠테이션에 몰려들고 가끔은 “현재 시판되기 직전의 약은 어떤 것들이 있는가?” “임상 실험은 어떻게 진행 중인가?" 등과 같은 질문을 던지면서 높은 관심도를 드러낸다.

2016년 1월의 분위기는 장밋빛 전망과는 거리가 멀었다. 바이오테크놀로지와 헬스케어 분야는 수 년간의 고성장 끝에 2015년 하반기에 급격한 주가의 하락을 겪었기 때문이다.[2] J. P. Morgan 컨퍼런스가 시작될 무렵, NASDAQ의 바이오테크놀로지 지수는 6개월 만에 25% 넘게 하락했다.[3] 블룸버그(Bloomberg)는 J. P. Morgan 컨퍼런스가 열리던 날, 2001년 집계가 시작된 이래 바이오테크 주식이 최악의 거래일을 기록했다고 보고했다.[4] 불안을 나타내는 통계 지표는 분명 존재했다. 지난해 공개공모(IPO) 수는 급격히 감소했다. 대형 제약회사와 바이오테크 회사들은 IPO를 통해 자금을 모으기보다는 합병과 인수를 통해 현금 흐름을 향상시키려 했으므로, 2007년의 650억 달러에 비해 2014년 총 거래액은 2,200억 달러에 달했다.[5]

하지만 2016년 컨퍼런스에서 가장 두드러진 문제는 의약품 가격 상승에 대한 대중의 격렬한 반응이었다. 브랜드 의약품의 정가는 2015년에는 12% 이상, 그 전해에는 14% 이상 상승했고, 의약품에 대한 총 지출은 8.5 %까지 증가했다.[6] 보험 가입을 하더라도 이런 비용 증가는 환자의 보건과 안녕에 직접적인 영향을 주었다. Kaiser Family 재단에 따르면, 네 명 중 거의 한 명은 작년에 적어도 한 가지 처방약을 구매하지 않기로 결정했다고 말했으며, 건강이 좋지 않거나 그저 그런 사람의 수가 증가했다.[7] Kaiser 재단이 실시한 유사한 설문 조사에서, 사람들은 정부의 최상위 헬스케어 우선순위 2가지는 의약품 가격과 연관되어

야 한다고 생각했다.[8]

이렇게 점증하던 우려는 기존 의약품의 가격이 갑작스럽게 크게 인상된 것과 관련된 다수의 국가 규모 공공 스캔들 때문에 더 악화되었다. 샌프란시스코의 웨스틴 외곽에서는 Gilead Science(길리어드 사이언스)사가 Sovaldi(소발디)의 가격을 책정한 것을 두고 항의 시위가 벌어졌다. Sovaldi는 C형 간염의 획기적인 치료제인데, Gilead Science 사는 3개월 기간의 치료에 필요한 Sovaldi 가격을 84,000달러로 책정했다.[9] 시위자들이 들어올린 피켓에는 "Gilead - Greed(탐욕)", "탐욕을 버려라! 환자를 치료해라!" 같은 구호가 적혔다.[10]

이런 점에서 볼 때 J. P. Morgan 보건 컨퍼런스의 가장 큰 화제는 아마도 누가 참석하지 않았는가에 관한 이야기였을 것이다. 그리고 이쯤에서 필자들은 마틴 쉬크렐리(Martin Shkreli)의 이야기를 꺼내려 한다. 서른 두 살에 거대 제약회사의 도를 넘는 행위를 상징하는 전 세계적인 인물이 된 바로 그 유명한 마틴 쉬크렐리, "제약왕(Big Pharma)" 말이다. 쉬크렐리는 헤지펀드와 제약 회사를 운영하며 오랫동안 컨퍼런스에 참여, 웨스틴 호텔의 복도를 걸었다. 2010년 헤지펀드 MSMB Capital Management를 이끌고 있을 때 공개 세션에서 어느 제약회사 창설자에게 질문 공세를 퍼부어 컨퍼런스의 역사 기록에 이름을 올렸다. 그 창설자의 회사 MannKind는 흡입 인슐린 제품으로 FDA 승인을 신청 중이었다. 쉬크렐리는 헤지펀드 전략의 일환으로 그 회사의 주식을 공매도했다.[11]

그의 이런 행동들은 트위터에 올리는 건방진 글[12], 포브스(Forbes)에 의해 30세 미만의 성공한 청년 30명에 선정된 것, 하루 종일 자신의 컴퓨터 화면과 사무실 모습을 라이브 스트리밍으로 내보내는 것, 보다 최근에는 (유명 힙합 그룹) 우탕 클랜의 단 한 장밖에 없는 신보 앨범을 수백만 달러를 주고 사고 나중에 이를 두고 우탕 클랜과 공개적으로 언쟁을 벌인 것에 더해, 바이오테크 분야에서 많은 관심을 끌었다.[13]

하지만 제약업계의 악동은 2016년 1월 캘리포니아에 나타나지 않았다. 제약업계의 홍보 역사에서 몇 년 만에 닥친 가장 큰 재앙에 출연하고 있었던 것이다. 2015년 9월, 쉬크렐리가 최근에 인수한 Turing 제약회사는 하룻밤 사이에 의약품 가격을 거의 5,500 % 인상한 것 때문에 철저한 조사 대상이 되었다.[14] Turing은 HIV 양성 환자의 감염 치료에 흔히 사용되는 항말라리아 약품인 Daraprim에 대한 권리를 5천 5백만 달러에 구입한 다음 곧장 이 약품 가격을 1정에 13.5달러에서 750달러로 인상한 것이었다.[15] 이 약을 1개월 동안 복용하려면 불과 400달러가 들던 것이 2만 달러가 된 것이다. 잠재적으로 생명을 구할 수 있는 약품 가격을 이렇게 급상승시킨 것은 곧바로 대중의 분노를 불러일으켰다. 특히 이 약품이 원래 1953년에 승인을 받고 수십 년 동안 특허 만료 상태였기 때문에 더욱 그러했다. 열기가 뜨거웠던 2016년 대선 예비선거 기간에 힐러리 클린턴, 버니 샌더스, 도널드 트럼프 등 후보들은 쉬크렐리의 행동을 비난했고, Daraprim은 과도한 가격 인상의 가장 극적인 예가 되었다. 의약품 가격 책정은 다시 한 번 정치적 쟁점으로서 대선 캠페인 메시지의 핵심 부분을 차지하게 되었다. 쉬크렐리는 결국 가격 인하를 약속했고 재빨리 한 걸음 물러났다.

사실 이런 전술을 쓴 것은 쉬크렐리만이 아니었다. 그는 언론이 새로이 찾아낸 악당으로서 가장 큰 타격을 받은 것에 불과했다. Valeant 같은 다른 제약회사들도 2015년 가을에 빈축을 샀다. 한 예로, Valeant는 Motrin의 활성 성분과 Pepcid의 활성 성분을 결합시켰을 뿐인 Duexis을 팔면서 한 달치 처방에 1,500달러라는 가격을 매겼다.[16] 이 두 가지 약품을 따로따로 처방하면 40달러에 불과했지만, Valeant는 둘을 합친 약품의 가격을 약품이 도입된 지 4년 만에 약 1,000퍼센트 인상한 것이었다.[17] Valeant는 특히 주요 경쟁자를 시장에서 몰아내기도 했다. <뉴욕 타임스>에 따르면, Valeant는 naproxen(Aleve)과 esomeprazole(Nexium)을 합친 것일 뿐인 Vimovo라는 약품을 사들인 다음 곧장 자사 약품의 가격과 동일한 수준으로 가격을 올려버렸다.[18] 이런 이야기가 알려진 것과 거의 동시에, 연방 검사들은 이 책의 뒷부분에 나오는 이유를 들어 Valeant를 조사하겠다고 발표했다.

2015년 가을에는 범죄 수사가 많았다. 그 중에서도 가장 유명한 사건인 쉬크렐리 체포는 2015년 12월 17일 이른 아침에 있었다. 연방 당국은 여러 건의 증권 사기와 음모 혐의로 쉬크렐리를 기소했고, MCMB Capital과 이전에 제약회사였던 Retrophin에서 쉬크렐리가 재임했던 기간까지 거슬러 올라갔다.[19] 전해진 바에 따르면, 쉬크렐리는 Retrophin에서 돈을 빼내어 MCMB에서 돈을 잃은 투자자들에게 갚았다.[20] (또한 우탕 클랜의 팬들에게는 유감스러운 소식이지만, FBI는 우탕 클랜의 앨범을 압수하지는 않았다고 밝혔다.)[21] 쉬크렐리는 다음날 Turing에서 사임

드림위스

했고, 2016년 2월 감시 및 정부 개혁에 관한 미 하원 위원회에 나와 저 유명한 증언 태도를 보였다. 자신에게 기소된 사항에 대해 아무리 사소한 것이라도 모든 질문에 답하긴 했지만, 다 안다는 듯 능글맞은 웃음을 띠고 한결같이 동일한 대답을 했다. "변호인의 조언에 따라, 나는 미 연방 헌법 제5조 수정조항상의 불이익 진술을 강요 받지 않을 권리를 행사하며, 그 질문에 대답하기를 정중하게 거부합니다."[22] 이 구경거리를 끝내는 데는 10분도 걸리지 않았다.

쉬크렐리는 능글맞은 웃음으로 의회 청문회를 돌파했지만, 2016년 J. P. Morgan 컨퍼런스 참석자들은 걱정이 태산이었다. "제약왕"과 그의 유명한 과도 행위는 다시 주목을 받기 시작했고, 관심은 제약사의 핵심 수익 전략, 단순한 가격 상승으로 옮겨가고 있었다. 가격 인상은 담석 치료에서부터 놀랍게도 의사가 도와주는 자살에 사용되는 약물에 이르기까지 업계 전반에 걸쳐 일어났다.[23] 월스트리트 저널이 보도한 충격적인 기사에 따르면, 2010년과 2014년 사이에 미국에서 가장 잘 팔리는 30개 약품의 가격은 처방량보다 4배 빠르게, 그리고 물가 상승률보다 8배 빠르게 상승했다.[24] 바꿔 말하면, 2015년 20대 제약회사의 이익 증가분 중 80%는 가격 인상의 결과였다.[25] 또 바꿔 말하면, CVS Health의 고객은 전년에 비해 2015년 의약품에 12.7%를 더 썼고, 그렇게 추가된 지출의 80% 이상은 가격 인상의 결과였다.[26] 버락 오바마 대통령도 학문 조합에 뛰어들어 미국 의학 협회 학술지(Journal of the American Medical Association)에 논문을 발표하면서 처방약에 대한 지출 증가에 어느 정도 주의를 환기시켰다.[27] 그리고 2017년 취임 이전, 차기 미국 대통령 도널드 트럼프는 제약 업계를 맹렬히 비판했다. "우리는… 의약품 산업에 대해 새로운 입찰 절차를 마련해야 합니다. 제약업계가 자기들 하고 싶은 대로 하고 있기 때문입니다… 제약회사는 로비를 많이 하고, 로비스트와 힘을 많이 보유하고 있습니다."[28]

미국 시민들은 가격 인상의 고통을 정통으로 느끼고 있다. 일부 국가에서는 1년에400달러 미만의 비용이 드는 어느 약품이 미국에서는 정가가 약 30만 달러이다.[29] 미국을 제외한 전 세계 다른 국가들은 급능하는 가격이라는 전염병에 면역이 되지 않았고, 극적인 조치를 취하는 정부도 있다. 뉴욕 타임스는 이집트 정부가 Gilead와 맺은 전례 없는 거래를 보도했다. Gilead는 84,000달러에 이르는 자사의 C형 간염 치료제 Sovaldi를 이집트 정부에 900달러에 공급했는데, 암시장 거래, 특히 이 약의 가격이 아주 높은 국가로 이 약이 판매되는 것을 막아주는 엄격한 유통 요건을 지키는 것이 그 대가였다.[30] 이집트는 C형 간염이 만연하여 국가 보건 예산의 3분의 1을 퍼붓고 있는 상황으로, 현재 국민에게 이 약을 무료로 제공하고 있다.[31] 이와 유사하게, 콜롬비아 보건부는 노바티스(Novartis) 사에 백혈병 치료제 글리벡(Gleevec)의 가격을 낮추라고 압력을 가했다. 이 약은 콜롬비아에서 1년 분량이 15,000달러에 팔리는데, 콜롬비아 국민의 1년 평균 소득은 약 8,000달러이다.[32]

전 세계 가격 정책 스캔들에 대한 이런 정보가 공개되자, 컨퍼런스 참석자들은 저마다 제약업계의 가격 책정에 대해 떠드느라 바빴다. 발표자들은 가격 인상에 대해 우려를 일축하고 전략적인 이야기를 했다.

웨스틴 세인트 프랜시스의 보르지아 룸에서, Biogen 사의 CEO는 자사의 다발성 경화증 치료제의 가격을 전년 대비 3.9%밖에 올리지 않았는지를 묻는 질문에 답했다. (이런 다발성 경화증 치료제 중 하나인 Avonex는 2000년에서 2014년 사이에 가격이 93% 상승, 연간 60,000달러 이상이 되었다.)[33] Biogen 사 CEO의 대답은 이러했다. “우리 이마에 표적이 새겨지는 걸 원하지 않기 때문이지요… 아니면 황소 앞에서 붉은 기를 흔들고 싶지 않다고나 할까요.” 나중에는 이렇게 말했다. “올해 의약품 가격 책정에 대해 정부가 공식적으로 행동에 나설 것 같지는 않습니다. …지금은 가격을 인상할 수 있습니다. 하지만 신중하게 진행하는 게 현명하죠.”

Sanofi의 집행위원회 위원은 더 직설적이었다. “누구나 돈을 벌어야지요. 그게 그렇게 놀랄 일입니까? 우린 다양한 주주들을 만족시켜야 합니다.”[34] Alnylam 사의 CEO도 수익 결산에 대해 비슷한 좌절감을 드러내면서 면밀한 검토를 “정치적 악선전”이라고 매도했지만, 회사들이 이제 “인위적인 가격 인상이 아니라 생산성을 토대로 한 성장을 생각해야 한다”는 점을 인정했다.[35] JP Morgan 컨퍼런스의 프레젠테이션에서 AbbVie 사는 2014년 36% 마진에 비해 2020년까지는 영업 마진이 50%로 향상될 것이라는 전망을 발표했다.[36] 이런 마진 향상은 이 기간 동안 증가할 수익 170억 달러의 일부로 발생하겠지만, 개발 파이프라인에서 새로이 소개되는 의약품에 기인하는 증가는 40억 달러에 불과할 것이었다.[37] 그리고 현재의 추세를 근거로 하면, 나머지 130억 달러의 대부분은 판매량 증가가 아닌 가격 인상에서 나올 것이었다.

물론 쉬크렐리와 다른 제약회사 임원들은 높은 의약품 가격에 대해 다른 이야기를 들려줄 것이다. 새로운 치료법은 삶의 질을 향상시키고, 수명을 연장하며, 침습적 의료 절차를 사용할 필요를 없애므로 막대한 가치가 있다고 말이다.[38] 그런 효과를 가져오는 의약품 몇 가지의 가격이 높은 것은 환자에게 제공하는 가치를 반영한 것일 뿐이다, 라고.

이런 주장에는 분명 어느 정도 진실이 담겨 있고, 또한 명백한 반론도 있다. 기존 의약품들, 그 중에는 나온 지 몇 십년이나 되는 의약품들의 가격이 왜 올라야 하는가? 의료가 끊임없이 개선되고 있으니 의약품의 상대적 가치는 감소하거나 정체 상태로 남아 있어야 하는 것이 아닌가? 정기적으로 가격을 올리는 것은 제약회사가 가격 비탄력성과 가격 책정을 한계까지 몰아붙이는 최소한의 경쟁에서 이득을 보고 있음을 암시한다.

이런 모든 사항은 질문을 하게 만든다. 이런 가격 인상은 어째서 이의 없이 받아들여지고 있는가? 다른 의약품 제조업체가 나서서 시장 경쟁을 하면 안 되는 건가? 바로 이 부분에서 제네릭 의약품이 등장한다. 제약업체 경영진의 마음 뒤편에 항상 어렴풋이 존재하는 것은 제네릭 경쟁이라는 위협이다. 지극히 중요한 이 핵심을 바꾸는 것보다 더 강한 힘을 지닌 것은 없다. J. P. Morgan 이벤트에서 United Therapeutics 사의 어느 임원은 제네릭의 출시야말로 제네릭의 침입이라고 언급했다.

어떤 면에서 볼 때 제네릭은 침입이라고 할 만하다. 한 가지 의약품에서 시장을 독점하는 브랜드 의약품 회사가 제네릭이 등장하면 시장 점유율과 가격에서 거의 즉각적인 하락에 직면한다. 브랜드 의약품은 제네릭 약품이 들어온 지 1년이 안 되어 시장 점유율의 평균 80-90%를 잃는다.[39] 제네릭 경쟁업체가 여럿 시장에 진입하면서, 의약품 대부분 가격은 궁극적으로 원래 브랜드 비용의 15-29% 하락하게 된다.[40]

수익 대부분을 단 하나 또는 두 개 정도의 특허 보호 의약품에만 의존하는 기업이라면, 제네릭 경쟁은 불시의 깨우침이 될 수 있다. 제네릭 의약품의 등장이 브랜드 의약품 회사의 특허 또는 FDA 독점의 만료와 일치하는 경우가 많다는 점을 생각해 보면, 불길하게 다가오는 제네릭 경쟁이 "특허의 절벽"으로 불리는 것도 놀라운 일이 아니다. 쉬크렐리는 특허의 절벽에 대한 브랜드 제약회사의 시각에 대해 트위터에 추도사 비슷한 것을 올리기도 했다.

> 브랜드 의약품 하나가 제네릭이 될 때마다, 나는 비통해 한다. 망자(브랜드의약품)를 애도하지 말자. 대신 그 망자가 우리에게 가져다 주었던 이익과 새로운 자산을 축하하자. - @MartinShkreli, 2012년 4월 10일 오전 7시46분[41]

그러나 제약업체를 동정하는 마음은 잠시 옆으로 밀어놓자. 특허 만료라는 이 변변찮은 이벤트는 어차피 일어날 일이다! 사실 평범한 시민인 우리가 특허라는 이름으로 제약업체에게 제한 시간이 있는 권리를 부여하고 있는 것이다. 사회는 다 이유가 있어서 기업에게 수십억 달러를 벌 수 있는 기회를 제공한다. 그런 기회가 기업을 장려하여 우리 모두에게 이익이 되는 방향으로 혁신하리라는 희망에서 말이다. 특허는 생명과 자유와 달리, 양도할 수 없는 권리 유형이 아니다. 또한 특허는 우리의 가정과 땅 같은 핵심적인 권리도 아니니다.[42] 오히려 특허는 시간이 제한되는 정부의 보조금 같은 것으로, 그 목적은 오로지 사회의 이익을 위해 혁신을 장려한다는 것 하나뿐이다.[43]

제약 분야에서 특허권이 강력한 것에 대해 주된 설명은 다음과 같다. 의약품 연구 및 개발에는 천문학적 비용이 들기 때문에, 특허를 통해 제약 회사가 비용 및 이익을 자신의 발명품에서 회수할 수 있도록 필요한 시간을 제공한다는 것이다. 그 대가로 사회는 새로운 치료법에서 이익을 얻고, 우리는 수익의 일부가 다시 앞으로의 연구 개발에 쓰이기를 바란다. 그러니 이익을 축하하고, 자산을 축하하고, 연구로 돌아가라는 것이다!

의약품은 오랫동안 블록버스터 영화와 더불어, 지적 재산권의 지속적인 이익이라는 면에서 프로토 타입적 예가 되어 왔다. 초기의 높은 고정 비용과 다수의 연구 실패, 시장 승인을 받는 약물 하나를 생산하는 과정에서 발생하는 막다른 지경이 동일하기 때문이다.[44] (연구자들은 의약품을 시장에 내놓는 데 드는 비용에 대해 격렬하게 반대하지만, 대부분의 연구는 그 비용을 수억 달러 또는 수십억 달러의 어딘가에 집어 넣는다.)[45] 이러한 권리를 설계할 때 사회는 다른 회사들이 미래에 더욱 혁신할 수 있는 인센티브를 차단하지 않으면서 제약 회사로 하여금 투자를 회수할 기회를 주기 위해, 적절한 균형을 유지하려 애쓴다.

그런 균형이란 아무리 좋은 것도 결국 끝이 나야 한다는 것을 의미한다… 어쩌면 말이다. 어느 약품의 특허나 독점이 만료되거나 더 이상 유효하지 않게 되면, 이론상으로는 FDA 승인을 얻을 수 있는 모든 자가 그 약품을 팔 자격이 생기며, 따라서 제네릭 경쟁이 시작된다. 그러면 10년 넘게 원래 약품을 마음껏 팔아왔을 브랜드 제약 회사는 다시 연구실로 돌아가 환자에게 치료 혜택을 더 많이 줄 수 있는 새로운 치료법을 발견하려 애쓸 것이라는 게 사람들이 기대하는 바다. 하지만 R&D 활동은 비용이 많이 들고 어렵다. 합병, 인수, 방해는 더 싸게 먹히고 더 간단하다. 그 결과 시간과 자원을 들여 법률 및 규제상의 옵션을 모두 파고들어가 특허 절벽을 가능한 한 멀리 밀어버리는 게 너무나 쉬운 일이 되었다.

특허 절벽의 영향을 피하려는 유혹은 몇 개월 정도만 독점해도 이익이 수 억 달러 또는 그 이상이 될 수 있다면 아주 강해질 수 있다.[46] 예를 들어 앞에서 언급한 Gilead 사의 C형 간염 치료제 Sovaldi는 2014년 매출액이 79억 달러로 미국에서 가장 많은 수입을 올린 약품이었다. 석 달만 더 팔았어도 매출액은 19억 8천만 달러가 되었을 것이다. 이와 유사하게 Pfizer 사의 Nexium은 같은 해 수익이 59억 달러였고, 3개월을 더 팔았다면 14억 8천만 달러를 더 벌었을 것이었다.

수익 흐름이 이처럼 거대하고도 불안정하며 순식간이기 때문에 기업은 막대한 에너지를 들이부어 가능한 어떤 수단을 써서라도 제네릭의 진입을 차단하려 하며, 점점 더 영악하고 복잡한 전략을 사용한다. 그 결과, 수많은 제약 회사들이 더 이상 혁신만을 토대로 경쟁하지 않으며, 그보다는 독점과 복점(duopoly) 조건을 확장하기 위한 정책 메커니즘과 경로를 조작하는 능력으로 경쟁을 벌이고 있다. 쉬운 길을 택하게 하는 유혹은 많은 제약 회사들이 쉬크렐리의 조언을 따르지 않고 대신 제네릭 애도 기간을 연장한다는 뜻이다.

물론 이런 행동은 지적 재산권의 목표를 저해하며 최적의 혁신 및 가격 책정 효과를 제공하지 못한다. 쉬크렐리와 Turing에서의 그의 행동으로 돌아가 보자. Turing이 Daraprim에 대한 유통권을 구입했을 시점에는 이미 Daraprim은 특허가 만료되었다. 하지만 쉬크렐리의 회사는 시장에서 모든 경쟁을 배제하게 만드는 최신 제네릭 지연 전략의 수정된 버전을 써서 눈이 튀어나올 정도의 가격 인상을 가능하게 만들었다.

분명히, Turing이 Daraprim에 대한 권한을 획득했을 때는 이전 소유주인 Impax가 원래 시행했던 제한된 유통 시스템을 유지했다.[47] 실제로 Turing은 판매가 이루어지기 전에 제한된 유통 시스템을 정립할 것을 요구했다. 이 책에서 나중에 논의하겠지만, 제한되거나 통제된 유통 시스템은 의약품이 안전성, 관리, 또는 저장과 관련하여 특별한 우려가 있을 경우에 안전성 프로토콜의 일부로서 FDA에 위임된다. 하지만 Impax(그리고 나중에는 Turing)는 FDA없이 제한된 유통 시스템을 구축했고, 명백한 안전상의 이유가 전혀 없는데도 Walgreen 사의 Specialty Pharmacy를 통해서만 이 약을 구할 수 있게 만들었다.[48] 이런 조치는 병원이 약품에 접근하기 어렵게 되는 것 외에도,[49] 부분적으로는 제네릭 회사들이 이 약품의 제네릭 버전의 승인을 받기 위해 필요한 샘플에 접근하기 어렵도록 만들기 위해 고안된 것일지도 모른다.[50]

Turing 임원들의 코멘트가 이런 함의를 뒷받침한다. Daraprim 가격에 관한 논쟁과 제네릭 경쟁의 가능성에 대해, Turing의 환자 액세스 담당 임원은 이렇게 말했다. "나라면 [제네릭 업체에 의한] 구매를 차단할 가능성이 크다. 우리는 이 약에 엄청난 돈을 썼다. 최선을 다해서 제네릭 경쟁을 피하려 할 것이다. 그건 어쩔 수 없는 일이다. 그들은 어떻게 해서든 [제네릭을 만드는] 방법을 찾아내려는 것 같다. 하지만 나는 그들을 위해 그 방법을 쉽게 만들어줄 생각은 없다."[51] 이런 코멘트는 제네릭 경쟁을 차단하기 위한 공동의 노력이 있으며, 제네릭 의약품 시스템의 의도를 받아들이지 못한다는 것을 암시한다. Turing 사 임원들이 다른 회사보다 좀더 직접적으로 말했을 수는 있지만, 제약 업계의 여러 외딴 곳에서 벌어지는 행위들은 이와 비슷한 사고방식을 반영하고 있다. Turing 사의 행동, 특히 경쟁을 막기 위해 제한된 유통을 사용하는 방식은 현재 뉴욕 검찰총장이 조사 중이며, 미국 의회에 또한 Turing의 비즈니스 모델을 조사하라고 FTC(Federal Trade Commission) 연방거래위원회에 요청했다.[52]

다른 학자들이 자세히 설명했듯, Daraprim 시스템은 쉬크렐리가 이끄는 회사가 처음 도입한 제한된 유통 시스템은 아니었다.[53] 쉬크렐리의 이전 회사인 Retrophin은 희귀한 신장 장애 약품인 Thiola에 대한 권리를 사들였다. 회사는 이 약의 가격을 1정당 1.50달러에서 30달러로 올려버렸고, 그러면서도 "Thiola Total Care"[54]라는 이름으로 여전히 활성화 상태인 폐쇄형 유통 시스템을 만들었다. 이 시스템에서는 환자와 담당 의사가 등록 양식서를 팩스로 Retrophin에 보내야 하며, 그러면 회사는 온라인 시스템을 통하지 않고 전화를 통해서만 직접 발송을 한다.[55] 기술적 오류가 있을 수 있음에도, Total Care Hub Web 사이트의 등록 양식은 "적힌 대로 조제할 것"(이 조건이 없으면 제네릭을 조제하게 됨)에 따라 자동으로 빈 곳을 채워버리므로, 약사는 Thiola 대신 그 제네릭 약품을 쓰지 못한다.[56] 저 악명 높은 2016년 2월의 청문회를 앞두고 Turing이 미 의회에 제출한 문건을 통해, 회사 내부에서 "독점성(폐쇄적인 유통)이 장벽과 가격 책정력을 생성"함을 알고 있음이 드러났다.[57]

이것이 이 책이 말하려는 내용이다. 경쟁이나 R&D가 아니라 제약회사들이 가격을 높이 유지하고 제네릭 약품을 사용하지 못하게 하려고 동원하는 계획, 전략, 전술 말이다. 덕분에 소비자들은 비용 절감과 건강 혜택이라는 면에서 매년 수십 억 달러를 손해보고 있다. 이는 단순히 가격, 수익, 이득의 문제만이 아니다. 이들 규제 관련 이슈는 종이에 적힌 것뿐일 수 있지만, 그 효과는 엄청나게 중요하다. 의료 분야의 놀라운 기술 진보는 신문 헤드라인을 지배하고 당연하게도 우리의 관심을 끌고 있다. 하지만 법률과 규제 환경은 이런 진보가 대중에게 얼마나 도움이 되는지에 있어 큰 역할을 한다. 제네릭 의약품을 복용했을 때 그 생물학적 이용 가능성이 브랜드 약품의 생물학적 이용 가능성과 얼마나 유사한가와 같은, 극소수만이 관심을 가질 만한 문제를 정책으로 선택하는 것은 보건의 질에 큰 영향을 미칠 수 있다. 이런 기술적 세부 사항에는 하늘 높은 줄 모르고 치솟는 가격을 정하기 위한 전략이 숨어 있다. 제네릭 경쟁이 부족하면 모든 소비자가 고통을 겪지만, 그 중에서도 더 불행한 경우는 처방전에 쓰인 약을 구매하느라 집세를 못내는 상황에 처할 수도 있다.

필자들은 저 고결한 웨스틴 세인트 프랜시스 호텔에서 1.5킬로미터도 떨어지지 않은 "혁신법을 위한 UC 헤이스팅스 연구소(the UC Hastings Institute for Innovation Law)"에서, 지난 수년 간 나타난 전략과 전술을 연구했다. 이들 전략은 브랜드 의약품 회사와 제네릭 회사 간의 대놓고 불법인 결탁 합의 계약에서부터 복잡한 거미줄 같은 거래, (제네릭 안전성을 테스트하는 데 사용하는 오렌지 주스의 유형을 두고 벌어지는 논쟁 같이) 너무나 터무니없는 상황, (약품이 흡수되는 부위까지 도달하기도 전에 녹아버리는 비효율적인 캡슐에 대한 특허처럼) 어리둥절하게 만드는 특허, 해당 약품을 음식과 함께 섭취하면 흡수가 더 잘 된다고 주장하는 한 문장을 라벨에 덧붙이는 것까지, 범위가 다양하다. 마지막 상황의 경우 소비자는 최대 30억 달러의 비용 절감을 누리지 못하게 되었다.

제약 가격 책정 정책에 대해 열띤 토론이 벌어지는 지금 같은 시대에는 의약품 비용 상승에 기여하는 막후의 메커니즘을 상세히 밝히는 것이 무엇보다 중요하다. 법적 영역에서는 이 시간이 특정한 지연 전술의 합법성에 대한 어마어마한 소송과 의사소통의 시간이기도 하며, 심지어 미국 대법원까지 가는 사례도 있다. 이런 정책 논의는 지금까지 복잡하게 얽혀 있는 거미줄을 드러내는 것이 얼마나 중요한지를 보여준다.

더 나아가, 우리가 익숙하게 사용하는 구식 알약과 캡슐과는 사뭇 다른 완전히 새로운 유형의 약물이 등장하면서, 브랜드 의약품과 일반 의약품이 활발하게 경쟁하는 시장이 분명히 존재하고, 기존의 규제는 이런 시장을 조작하는 데 사용되지 않는다는 점을 분명히 하는 것이 중요하다. 이 책은 가격 정책 결정이 어떻게 이루어지는지, 제약 회사가 어떻게 의약품을 개발하거나 생산할 결정을 내리는지, 또는 보험 정책, 잠재적 과다처방, 오용과 같은 의약품 비용과 관련된 여타 이슈를 철저히 들여다보는 내용이 아니다. 이런 이슈들은 하나씩만으로도 책 한 권 분량이 충분히 나올 것이다. 이 책은 독점 금지, 규제 남용, 지적 재산권, 제네릭 의약품 지연 및 방해의 세계를 망라하는 영리한 마케팅의 혼합에 초점을 맞춘다. 하지만 본격적인 시작에 앞서, 필자들은 제약 경제의 독특한 풍경과, 제네릭 약품의 진입 및 유통이 현재 어떻게 규제되고 있는지 간단히 소개하고자 한다.

이런 소개에서 필자들은 아름다운 샌프란시스코의 웨스틴 세인트 프랜시스나, 제33회 J. P. Morgan 보건 컨퍼런스를 다시 언급하지는 않을 것이다. 약속 드린다. 하지만 쉬크렐리 씨에게 돌아갈 권리는 유보해 두겠다. 미리 유감을 표한다.

드림위스

02

개혁의 방향

필자들이 이 책에서 자세히 서술한 도를 넘는 행위와 각종 우려에도 불구하고, 제약회사들은 사실 전 세계에서 건강과 삶의 질을 개선하는 데 큰 기여를 하고 있다. 수많은 치료법들이 이제 일상 생활의 필수적인 일부를 차지한다. 매년 민간 부문에서 새로운 치료법이 개발되고 있다. 가격 논란이 있긴 하지만, Sovaldi는 기적적인 C형 간염 치료제인 것은 사실이다. 연구와 개발은 비용이 많이 들고, 지적 재산권 시스템은 지출 및 혁신에 인센티브를 부여하는 필수 요소이다.

물론 제약 회사들이 혁신적인 활동에서 벗어나 기존 독점 수익원을 유지하는 법적 및 규제 경로를 조작하는 쪽을 택하는 방향으로 가는 것은 우려가 된다. 이렇게 되면 의료 및 헬스케어를 개선하지 못하며, 특허 시스템의 의도와 사회가 택한 민간 인센티브와 공익의 균형이 뒤집

힌다. 또한 창조적이고 새로운 혁신업체가 시장에 들어오는 것이 차단당한다. 이와 유사한 문제는 제약 회사들이 새로운 버전의 약물을 도입하거나 이미 막혀 있는 시장 분야에 약품을 도입하기로 할 때도 생길 수 있다. 이 두 가지 행위는 대체로 공중 보건을 발전시키지 못하며, 소비자는 오랫동안 존재하던 치료법에 높은 가격을 계속 지불해야 하며, 경쟁을 저해할 수 있다. 사회에 필요한 것은 새로운 소송, 새로운 합병, 새로이 방출이 연장되고 개별 포장된 제산제가 아니라 새로운 임상 시험이다.

규제가 불분명하거나 빠져나갈 구멍이 가득한데 회사에만 대고 경제적 사리사욕을 채운다고 비난할 수는 없다. 사회가 이익을 얻고 싶다면 충분한 장려책이나 충분한 저해 요소를 창출하여 법적 시스템을 통해 회사의 인센티브를 사회의 목표와 적절하게 일치시켜야 한다. 미로 속에 쥐를 풀어놓았을 때, 치즈를 다른 출구에 놓고는 사회가 원하는 방향대로 쥐가 달리기를 바라서는 안 된다. 또한 현재 운영되고 있는 미국의 제네릭 시스템에서 치즈는 놓인 위치가 잘못되어 있다. 이 책에서 필자들은 현재의 규제에 대한 우려를 논하고 개혁을 위한 길을 제안할 것이다.

03

제약회사의 이상한 경제학

의약품은 생명을 구하고 복지를 개선하며 건강한 생활 방식을 유지하도록 도울 수 있다. 하지만 왜 우리는 (그리고 우리 보험 회사들은) 그 의약품에 그렇게 많은 돈을 지불하는 걸까? 왜 그렇게 엄청난 가격 인상이 가능한 걸까? 더 나아가, 우리는 처방전을 받을 때 그 약값이 "실제로" 얼마인지 왜 알 수 없는 걸까? 아니면 브랜드 의약품을 받게 될지 제네릭 의약품을 받게 될지 여부를 왜 모르는 걸까? 그 답은 환자는 약을 필요로 하고, 의사는 자신이 가장 효과적인 약이라고 생각하는 약을 처방하고, 약사는 처방전대로 약을 조제하고, 보험사는 그 비용 대부분을 처리하는 제약산업 시장 구조가 까다롭다는 데 있다. 누가 약을 선택하고 누가 약값을 지불하는지가 분리되어 있다는 것, 시장과 경제학의 전형적인 정보 문제이다.

실제로 제약 시장은 표준적인 시장과 운영이 전혀 다르다. 완벽한 세계에서라면, 어떤 약을 살까 결정하는 소비자는 의사결정 과정에서 온전한 정보를 얻을 수 있다. 소비자는 자신의 질병이나 상태를 치료할 수 있는 모든 약에 대한 정보를 알고 있다. 그 효능, 부작용, 위험, 경쟁사의 약품과 대안이 되는 약품, 그리고 물론 약품의 가격도 알고 있다. 생산업체들은 동일한 정보를 갖고 있을 것이며, 애덤 스미스의 저 유명한 보이지 않는 손이 작용하여 공급과 수요는 평형을 유지한다. "완벽한 경쟁"은 시장에 충분한 생산사와 소비자가 있고 가격은 의약품 생산의 한계 비용으로 책정되는 시장에서 발생한다.

이런 정의를 적용해 보면 제약 시장은 제대로 작동하고 있지 않다. 물론 놀랄 일은 아니지만. 문제는 단 하나의 의약품이라도 시장에 내놓으려면 개발에 들어가게 마련인 초기 고정 비용에서 시작한다. 한계 비용에서 매출액이 초기 투자액을 회수하기에는 어림도 없이 작다는 의미이다. 만약 모든 의약품이 생산하는 데 드는 비용보다 훨씬 싼 값이 매겨진다면, 우리는 약품을 구경도 못 하게 될 것이다. 그래서 특허 시스템이 나온 것이다. 만들어낸 의약품을 대중에 공개하는 대가로 특정 기간 동안 독점과 복점 기회를 인위적으로 제공하는 시스템.

이렇게 경쟁 없는 특허로 만들어진 시장은 한계 비용보다 훨씬 높은 가격이 나오는 기초가 된다. 다른 시장, 가령 휴지 시장에서는 사람들이 독점 제품을 사지 않고 거의 비슷한 대체품을 찾을 수 있다. 흡수가 잘 되는 유기농 더블 롤이 4배나 비싸다면, 기본적인 롤 휴지를 사서 쓰면 된다. 하지만 몇몇 의약품은 시장이나 등급이 하나뿐이다. 항우울제를 복용하는 환자는 다른 약품의 효능이 낮거나 알려지지 않았다면 원래 복용하던 약품을 버리고 그 약품을 선택하지는 않을 것이다. 이런 환자에게 유일한 대체 약품은 생물학적 동등성의 제네릭 약품이다.

하지만 독점 시장에서조차도 가격은 무한히 올라가지는 않는다. 다른 등급의 휴지들을 구매할 수 있다면, 뛰어난 흡수성의 더블 롤 휴지라는 틈새시장은 필수품은 아니며, 따라서 가격 민감도가 어느 정도 존재한다. 특수 휴지에 대한 수요가 감소하면 가격도 하락해야 하며, 그러면 수요가 증가하고 맞춤형 휴지 제조업체는 수익을 극대화할 수 있다. 그러나 여기에서도 의약품 구매자(즉 우리 모두)는 운이 없다. 의약품은 대개 그 약품을 사용하는 환자에게, 특히 희귀병을 치료해야 하는 환자에게는 필수품이다. 이런 약품의 가격은 비탄력적으로, 수요가 가격에 반응하지 않는다. 사람들은 상품을 확보하기 위해 무엇이든 지불해야 한다. Daraprim 가격 인상은 이것으로 설명할 수 있을지 모른다. 이 약품은 희귀한 기생충 감염을 치료하는 약이며, 환자는 치료를 포기할 가능성이 낮다.[58]

어떤 약은 대체품이 될 만한 약품이 없지만, 다수의 약품은 대체품이 있다. 기본적인 감염에는 수많은 항생제가 처방될 수 있으며, 국소 발진 크림은 무수히 많다. 진통제는 말할 것도 없다. 이런 약품들 중에는 동등한 효능의 제네릭 약품이 있는 경우도 있고 그렇지 않은 경우도 있다. 바로 이 점에서 완벽한 정보의 부족이 개입한다.

처방전 선택은 전형적인 본인-대리인 모델이다.[59] 환자는 "본인"이고, 의사는 "대리인"으로서 환자를 대신하여 처방전 선택을 한다. 처방전을 쓰는 사람과 처방 약품에 돈을 지불하는 사람이 분리됨으로써 의사가 약품 가격을 낮추어도 인센티브가 거의 없는 대리인 문제가 생긴다. 이는 특히 약품 선택 시 의사의 주된 기준이 효능이 될 때 그러하다. 의사의 역할은 가장 적합하다고 여겨지는 약품을 처방하는 것이지, 가격이 극히 낮지만 효과는 99%에 달하는 약을 굳이 선택할 이유가 별로 없다.

의사들이 좀 냉담하다는 느낌이 들지 않는가? 왜 의사들은 가격에 대해 전혀 생각하지 않는 걸까? 악의는 아니다. 의사들은 자신들의 "본인-대리인" 관계가 있다. 의사는 의약품 가격, 제품 바꿔치기, 제약 시장 변화의 전문가가 아니며, 교묘하게 불완전한 정보를 가지고 있다. 신약에 대해 의사가 얻는 새로운 정보 다수는 브랜드 약품 제조업체의 홍보 방문 및 정보에서 나온다. 그러니 처방전을 쓸 때 의사들 자신의 대리인 일부는 제약업체에서 받은 정보의 흐름에 제약을 받게 된다.

더 나아가, 의사는 텔레비전, 인터넷, 인쇄 매체에 나오는 "소비자에게 직접 호소하는(direct-to-consumer, DTC)" 광고에 영향을 받은 환자들의 요청 폭격에 시달린다. 미국과 뉴질랜드는 전 세계에서 이런 소비자 직접 광고를 허용하는 유일한 두 국가이다.[60] 이런 광고는 특정 의약품을 원하는 환자 요청 또는 문의 횟수를 획기적으로 증가시키는 것으로 나타났다.[61] 따라서 미국의 환자들이 다른 나라 환자보다 처방 결정에서 더 많은 대리인을 가지고 있다고 말할 수도 있다. 하지만 이런 광고는 대개 브랜드 신약을 홍보하며, 이런 광고에서 나오는 정보는 정보가 불충분한 대중에게 해당 제품이 실제로 환자에게 잘 맞는지 정보에 입

각한 결정을 내릴 수 있게 해준다.[62]

그 다음 단계에서는 약사가 환자를 위해 처방전대로 약을 조제하는 대리인으로 행동하지만, 대개 이들의 조절은 제네릭 대체법으로 허용되는 한도 내로 제한된다. 하지만 이 단계에서 제네릭 약품이 브랜드 약품을 대체하는 경우가 꽤 된다. 의사들은 더 잘 알려진 브랜드 약품을 처방전에 쓰는 경향이 있지만 가능한 경우 제네릭을 처방할 수도 있다고 가정하기 때문이다. (물론 의사가 광고를 보고 제네릭 대체품이 없는 브랜드 신약을 처방할 가능성이 높을 수는 있다.)

또 다른 관계자로는 보험 회사와, 병원 및 보험 회사의 의약품 구매를 관리하는 관련 "제약 혜택 관리자"(pharmaceutical benefit managers, PBM)가 있다. 보험사는 처방되는 약의 유형에 따라 보험 계약자에 대해 차등 본인부담금을 도입하는 경우가 많다. 그러면 PBM이 제약 회사 또는 그 유통업자와 체결한 거래에 따라 의약품은 본인부담금 가격 목록 또는 "처방집"에서 올라갔다 내려갔다 할 수 있다. 어떤 경우에는 자격이 되면서도 더 저렴한 대체품을 사용할 수 있다면 (또는 제조업체에게 가격을 낮추라고 설득하는 전략의 일환으로) 보험사와 PBM이 특정 의약품의 보장하기를 거부할 수도 있다.[63] 하지만 이런 표준 약국 모델조차도 한정되게 선별한 의약품만 보유한 소위 전문 약국의 도전을 받고 있다. 필자들은 이 책의 앞에서 Daraprim 이야기를 할 때 이런 관행을 이미 언급했고, 제4장에서 더 자세히 다룰 것이다. 특정 약품은 특정 약국에서만 조제할 수 있는 처방전을 허용하기만 해도, 브랜드 약품 회사가 시장 지위를 유지하려고 노력하고 있는 상황에서 제네릭 대체, 처방전 변경, 또는 보험사 개입의 가능성은 획기적으로 줄일 수 있다.

일반적으로 PBM 할인 및 거래가 널리 퍼져 있기에 의약품의 "정가"를 지불하는 보험사는 거의 없다. 몇몇 평론가들은 이 시스템을 호텔 방 안에 게시해야 하는 최대 객실 요금과 비교하기도 했다. 이런 요금은 이론상의 최대치를 나타내지만, 수퍼보울(Super Bowl) 같은 스포츠 이벤트나 비욘세 콘서트, 또는 이 두 가지가 한꺼번에 그 도시에서 열리지 않는 한은 그 최대 요금을 다 내는 사람은 없다.[64] 그러니, 어떤 의약품이 어떤 사람에게 어느 정도 비용이 될지 아는 사람은 실제로 없다. 그 약을 처방하는 의사나 그 약에 돈을 지불하는 환자가 약값이 얼마인지 모르는 것이다!

몇몇 의약품 제조업체들은 "정가"를 할인하는 것이 가격 상승에 대한 우려를 완화시킨다고 주장한다. 높은 가격이 실제로 보험 회사나 소비자에게까지 이어지지 않는다면, 그 가격은 아마도 시장에 대한 실질적인 관련에서보다는 협상 전술에서 나온 것이리라. 하지만 최근 블룸버그가 발표한 데이터는 다수 의약품에서 리베이트 후의 가격 인상이 여전히 인플레이션보다 훨씬 높다는 것을 보여주고 있다.[65] 연구 대상인 약물의 경우 2015년 평균 할인율 37 %를 고려한다 해도 정가는 여전히 상승하여, 2009년에서 2015년까지 22%에서 무려 442% 증가했다.[66]

이 기나긴 여정의 마지막에 드디어 환자가 나온다. 환자는 처방전에 대한 본인 부담금이 얼마이든 간에 약사에게 돈을 낸다. 그 금액은 보험 적용을 고려한 후의 잔금이다. 보험이 없는 사람은 종종 의약품의 정가를 내야 한다. 즉, 이 복잡한 그물망에서 최악의 상황에 처한 사람이다. 하지만 피보험자라고 이런 상황을 겪지 않는 것은 아니다. 가령 메디케어 적용을 받더라도 비싼 류머티스 관절염 및 암 전문 의약품의 본인부담금은 4천 달러에서 거의 12,000 달러에 이르기도 한다. 보험에 들었더라도 많은 환자들에게는 엄두가 나지 않을 만큼 비싼 가격이다.[67]

이 단계에서도 본인-대리인 문제는 또 다른 이상한 형태로 일어난다. 보험사가 약값을 많이 지불하니 보험사가 "본인"이라고 볼 수도 있겠지만, 환자는 제약 회사와 직접 협력하여 자신이 지불하는 금액을 변경할 수 있는 한편 비용의 대부분을 보험사가 지불하게 만든다. 많은 제약 회사가 환자에게 직접 본인부담금 "쿠폰" 또는 "리베이트"를 제공한다. 이런 인센티브는 판매 시점에서 의약품에 대한 환자의 자기 부담 비용을 할인하고, 환자가 비싼 약을 구매하도록 영향을 미치는 한편 모든 비용 (및 위험)을 보험사로 이동시킬 수 있다. 따라서 스티븐 호킹의 말을 살짝 바꾸면, 이것은 본인과 대리인의 무한 후퇴이다.[68]

이런 쿠폰이 미치는 경제적 영향은 의약품 가격 책정에 대한 논쟁에서 계속 주제에 오른다. 미국 메사추세츠 주는 이런 쿠폰을 금지하는 유일한 주였으나 2012년 (제네릭 대체품이 없는 의약품에 대해) 관련 법안이 폐지되었고, (메디케어, 메디케이드, 퇴역군인 혜택을 비롯한) 연방 정부 의료보험 가입자는 불법 리베이트 반대법에 의해 쿠폰 혜택을 받을 수 없다.[69]

이런 프로세스에 대한 설명이 혼란스럽다면, 그것은 이 프로세스가 혼란스럽기 때문이다. 이 프로세스는 각 단계마다 완전히 분리되어 있다. 환자는 의약품이 필요하고, 비용에 대해서는 거의 아무 것도 모르며, 어쨌든 간에 금액의 적은 부분만을 지불하려 하기에, 가격에 반응하는 능력에 큰 영향을 미치고 있다. 의사 또한 효능에 대한 위임을 받았고 처방 습관에 대한 경제적 결과에 직면하지 않는다는 점을 생각할 때 가격에 대응하지 않는다. 보험사와 PBM은 도매업체 및 제약회사와 거래를 통해 비용을 절감하려 하며, 이는 의사, 약사, 환자의 행동에 영향을 미친다. 하지만 이들 보험사와 PBM은 의사의 처방전과 환자의 구매에 거의 또는 전혀 영향을 미치지 않음에도 의약품 비용 대부분을 다루고 있다. 보험사를 나쁘다고 생각할 이유를 찾고 있다면, 여기에 그 이유가 있다. 하지만 크게 나쁘게 생각할 필요는 없을지 모른다. 가격 책정 정보와 책무의 사슬이 이렇게 완전히 분리되어 있기 때문에 궁극적으로 더 높은 보험료, 낮은 가격 민감도, 그리고 제약회사가 모두에 대해 가격을 올려서 이런 복잡성에서 나오는 이득을 취하는 기회가 생기기 때문이다.

전 세계의 차별적인 가격책정 구조는 미국의 더 높은 가격을 강화하는 경향이 있다. 저소득 국가의 환자를 위해 존재해야 하는 낮은 가격과 더불어, 많은 선진국에서는 국영 헬스케어 시스템을 보유하여 일방적으로 제약업체와 가격을 협상하고 있다. 예를 들어 영국의 National Health Service는 영국에서 의약품을 구입하는 유일한 구매자이며 시민이 사용할 약품을 확립하여 회사들이 비용을 절감하도록 장려한다.[70] 미국은 구매자가 분산되어 있으므로 한 구매자가 가격을 크게 낮출 정도로 강력한 시장 장악력을 갖지 못하게 되어 있다. 아마도 가장 중요한 것은, 미국에서 가장 거대한 의약품 구매자, 즉 연방 정부가 핵심 프로그램에서 제약회사와 의약품 가격을 직접 협상하는 것이 연방법으로 금지되어 있다는 사실일 것이다. 특히 미국 정부는 메디케어와 메디케이드에서 처방전 약품에 대해 2014년 약 1650억 달러를 지불했다.[71] 이는 처방전 약품에 대해 쓴 총액 2980억 달러의 약 55%에 해당한다.[72] 다시 말해, 미국 정부는 1650억 달러의 구매력을 갖추고 있음에도 메디케어와 메디케이드에 관해 가격을 직접 협상할 수가 없는 것이다![73]

또한 미국은 일반적으로 다른 여러 나라보다 지적 재산권을 더 강하게 보호한다. 예를 들어 환태평양 전략적 경제동반자협약(Trans-Pacific Partnership, TPP)의 무역 협정 협상에서 관련 국가들은 지적 재산권 규제를 일치시키려는 시도에서 의약품 가격을 주제로 삼았다. 미국은 복합 생물학적 의약품에 대해 특허 외 12년간 독점권을 주장했지만, 호주 같은 국가들은 더 낮은 가격의 의약품이 시장에 보다 빨리 들어오도록 이 기간을 5년으로 줄일 것을 원했다.[74] 최종 플랜에서는 상황에 따라 각국에서는 5년 ~ 8년 사이로 융통성 있게 기간을 정할 수 있게 되었다.[75] 하지만 이 조약에 서명한 베트남 같은 개발도상국에서는 이 기간에서도 약품 가격은 오르고 약물 사용성은 줄어들 수 있었다.[76] 미국은 TPP가 있어도 어느 정도까지는 자국의 자체 지적 재산권 보호를 해외로 수출했을 것이었다. 하지만 트럼프 대통령은 취임 후 맨 먼저 시행한 조치 중 하나로서 자유 무역 정책을 벗어나려는 노력의 일환으로

TPP 전체를 폐지해 버렸다.

미국이 생산과 구매 양쪽으로 제약산업에서 차지하는 독특한 위치를 더욱 잘 보여주는 증거는 국제적 논쟁이다. 경제협력개발기구(OECD)에 따르면, 미국은 전 세계 생산량의 39%를 차지하는 세계 최대의 제약 생산국이자 전 세계 매출액의 45%를 차지하는 세계 최대의 구매국이다.[77] 달리 말해, 미국의 국내 비즈니스가 제약 산업을 지탱하고 있다. 미국은 가장 큰 의약품 생산자이지만 또한 제약 산업의 매출액기의 다수를 차지하는데, 부분적으로는 높은 가격 때문이기도 하다.

미국은 제약 회사의 주된 수익원이기 때문에 다른 국가의 더 낮은 의약품 가격에 보조금을 지급하고 있는 셈이라고 주장할 수도 있다. 어쩌면 제약 회사의 이익 마진 중 제일 좋은 몫을 주었다며, 캐나다인들이 미국인들에게 감사해야 할지도 모른다. 이 질문에 대한 답은 명확하지 않다. 가령, 제약 회사는 실제로 우리가 지금 제공하고 있는 금액을 필요로 하는가? 하지만 명확한 것은, 기능을 제대로 하지 못하는 시장의 역학, 강력한 지적 재산권 보호, 규제야말로 지금 미국의 복잡하고 값비싼 상황을 만들었다는 것이다.

많은 경우, 필자들이 제시한 불완전한 해결책은 제네릭 경쟁으로 아래에서 소개할 것이다. 하지만 이 책에서 경고하는 대로, 제네릭 혁명에도 도전 과제가 있다.

04

제네릭에 대하여

제네릭 대체의 마술은 대체로 환자의 개입 없이 일어난다. 의사가 Pfizer 사의 Zoloft를 처방전에 적으면, 환자가 약국에 도착했을 시점에는 이 약의 제네릭인 sertraline 1병으로 매끄럽게 대체된다. 일반적인 축농증 환자는 Zithromax Z-Pak이라는 브랜드가 붙은 박스가 아니라 azithromycin 5일치가 든 박스를 10달러에 사서[78] 약국을 나설 것이다. 자동 대체는 약사가 주도한다. 약사는 가능한 경우 브랜드 약품을 제네릭으로 대체하도록 허용되며, 대중은 환자나 의사에게 요구되는 조치를 취하지 않고도 수십억 달러를 절약할 수 있다.[79] .자동 대체법은 미국 주의 "의약품 선택(drug product selection, DPS)" 법이라고 알려져 있으며 50개주 모두가 이 조치를 허용한다. 어떤 주에서는 제네릭 약품을 사용할 수 있는 모든 경우에 자동 대체를 해야 한다. 환자의 인센티브도 보험사 및 지불 과정에 참여한 다른 사람들—되도록 적은 비용을 지불하고 자신의 보험 대상 약품 목록에서 제네릭 사용을 강력히 고취하고 싶어하는-의 인센티브와 대체로 보조를 같이한다. 제네릭 대체는 제대로 작동할 때 효과가 크며, 대체로 환자에게도 혜택이 된다. 시스템의 복잡성을 생각할 때 인상적인 일이다.

오늘날 미국의 모든 처방전의 거의 90 %가 제네릭 약품으로 조제되며,[80] 일반적인 물약과 알약인 소분자 의약품의 81 %는 제네릭 약품이다.[81] 이전에는 브랜드 약품이 독점하던 시장에 제네릭이 도입되면, 대체로 출시한 지 6개월 안에 브랜드보다 20% 할인 가격으로 나오며 그 시점에서 가격은 급격히 떨어진다.[82] 결국 대부분의 제네릭 제품은 브랜드 제품보다 80~85%의 가격이 매겨진다.[83] 다수의 제네릭 약품이 시장에 진입할 때 원래 가격의 10%까지도 하락한다.[84] 앞에서 언급했듯, 더 고가에 팔리는 브랜드 약품은 시장 점유율이 빠르게, 그리고 크게 하락한다. 한 예로 제네릭인 Lipitor의 도입에 대한 최근 연구를 보면, 제네릭이 두 가지만 도입되어도 독점권이 상실된 지 불과 1달만에 브랜드 약품 처방이 18% 감소했고, "전체" 제네릭 경쟁이 시작된 달에는 또다시 48% 떨어졌다.[85]

아마도 가장 중요한 사실은, 소비자들이 제네릭 의약품을 사용하여 2012년에만 2170억 달러 이상을 절약했고,[86] 2005년부터 2014년까지는 총 1 조 6800억 달러를 절약했다는 FDA의 추정일 것이다.[87] 앞서 언급한 Lipitor 연구에서, Lipitor 브랜드 약품만이 시장에 있을 때에는 소비자가 내야 하는 월별 비용 중간 값이 17.50달러였으나 수많은 제

네릭이 등장하자 불과 5달러를 약간 웃도는 수준으로 떨어졌다.[88]

제네릭 혁명을 기적이라고 부를 수도 있겠지만, 확실한 것은 자연적이거나 우연히 생긴 것은 아니다. 일단, 제네릭 진입이라는 현대적 시스템은 자리를 잡은 지 30년 정도밖에 되지 않았다. 제네릭 의약품 진입은 의약품 가격 경쟁 및 특허 기간 연장법, 일반적으로 Hatch-Waxman법이라고 알려진 법에 의해 보장을 받는다.[89] Hatch-Waxman법은 1984년 통과되었으며, 제네릭 약품이 진입할 통로를 만들어 제네릭 약품이 시장에 빠르게 도입되는 것을 장려했다. 이 법이 있기 전에는 제네릭 약품이 시장에 진입하는 속도가 느렸다.[90] 제네릭을 제조하려는 업체들은 브랜드 회사들의 특허가 만료된 후에나 시장 진입을 신청할 수 있었다. 제네릭이 FDA 승인을 기다리는 동안, 브랜드 회사들은 사실상 특허 연장과 계속되는 독점 이득의 효과를 누렸다.[91] 브랜드 의약품은 특허 만료 후에도 몇 년 동안 경쟁에 직면하지 않았다. 더 나아가, 처음에 시장에 진입하고 있던 제네릭은 거의 없었다. 제네릭이 자체의 임상 실험을 완료할 것을 요구하는 신청 프로세스의 부담과, 상당한 이익이 없다는 점이 대부분 제조업체들을 단념하게 만들었다.[92]

들어가는 말에서 더 자세히 설명했듯, Hatch-Waxman 법은 제네릭 약품에 여러 가지 인센티브를 제공하여 시장에 되도록 빨리 진입하게 하고, 복잡한 규제망을 만든다. 첫째, 앞으로 나올 제네릭은 해당 브랜드 약품의 특허가 만료되기 전에 약식 신약 신청서(an abbreviated new drug application, "ANDA")를 제출할 수 있다.[93] 이렇게 짧아진 신청서에는 해당 제네릭이 브랜드 약품과 생물학적 등가성을 가지며 동일한 특성을 갖고 있음을 보여주는 증거를 포함하기만 하면 된다. 해당 약품의 안전성과 효능을 포함하여 신청서의 나머지 요건을 충족하기 위해서 브랜드 의약품 회사의 임상 시험 데이터에 의존해도 된다.[94]

둘째, 이른바 제 IV 항 인증(Paragraph IV certification)에서, 제네릭 제조업체는 브랜드 회사의 특허 기간이 만료되기 전에 시장 진입을 시도할 수 있다. 이는 인위적인 침해 행위로 간주되며 대개는 특허 유효성에 대한 소송을 촉발한다.[95] 이 경우 제네릭 신청자가 "잘못된" 행동을 한 적이 없다면, 신청서를 제출하는 행위가 브랜드 회사로 하여금 소송을 제기하고 분쟁을 신속히 끝낼 수 있게 만든다. 또한 제네릭 신청자는 이 과정에서 위험에 덜 직면하게 된다. 실제로 특허를 침해한 것은 아니며 특허가 유효하다면 어떠한 손해에 대해서도 책임을 지지 않을 것이기 때문이다. 이는 기존의 특허가 있음에도 제네릭을 출시하는 행위를 실제로 하기 앞서, 그 행위가 불법인지 여부를 법원에 물어볼 수 있는 것과 비슷하다.

소송 비용 및 위험을 직면하는 행위에 대한 보상으로, 제 IV 항 인증을 신청하고 승인을 얻는 최초의 제네릭 제조업체는 브랜드 약품과 더불어 180일(약 6개월)의 시장 독점권을 얻는다.[96] 다시 말해, 6개월이라는 기간 동안 브랜드 회사와 첫 번째 제네릭 신청업체만이 시장에 나올 수 있다. 비록 6개월뿐이지만, 이 독점권 기간은 아주 귀중할 수 있다. 첫 번째 제네릭 업체는 다른 제네릭이 시장에 들어와 가격을 더 내리기 전에 수억 달러를 챙길 수도 있기 때문이다.[97] 이 혜택은 취약한 특허나 문제가 되는 의약품을 보장해서는 안 되는 특허에 도전하는 제네릭 회사에게 인센티브를 제공하기 위한 것이다.

Hatch-Waxman 법은 원 투자자에 대한 적절한 특허 보호와, 이런 특허 보호가 만료되면 신속한 제네릭 도입을 촉진한다는 미국 의회의 목표를 압도적으로 충족시켰다. 1984년 이래 1만 개 이상의 제네릭 의약품이 시장에 진입했으며[98] 제네릭 의약품으로 조제된 처방전의 비율은 1980년 13%[99]에서 2013년에는 약 86%로 증가했다.[100] 더 나아가, 제네릭 제조업체는 원래 특허 기간이 만료된 직후 (또는 심지어 만료되기 전에) 시장에 진입할 수 있는 인센티브와 능력을 보유한다. 변화는 하룻밤 사이에 일어난 것이 아니었다. Hatch-Waxman 법도 엄청난 공공의 논란과 논쟁을 불러일으킨 법안은 아니었으나, 현대 미국 역사에서 헬스케어 시스템에 가장 큰 변화 중 하나를 일으킨 결과가 되었다.

두 번째 기적은 제네릭 의약품의 극적인 상승과 함께 일어났다. 대부분의 경우, Hatch-Waxman 법의 혜택은 그 복잡성과 그 목적을 약화시키려는 끈질긴 시도에도 불구하고 유지되고 있다. 실제로, Hatch-Waxman 법의 복잡성이야말로 불행하게도 제약 회사들이 제네릭 경쟁을 물리치기 위해 사용해 온 진정한 기회의 놀이터를 만든 주체이다. 그리고 이런 전략이 바로 이 책의 초점이다.

이 책에서 필자들의 목표는 두 가지이다. 첫째, 시간이 지나면서 밝혀지는 복잡한 전략에 이목을 집중시키는 것. 둘째, 그런 행동을 억제하고 회사가 사회에 최적인 경로를 따르도록 인센티브를 창출하는 방법을 제안하는 것이다. 간단히 말해, 제약 회사는 자신의 창의력을 새로운 법적 저항이나 규제 장벽을 창출하는 일이 아니라 연구 개발에 쓰도록 해야 한다.

분명한 것은, 제약 회사들이 제네릭의 도전을 법적으로 무너뜨려 어렵게 얻은 특허 독점권을 보존한다면, 이런 행위는 사회의 목표에 일치하며 특허 시스템에서 중요하다. 권한 보유자가 권한을 행사할 수 없다면 권한은 거의 가치가 없으며, 이는 모든 유형의 법적 권한이 그렇듯 특허에서도 마찬가지다. 이와 대조적으로, 기업이 독점권을 불법으로 확장하려 한다면, 이런 행위는 특허 시스템의 목표를 약화시키고 사회에 가해지는 비용이 문제될 수 있다. 환자와 일반 대중은 패하고, 수십억 달러를 절약하지 못하게 되며, 시장에 진입할 준비가 끝난 제네릭은 시장에 들어오지 못한다. 법률 시스템을 조작하는 데 에너지가 소비되면서 시간과 자원이 혁신 활동에 쓰이지 못하게 된다.

들어가는 말에서는 제네릭 진입 경로에 대해 Hatch-Waxman 법을 더 자세히 설명하고, 그 구조 뒤에 자리한 경제적 인센티브와 이 법의 기능을 향상시키기 위해 설계된 수정안을 자세히 논한다. Hatch-Waxman 법의 작용 방식은 다른 제정법과 규제 체제와 비교해 봐도 아주 복잡하므로, 필자들은 그 원칙과 경로를 이해하기 쉬운 방식으로 설명하면서 그 과정에서 각 단계 뒤에 숨은 추론을 강조할 것이다. Hatch-Waxman 법은 시작부터 의도하지 않은 결과, 허점, 전복과 같은 문제를 겪었다. 필자들은 또한 이 법의 초창기 틈과, 그 구멍을 메우기 위해 고안된 이후의 수정안에 대해서도 논할 것이다.

제1장에서는 "1.0 세대"라는, 제네릭 지연 전술의 기원을 설명할 것

이다. 이 책에서 시간이 지남에 따라 진화하는 전술을 분류하기 위해 사용한 세 가지 “세대” 중 첫 번째이다. 필자들이 이 책에서 사용하는 세대라는 조직 시스템은 이들 기간 각각이 순차적으로, 그리고 개별적으로 일어났다는 의미가 아니다. “1.0세대” 스타일 합의 일부는 여전히 살아 있다. “3.0세대”의 초기 전술은 10년 이상 제네릭을 괴롭혔다. 세대와 세대는 상당히 중첩될 수 있다. 하지만 이 시스템은 관련 전술의 집합을 구성하는 데 도움이 되는 방법이며, “세대”라는 단어는 각 시대의 전술이 이전 세대의 전략에서 진화하거나 그에 대응하여 발전했음을 의미한다.

이 책 전체에서 필자들은 이 3세대의 행동에서 다양한 측면과 관련된 기업의 예시를 자세히 설명했다. 하지만 필자들이 묘사한 회사들만이 이런 전술을 사용하는 회사는 아니다. 어떤 회사들은 불운하게도 세상의 이목을 끌게 된 것이고, 또 어떤 회사들은 조금 더 적극적이었을 뿐, 이런 행위는 제약 업계 전체에 만연해 있다.

1.0세대에서, 지연은 대체로 “지연을 위한 지불” 또는 “역 지불” 합의라는 형태로 나타난다. 잠재적인 제네릭 제조업체가 약을 먼저 개발한 제조업체에게 돈을 받고 약정한 날짜까지 시장 진입을 미루는 형태로, 액수는 수억 달러에 이르는 경우가 많다. “역 지불”은 이 합의의 성격이 얼마나 이상한지를 보여준다. 피고가 소송을 해결하기 위해 원고에게 돈을 주는 게 아니라, 브랜드 약품 제조업체가 제네릭 제조업체에게 특허 침해 소송을 끝내자고 돈을 주는 것이다. 이렇게 직관에 어긋나는 방향의 합의 뒤에 숨은 이치는, 제약 시장의 경제학과 Hatch-Waxman

법의 제네릭 경로에서 의도하지 않은 인센티브가 있음을 반영한다. 이런 합의는 오랫동안 아주 흔한 일이었지만, 2013년 미국 대법원은 FTC의 Actavis 재판 판결에서 이런 합의에 대해 엄격한 독점금지 감시를 할 수 있는 기회를 열었다.

제2장에서는 차세대 지연을 위한 지불 전략인 "2.0세대"의 등장을 설명한다. Actavis가 출시되기 훨씬 전부터 이런 전략에는 대개 브랜드 회사에서 제네릭 제조업체로의 혜택 이전이 포함되지만, 단순한 현금 합의를 통해서는 아니다. 2.0 세대 합의에는 여러 가지 이면 거래의 패턴이 포함되어 있다. 두 회사가 여러 가지 Hatch-Waxman 법 관련 분쟁을 동시에 해결할 때, 그 결과 제네릭 회사에 순편익을 가져다 주지만 액수가 크게 눈에 띄는 지불은 아니다. 또 다른 수단으로는 과대평가된 계약이 있다. 제네릭 회사가 시장 진입을 지연하지만 홍보, 제조, 또는 해당 약품 판매에서 브랜드 제약업체를 지원하여 상당한 돈을 받는 것이다. 마지막으로, 2.0 세대에는 "보이스카우트 조항"이 있다. 명예롭게 행동하라는 계약이지만 실제로는 반경쟁 담합을 덮는 것이다. 제2장에서 설명한 대로, 이런 이면 거래는 이제 법정에서 반독점 조사를 받게 된다.

제3장과 4장에서는 새로운 3.0 세대 전략을 포괄적으로 살펴본다. 지금까지 이런 전술은 주로 레이더 아래 배치되었다. 3.0 세대 전술은 더 이상 제네릭 경쟁사와의 지연 계약에 중점을 두지 않으며, 제네릭이 시장에 들어오는 것을 막기 위해 행정 프로세스와 의약품 변경을 사용합니다.

이런 전략들 다수는 제네릭을 방해하는 것 이상의 정당성이 거의 없으며, 최근의 몇몇 사안 패턴들은 상식의 경계를 넘어서고 있다. 특히, 필자들은 의약품 라벨링 변경, FDA 안전성 요건을 제네릭 액세스를 제한하는 가이드로 사용하는 행위, 소량 투여량 및 제조법 변경을 통해 의약품 수명 늘리기는 물론, 필자들이 "다중성 전술"이라고 이름 붙인, 이들 메커니즘을 한꺼번에 악용하는 방식에 대해 논할 것이다. 물론 기업들은 새로운 장애물 전략을 개발하여 팔아먹고, 필자들은 동일한 취지의 새로운 합의 계약을 발견하고 있다. 다시 한 번 말하지만, 브랜드 제약회사는 "보이스카우트" 역할을 한다. 착한 행동을 하기로 동의하지만 그 행동은 시장에서 더 많은 경쟁을 막기 위한 행동일 뿐이다.

문제가 되는 일화가 수없이 많음에도, 이런 방해주의 전략은 얼마나 널리 퍼져 있을까? 이 책의 말미에 FDA에 제출된 의약품 관련 시민 청원에 대한 심층 조사 결과를 수록했다. 필자들은 지난 10년간의 추세를 확인하고, 일반 시민들이 FDA에 청원하는 것을 허용하는 프로세스가 제네릭 경쟁 진입을 지연시키는 제약 회사의 전략적 행동을 위한 핵심 통로가 되었다는 것을 실증적으로 보여줄 것이다. 필자들은 또한 제네릭 관련 청원이 제네릭 승인 프로세스를 지연시키기 위해 타이밍을 맞추는지 여부를 실증적으로 보여주려 했다.

필자들의 결론은 제네릭 진입 경로를 개혁하기 위한 아이디어로 마무리된다. 이런 아이디어는 시스템 이론에서 차용했다. 서로 다른 시스템이 상호 작용하여 기화와 인센티브를 창출, 차선의 행위를 바로잡는 것이다. 더 나아가, 이 시스템을 숨바꼭질 놀이에서 떨어뜨려 놓기 위해, 표준 기반의 법적 규칙을 추가할 것을 제안한다. 가장 중요한 것은, "미봉책으로 인한 죽음(death by tinkering)"을 피하기 위해서이다.[101] 즉, 종합적인 로직 없이 정책을 여기 조금 수정하고 저기 조금 수정하다가는 한 분야 자체가 자체의 무게에 짓눌려 붕괴한다는 것이다. 본 섹션에서는 서로 교차하는 다양한 영역을 더 깊이 들여다보고 더 포괄적인 점검을 제안한다. 필자들은 또한 가격 책정 및 FDA 투명성을 극적으로 증가시켜, 오랫동안 지속된 정보 갭을 해소하여 규제 당국이 정보에 입각한 결정을 내리는 데 필요한 정보를 갖추고 시장 기능이 개선되도록 할 것을 제안한다. 가격 책정에 관한 선샤인법(정부 조직으로 하여금 일정한 종류의 정보를 일반에게 공개하도록 한 법률)은 이미 미국 전역의 많은 입법 기관이 고려하고 있다.

Hatch-Waxman 법은 사실 아주 훌륭한 입법 혁신이다. 의약품 비용 절감에 있어 기적이라고 칭송해도 과언이 아니다. 이제 이 분야의 차세대를 고려하여 이 기적이 사라지지 않도록 해야 할 때이다.[102]

참고문헌

1 Sasha Damouni, Doni Bloomfield, & Caroline Chen, *At Biotech Party, Gender Diversity Means Cocktail Waitresses*, Bloomberg(Jan. 13, 2016), www.bloomberg.com/news/articles/2016-01-13/at-biotechparty-gender-diversity-means-cocktail-waitresses.

2 NASDAQ Biotechnology Index, Google Finance, www.google.com/finance?q=INDEXNASDAQ%3ANBI&ei=TQHCV5CVE82N2Aa0pojYCw(click "Historical prices" and view prices from July 2015 to January 2016). The index peaked at an all-time high, 4,165.87, on July 20, 2015, before falling to 3,052.56 on January 11, 2016, the day the conference opened. That fall is equivalent to a 26.7% drop.

3 *Ibid.*

4 Drew Armstrong, Caroline Chen, & Sasha Damouni, *Worst Start to Health Conference Since 2001 Has Investors Glum*, Bloomberg(Jan. 11, 2016), www.bloomberg.com/news/articles/2016-01-11/worst-startto-health-conference-since-2001-has-investors-glum.

5 Robert Weisman, *Drug Price Policies, China May Slow Biotech Bull Market*, Boston Globe(Jan. 10, 2016), www.bostonglobe.com/business/2016/01/10/biotech-bull-market-may-slow/PzzRRSFujEkiDntFtMT5IP/ story.html .

6 Press Release, IMS Health, IMS Health Study: U.S. Drug Spending Growth Reaches 8.5 Percent in 2015(Apr. 14, 2016), www.imshealth.com/en/about-us/news/ims-health-study-us-drug-spending-growthreaches-8.5-percent-in-2015; Katie Thomas, *Drug Prices Keep Rising Despite Intense Criticism*, N.Y. Times(Apr. 26, 2016), www.nytimes.com/2016/04/27/business/drug-prices-keep-rising-despite-intensecriticism. html?_r=0 .

7 Bianca DiJulio, Jamie Firth, & Mollyann Brodie, *Kaiser Health Tracking Poll: August 2015*, Kaise Family Foundation(Aug. 20, 2015), http://kff.org/health-costs/poll-finding/kaiser-health-tracking-pollaugust-2015/ .

8 Bianca DiJulio, Jamie Firth, & Mollyann Brodie, *Kaiser Health Tracking Poll: April 2015*, Kaise Family Foundation(Apr. 21, 2015), http://kff.org/health-costs/poll-finding/kaiser-health-tracking-pollapril-2015/.

9 Rebecca Robbins, *Drug Makers Dismiss Outrage over High Prices as 'Abomination,'* STAT(Jan. 12, 2016), www.statnews.com/2016/01/12/public-outrage-drug-prices/.

10 *Ibid.*

11 Arlene Weintraub, *Gadfly Pharma Investor Shkreli Starts Anew after Ousting from Retrophin*, Forbes(Feb. 27, 2015), www.forbes.com/sites/arleneweintraub/2015/02/27/gadfly-pharma-investor-shkreli-startsanew-after-ousting-from-retrophin/#5303e3e5359d; Allie Conti, *Why Is Martin Shkreli Still Talking?* Vice(Jan. 27, 2016), www.vice.com/read/why-is-martin-shkreli-still-talking.

12 Examples of interesting Twitter behavior: Martin Shkreli(@MartinShkreli), Twitter(Jun. 10, 2016, 7:48 PM), https://twitter.com/MartinShkreli/status/741431768247640064; Martin Shkreli(@Martin Shkreli), Twitter(Jun. 10, 2016, 7:47 PM), https://twitter.com/MartinShkreli/status/741431597761736704.

13 Devin Leonard & Annmarie Hordern, *Who Bought the Most Expensive Album Ever Made?* Bloomberg Businessweek(Dec. 9, 2015), www.bloomberg.com/features/2015-martin-shkreli-wutang-clan- album/.

14 Andrew Pollack, *Drug Goes from $13.50 a Tablet to $750, Overnight*, *N.Y.* T imes(Sept. 20, 2015),

www.nytimes.com/2015/09/21/business/a-huge-overnight-increase-in-a-drugs-price-raises-protests.html. The price of the drug was as low as $1 in 2010, before a series of acquisitions. Ibid.

15 *Ibid.*

16 Andrew Pollack, *Drug Makers Sidestep Barriers on Pricing,* N.Y. TIMES(Oct. 19, 2015), www.nytimes.com/2015/10/20/business/drug-makers-sidestep-barriers-on-pricing.html?smid=pl- share&_r=0.

17 *Ibid.*

18 *Ibid.*

19 Stephanie Clifford & Matthew Goldstein, *Shkreli Indictment Portrays Small-Time Fraud,* N.Y. TIMES (Dec. 17, 2015), http:// nyti.ms/ 1mbrPVh.

20 Additional charges were made in June 2016. Dan Mangan, *'Pharma Bro' Martin Shkreli Pleads Guilty to New Charges,* CNBC(Jun. 6, 2016), www.nbcnews.com/business/business-news/pharma-bromartin-shkreli-pleads-not-guily-new-charge-n586676.

21 FBI New York(@NewYorkFBI), TWITTER(Dec. 17, 2015, 3:12 PM), https://twitter.com/NewYorkFBI/status/677597263540191232.

22 U.S. House Committee on Oversight and Government Reform, *Developments in the Prescription Drug Market: Oversight,* YOUTUBE(Feb. 4, 2016), www.youtube.com/watch?v=BPPerZLjp4M.

23 Examples: Ed Silverman, *Mylan Raised Prices for Some Drugs by Huge Amounts,* STAT(Jun. 10, 2016), www.statnews.com/pharmalot/2016/06/10/mylan-drug-prices-increase/(describing the price increase for gallstone medication); April Dembosky, *Drug Company Jacks Up Cost Of Aid-In-Dying Medication, NPR*(Mar. 23, 2016), www.npr.org/sections/health-shots/2016/03/23/471595323/drugcompany-jacks-up-cost-of-aid-in-dying-medication(discussing price increases for physician-assisted suicide medication).

24 Joseph Walker, *For Prescription Drug Makers, Price Increases Drive Revenue,* WALL ST. J. (Oct. 5, 2015), www.wsj.com/articles/for-prescription-drug-makers-price-increases-drive-revenue-1444096750. The *Wall Street Journal's* coverage of pharmaceutical price increases was later a fi nalist for a Pulitzer Prize. 2016 *Pulitzer Prizes,* The Pulitzer Prizes–Columbia University, www.pulitzer.org/prize-winners-byyear/2016.

25 Walker, *For Prescription Drug Makers, Price Increases Drive Revenue , supra* note 24 .

26 *Ibid.*

27 Barack Obama, *United States Health Care Reform: Progress to Date and Next Steps,* J. AM. MED. Ass'n E1, E5(Jul. 11, 2016), http://jama.jamanetwork.com/article.aspx?articleid=2533698&utm_campaign=articlePDF&utm_medium=articlePDFlink&utm_source=articlePDF&utm_content=jama.2016.9797.

28 *Donald Trump's News Conference: Full Transcript and Video,* N.Y. TIMES(Jan. 11, 2017), https:// www.nytimes.com/2017/01/11/us/politics/trump-press-conference-transcript.html?_r=0.

29 Bethany McLean, *The Valeant Meltdown and Wall Street's Major Drug Problem,* VANITY FAIR(Jun. 5, 2016), www.vanityfair.com/news/2016/06/the-valeant-meltdown-and-wall-streets-major-drug-problem.

30 Donald G. McNeil Jr., *Curing Hepatitis C, in an Experiment the Size of Egypt,* N.Y. TIMES(Dec. 15, 2015), www.nytimes.com/2015/12/16/health/hepatitis-c-treatment-egypt.html?smid=pl-share.

31 *Ibid.*

32 Ed Silverman, *Colombia Plans to Unilaterally Lower the Cost of a Novartis Cancer Drug,* STAT(Jun. 9, 2016), www.statnews.com/pharmalot/2016/06/09/colombia-novartis-gleevec/;Ed Silverman, *Novartis, Colombia Face Off Over Cancer Drug Cost,* STAT(Jun. 14, 2016), www.statnews.com/pharmalot/2016/06/14/novartis-colombia-drug-costs/.

33 Ed Silverman, *Multiple Sclerosis Drug Prices Rose at an 'Alarming' Rate: Study,* WALL ST. J.(Apr. 24, 2015), http://blogs.wsj.com/pharmalot/2015/04/24/multiple-sclerosis-drug-prices-rose-at-an-

alarmingrate-study/.

34 Ed Silverman, *Sanofi on Rx Pricing: 'Everyone Has to Make Money,'* STAT(Jan. 13, 2016), https://embed.scribblelive.com/Embed/v7.aspx?Ibid=1755036&Page=4&overlay=false.

35 Lee Fang, *Pharma Executives Worry about Presidential Candidates Demanding Reform,* INTERCEPT(Feb. 2, 2016), https://theintercept.com/2016/02/02/goldman-sachs-pharma/.

36 Presentation, AbbVie, 2016 J. P. Morgan Healthcare Conference(Jan. 13, 2016), www.abbvieinvestor.com/phoenix.zhtml?c=251551&p=irol-presentations. One should note that operating margin is not directly equivalent to profi t margin, as it does not include fi xed costs such as research and development.

37 *Ibid.*

38 Victoria Colliver, *Biotech Execs Talk "Value" in Backlash against High Drug Prices,* S.F. CHRON.(Jun. 9, 2016), www.sfchronicle.com/business/article/Biotech-execs-talk-value-in-backlash-7974134.php; Rebecca Robbins, *With Tens of Millions on Hand, Drug Makers Fight State Efforts to Force Down Prices,* STAT (Jun. 9, 2016), www.statnews.com/2016/06/09/drug-companies-fight-back/.

39 *See ibid.; see also* Henry G. Grabowski *et al.*, *Evolving Brand-Name and Generic Drug Competition May Warrant a Revision of the Hatch-Waxman Act,* 30 HEALTH AFF. 2157, 2163, exhibit 4(2011). In fact, for the period between 2004 and 2008, Grabowski et al. found that the average drug with more than $1 billion in annual sales had more than ten generic competitors one year after first generic entry. *See ibid.* at 2160 exhibit 1.

40 *See Facts about Generic Drugs,* U.S. FOOD & DRUG ADMIN., www.fda.gov/Drugs/ResourcesForYou/Consumers/BuyingUsingMedicineSafely/UnderstandingGenericDrugs/ucm167991.htm(last updated June 28, 2016).

41 Martin Shkreli(@MartinShkreli), TWITTER(Apr. 10, 2012, 7:46 AM), https://twitter.com/MartinShkreli/status/189695905790832640.

42 For an explanation of why patents are not core property rights, *see* Robin Feldman, *Federalism, First Amendment and Patents: The Fraud Fallacy,* 18 COLUM. SCI. & TECH. L. REV. 30, 71–72(2015).

43 U.S. CONST., art. I, § 8, cl. 8("The Congress shall have power … To promote the Progress of Science and useful Arts, by securing for limited Times to Authors and Inventors the exclusive Right to their respective Writings and Discoveries").

44 *See* Mark Lemley, *IP in a World without Scarcity,* 90 N.Y.U. L. REV. 460, 464–65(2015), www.nyulawreview.org/sites/default/files/pdf/NYULawReview-90-2-Lemley.pdf, for a fascinating discussion of this issue.

45 *See* Steve Morgan *et al.*, *The Cost of Drug Development: A Systematic Review,* 100 HEALTH POLICY 4(2011), www.ncbi.nlm.nih.gov/pubmed/21256615(discovering estimates of drug development cost ranging from $161 million to $1.8 billion); see also Aaron E. Carroll , $2.6 *Billion to Develop a Drug? New Estimate Makes Questionable Assumptions,* N.Y. TIMES(Nov. 18, 2014), www.nytimes.com/2014/11/19/upshot/calculating-the-real-costs-of-developing-a-new-drug.html(describing the confl ict in determining how much it costs to develop a drug).

46 Lacie Glover, *Here Are the Top-Selling Drugs in the US,* TIME(June 26, 2015), http://time.com/money/3938166/top-selling-drugs-sovaldi-abilify-humira/?xid=soc_socialflow_twitter_money. Fifty-five drugs earned more than $1 billion in revenue in 2013. U.S. Pharmaceutical Sales–2013, DRUGS, www.drugs.com/stats/top100/2013/sales(last updated Feb. 2014).

47 Michael Carrier & Aaron Kesselheim, *The Daraprim Price Hike and a Role for Antitrust,* HEALTH AFF. BLOG(Oct. 21, 2015), http://healthaffairs.org/blog/2015/10/21/the-daraprim-price-hike-and-a-rolefor-antitrust/.

48 *Ibid.*

49 Letter from Stephen B. Calderwood, President, Infectious Diseases Soc'y of Am., and Adaora Adimora, Chair, HIV Medicine Ass'n, to Tom Evegan, Head of Managed Markets, Turing Pharm.,

and Kevin Bernier, Nat'l Dir. of All. Dev. & Pub. Affairs, Turing Pharm.(Sept. 8, 2015), www.hivma.org/uploadedFiles/HIVMA/HomePageContent/PyrimethamineLetterFINAL.pdf.

50 Michael A. Carrier, Nicole L. Levidow, & Aaron S. Kesselheim, *Using Antitrust Law to Challenge Turing's Daraprim Price Increase,* 31 Berkeley Tech. L.J.(2016), http://ssrn.com/abstract=2724604.

51 Ed Silverman, *How Martin Shkreli Prevents Generic Versions of His Pricey Pill,* STAT(Oct. 5, 2015), http://pharmalot.com/how-martin-shkreli-prevents-generic-versions-of-his-pricey-pill/.

52 Andrew Pollack, *New York Attorney General Examining Whether Turing Restricted Drug Access,* N.Y. Times (Oct. 12, 2015), www.nytimes.com/2015/10/13/business/new-york-attorney-general-examining-ifturing-restricted-drug-access.html.

53 *See* Carrier, Levidow, & Kesselheim, *Using Antitrust Law, supra* note 50, at *20– 21.

54 *Ibid.*

55 *Thiola Total Care Hub,* Thiola, www.thiola.com/ hub .

56 *Patient Enrollment Form for Thiola Total Care Hub,* Thiola, www.thiola.com/assets/pdf/THI010V2.pdf .

57 *See* Carrier, Levidow, & Kesselheim, *Using Antitrust Law, supra* note 50, at *21(citing Memorandum from Democratic Staff to Democratic Members of the Full H. Comm. on Oversight and Gov't Reform Regarding Documents Obtained by Comm. from Turing Pharm. 3(Feb. 2, 2016), http://democrats.oversight.house.gov/sites/democrats.oversight.house.gov/files/documents/Memo%20on%20Turing%20Documents.pdf).

58 Pollack, *Drug Goes from $13.50 a Tablet to $750, Overnight, supra* note 14.

59 The theory has long been part of economics and other fields, so it has no one particular origin, but the best-known economic paper tackling a description of the issue is: Stephen A. Ross, *The Economic Theory of Agency: The Principal's Problem,* 63 Am. Econ. Rev. 134(1973), https://assets.aeaweb.org/assets/production/journals/aer/top20/63.2.134-139.pdf.

60 *Keeping Watch over Direct-to-Consumer Ads,* U.S. Food & Drug Admin., www.fda.gov/ForConsumers/ConsumerUpdates/ucm107170.htm(last updated June 14, 2016). One of the authors recently made a trip to New Zealand and spent an inordinate amount of time scouring for evidence of direct-toconsumer pharmaceutical advertising, flipping through magazines at gas stations and carefully viewing television commercials. Other than your everyday public health campaigns, he found nothing, and left the country sorely disappointed.

61 Kathryn Aiken, John Swasy, & Amie Braman, *Patient and Physician Attitudes and Behaviors Associated With DTC Promotion of Prescription Drugs – Summary of FDA Survey Research Results,* U.S. Food & Drug Admin. 26(2004), http://www.fda.gov/downloads/Drugs/ScienceResearch/ ResearchAreas/DrugMarketingAdvertisingandCommunicationsResearch/UCM152860.pdf

62 We will return to DTC advertising later in the context of "product hopping" strategies used to extend the life of a drug.

63 Carolyn Y. Johnson, *Secret Rebates, Coupons, and Exclusions: How the Battle over High Drug Prices Is Really Being Fought,* Wash. Post(May 12, 2016), www.washingtonpost.com/news/wonk/wp/2016/05/12/the-drug-price-arms-race-that-leaves-patients-caught-in-the-middle/.

64 Thomas, *Drug Prices Keep Rising Despite Intense Criticism, supra* note 6.

65 Robert Langreth, Michael Keller, & Christopher Cannon, *Decoding Big Pharma's Secret Drug Pricing Practices,* Bloomberg(Jun. 29, 2016), www.bloomberg.com/graphics/2016-drug-prices/.

66 *Ibid.*

67 Joseph Walker, *Patients Struggle with High Drug Prices,* Wall St. J.(Dec. 31, 2015), www.wsj.com/articles/patients-struggle-with-high-drug-prices-1451557981.

68 Stephen Hawking, A Brief History of Time(1988).

69 *See* David Schultz, *Drug Coupons: A Good Deal for the Patient, but Not the Insurer,* Kaiser Health

News(Oct. 1, 2012), http://khn.org/news/drug-coupons/(noting laws preventing those on federal health insurance from using coupons and detailing the debate over co-pay rebates); Karen Weintraub, *Mass., 50th State, Now Allows Drug Coupons: What You Need to Know,* WBUR(July 16, 2012, 9:40 AM), http://commonhealth.wbur.org/2012/07/drug-coupons-massachusetts(covering repeal of Massachusetts's drug coupon law); *see also* Charles Ornstein, *Are Copay Coupons Actually Making Drugs More Expensive?* ProPublica(Jun. 30, 2016), www.propublica.org/article/are- copay- coupons-actually- makingdrugs-more-expensive?utm_campaign=sprout&utm_medium=social&utm_source=twitter&utm_content=1467295822; Johnson, Secret Rebates, Coupons, and Exclusions, supra note 63.

70 Nadia Kounang, *Why Pharmaceuticals Are Cheaper Abroad,* CNN(Sept. 28, 2015), www.cnn.com/2015/09/28/health/us-pays-more-for-drugs/.

71 Andy Slavitt & Niall Brennan, *Medicare Drug Spending Dashboard,* Centers for Medicare & Medicaid Services(Dec. 21, 2015), https://blog.cms.gov/2015/12/21/medicare-drug-spending-dashboard/(noting $143 billion of spending for Medicare in 2014); Medicaid & CHIP Payment & Access Commission, Issue Brief: Medicaid Spending for Prescription Drugs at *1(Jan. 2016), www.macpac.gov/wp-content/uploads/2016/01/Medicaid-Spending-for-Prescription-Drugs.pdf(noting $42 billion on spending for Medicaid in fiscal year 2014, but $20 billion in rebates reduced net spending to $22 billion).

72 Centers for Medicare and Medicaid Services, National Health Expenditures 2014 Highlights(2015), www.cms.gov/research-statistics-data-and-systems/statistics-trends-and-reports/nationalhealth expenddata/downloads/highlights.pdf.

73 Margot Sanger-Katz, *The Real Reason Medicare Is a Lousy Negotiator: It Can't Say No,* N.Y. Times(Feb. 2, 2016), www.nytimes.com/2016/02/02/upshot/the-real-reason-medicare-is-a-lousy-drugnegotiator-it-cant-say-no.html?_r=0. Granted, some say the potential cost savings of allowing government negotiation would not necessarily be as large as one might think.

74 Jonathan Weisman, *Patent Protection for Drugs Puts Pressure on U.S. in Trade Talks,* N.Y. Times(Jul. 30, 2015), www.nytimes.com/2015/07/31/business/international/pacific-trade-deal-drugs-patent-protection. html; Anna Maria Barry-Jester, *The Problem with Tying Health Care to Trade,* FiveThirtyEight(Oct. 19, 2015), http://fivethirtyeight.com/features/the-problem-with-tying-health-care-to-trade/.

75 Tracy Staton, *Last-Minute Deal on Drug Exclusivity Wraps Up TPP Negotiations,* FiercePharma(Oct. 5, 2015), www.fiercepharma.com/pharma/last-minute-deal-on-drug-exclusivity-wrapsup-tpp-negotiations.

76 Julia Belluz, *How the Trans-Pacific Partnership Could Drive Up the Cost of Medicine Worldwide,* Vox(Oct. 5, 2015), www.vox.com/2015/10/5/9454511/tpp-cost-medicine.

77 Organization for Economic Co-operation and Development, Executive Summary: Pharmaceutical Pricing Policies in a Global Market at 10–11(2008), www.oecd.org/health/health-systems/41303903.pdf.

78 *See Medicine Use and Shifting Costs of Healthcare: A Review of the Use of Medicines in the United States in 2013,* IMS Inst. for Healthcare Informatics at 15(Apr. 2014), www.imshealth.com/en/thoughtleadership/ims-institute/reports/use-of-medicines-in-the-us-2013#ims-form("The average co-pay for 78.6% of all retail dispensed prescriptions was $10 or less.").

79 *See* Michael A. Carrier, *A Real-World Analysis of Pharmaceutical Settlements: The Missing Dimension of Product Hopping,* 62 Fla. L. Rev. 1009, 1017(2010).

80 *See Implementation of the Generic Drug User Fee Amendments of 2012(GDUFA): Hearing Before the H. Comm. on Oversight & Gov't Reform,* 114th Cong. 1 & chart.1(2016)(statement of Janet Woodcock, Director, Ctr. for Drug Evaluation & Res., U.S. Food & Drug Admin.); see also IMS Inst . for H ealthcare Informatics, *supra* note 78 , at 51.

81 *See* Ernst R. Berndt & Murray L. Aitken, *Brand Loyalty, Generic Entry and Price Competition in*

Pharmaceuticals in the Quarter Century after the 1984 Waxman-Hatch Legislation 4, 6(Nat'l Bureau of Econ. Research, Working Paper No. 16431, 2010), www.nber.org/papers/w16431.pdf.

82 *See ibid.* at 9– 10, 10 fi g.2.

83 *See Facts about Generic Drugs*, U.S. FOOD & DRUG ADMIN., www.fda.gov/Drugs/ResourcesForYou/Consumers/BuyingUsingMedicineSafely/UnderstandingGenericDrugs/ucm167991.htm(last updated June 28, 2016).

84 *See* Berndt & Aitken, *Brand Loyalty, supra* note 81 , at 9, 10 fi g. 2.

85 Jing Luo *et al., Effect of Generic Competition on Atorvastatin Prescribing and Patients' Out-of-Pocket Spending*, J. AM. MED. ASS'N. INTERN. MED. at tbl. 2(Jun. 27, 2016), http:// archinte.jamanetwork.com/article.aspx?articleid=2530416#ioi160055r28.

86 GENERIC PHARM. ASS'N, G ENERIC D RUG S AVINGS IN THE U.S. 1(2013), www.gphaonline.org/media/cms/2013_Savings_Study_12.19.2013_FINAL.pdf(data supplied by IMS Health).

87 *Implementation of the Generic Drug User Fee Amendments of 2012(GDUFA): Hearing before the H. Comm. on Oversight & Gov't Reform*, 114th Cong. 1 (2016) (statement of Janet Woodcock, Director, Ctr. for Drug Evaluation & Res., U.S. Food & Drug Admin.).

88 Jing Luo *et al., Effect of Generic Competition, supra* note 85, at tbl. 3.

89 Drug Price Competition and Patent Term Restoration Act, Pub. L. No. 98–417, 98 Stat. 1585(1984) (codifi ed as amended in scattered sections of 21 U.S.C. and 35 U.S.C.).

90 *See* Wendy H. Schacht & John R. Thomas, CONG. RES. SERV., REPORT R41114, THE HATCH-WAXMAN ACT: A QUARTER CENTURY LATER, at Summary(2011), http://congressional.proquest.com/profiles/gis/result/pqpresultpage.gispdfhitspanel.pdflink/$2fapp-bin$2fgis-congresearch$2ff$2fa$2f7$2f8$2fcrs-2011-rsi-0151_from_1_to_20.pdf/entitlementkeys=1234%7Capp-gis%7Ccongresearch%7Ccrs-2011-rsi-0151.

91 ROBIN FELDMAN, RETHINKING PATENT LAW 159(2012).

92 *See* Elizabeth S. Weiswasser & Scott D. Danzis, *The Hatch–Waxman Act: History, Structure, and Legacy*, 71 ANTITRUST L.J. 585, 585–90(2003)(discussing the absence of generics on the market before the adoption of Hatch–Waxman).

93 21 U.S.C. § 355(j) (2012).

94 21 U.S.C. §§ 355(j)(2)(A)(i)–(v) (2012).

95 21 U.S.C. § 355(j)(2)(A)(vii)(IV) (2012).

96 21 U.S.C. § 355(j)(5)(B)(iv) (2012). Exceptions and stipulations will be discussed in the Introduction.

97 *See* Matthew Avery, *Continuing Abuse of the Hatch-Waxman Act by Pharmaceutical Patent Holders and the Failure of the 2003 Amendments*, 60 H ASTINGS L.J. 171, 178 & 178 nn.55– 56(2008).

98 *See* Schacht & Thomas, CONG. RES. SERV., REPORT R41114, *supra note 90, at 5; see also Medicare Prescription Drug, Improvement, and Modernization Act: Hearing on H.R. 1 Before S. Comm. on the Judiciary*, 108th Cong.(2003)(statement of Daniel E. Troy, Chief Counsel, U.S. Food & Drug Admin.), www.fda.gov/newsevents/testimony/ucm115033.htm.

99 CONG. BUDGET OFFICE, HOW INCREASED COMPETITION FROM GENERIC DRUGS HAS AFFECTED PRICES AND RETURNS IN THE PHARMACEUTICAL INDUSTRY 37(1998).

100 IMS INST. FOR HEALTHCARE I NFORMATICS, *supra* note 78, at 51.

101 *See* Robin Feldman, *A Conversation on Judicial Decision-Making*, 5 HASTINGS SCI. & TECH. L.J. 1, 2(2013)(introducing the phrase "death by tinkering" to describe patent jurisprudence in the Federal Circuit).

102 *See generally* Aaron S. Kesselheim & Jonathan J. Darrow, *Hatch–Waxman Turns 30: Do We Need a Re-Designed Approach for the Modern Era?*, 15 YALE J. HEALTH POL'Y L. & ETHICS 293(2015) (presenting a recent article reviewing the history of Hatch– Waxman and suggesting improvements).

들어가는 말

제네릭 진입, 험한 길

Hatch-Waxman 법은 미국 법전의 4개 섹션에서 성문화된 매우 복잡한 법안이다.[1] 제네릭 제조업체가 의약품 승인을 받는 절차를 간소화하는 경로를 만드는 법으로, 제약 시장의 모든 이해관계자를 만족시킨다는 것이 얼마나 어려운지를 보여주고 있다. 혁신적인 활동을 보호하며 저비용 의약품을 환자가 이용할 수 있게 하려는 욕구와 균형을 이룬다는 목표가 미로와도 같은 일련의 법규를 만들었다. 하지만 복잡성은 기회를 낳고, Hatch-Waxman 법의 유산에는 조작의 증거가 어지러이 널려 있다.[2]

이 장에서는 가능한 가장 명확한 용어를 써서 제네릭 지연에 가장 자주 연루되는 FDA 의약품 승인의 핵심 구성요소에 초점을 맞추되, 적절한 경우 예외 사항과 복잡한 하위 섹션에 대한 설명은 생략한다.

뒤의 장(chapter)에서 제네릭 지연이라는 이 난해한 게임을 이해하는 데 도움이 되는 조항을 소개할 것이다. 여기에는 Hatch-Waxman 법의 기능을 강화하기 위한 수정안에 대한 설명이 포함된다(종종 어려움을 자초하기도 한다). Hatch-Waxman 법이 새로운 제네릭 의약품 조원(landscape)을 만든다는 것은 전문용어 사전 자체가 해당 분야를 논의하기 위해 개발되었음을 의미하므로, 이 장에서는 논의를 진행하기 전에 주요 용어와 약어를 정의하려 한다.

Hatch-Waxman 법의 핵심적인 공헌은 예비 제네릭 제조업체가 거의 독점적으로 "ANDA"라고 불리는 약식 신약 신청서를 제출하게 하여 FDA가 이미 승인한 것과 등가인 의약품의 승인을 얻을 수 있게 한 것이었다.[3] 이 소재가 전문용어에 짓눌리지 않게 하기 위해, 이 책에서는 ANDA를 되도록 "제네릭 의약품 신청"이라고 부르겠다. 제네릭 의약품 신청은 해당 브랜드 의약품과 생물학적으로 동일한 약물이어야 하며[4], 대체로 기존 약물과 동일한 활성 성분(들), 투여 경로, 제형, 강도, 사용 지침, 라벨링 정보가 동일해야 한다.[5] 이러한 특성에 대한 분쟁은 브랜드 회사와 제네릭 간에 벌어지는 수많은 게임의 전장이 되고 있으므로, 이쯤에서 몇 가지 정의를 제공하는 것이 중요하리라 본다.

- 활성 성분: 신체 상태에 실제로 영향을 주는 약물 성분. 예를 들어 항궤양용제 omeprazole (Prilosec) 캡슐 하나에서 캡슐 껍질에는 젤라틴, 부틸 알코올, 식품 염료 등의 성분이 포함되어 있지만 활성 성분은 omeprazole 뿐이다. 제네릭 의약품은 일반적으로 활성 성분만을 언급한다.

- 투여 경로: 약물이 신체 내로 유입되거나 흡수되는 방법. Omeprazole 캡슐은 FDA에 의해 "구강" 투여 경로로 분류되며, 당연하지만 이 약품은 삼키는 것이라고 언급된다. FDA가 분류하는 기타 일반적인 투여 경로는 "주사", "정맥 주사", "국소", "비강" 등이 있다.
- 제형: 약물을 사용하거나 소비하기 위한 포장 방식. 일반적인 제형에는 정제, 캡슐, 현탁액(액체), 용액(주사 또는 정맥 내 사용), 스프레이, 젤, 필름, 연고, 로션이 있고, 덜 일반적인 제형으로는 마름모꼴 사탕, 좌약, 심지어 샴푸도 있다.
- 강도: 약품 한 단위 안에 포함되는 활성 성분의 양. 강도는 흔히 다양한 캡슐 또는 정제(25mg 정제, 50mg 캡슐 등)를 언급할 때 쓰이며, 더 복잡한 강도도 있다(예: "정맥 내 용액의 활성 성분 3 mg/mL").
- 사용 지침: 공식적으로 명시되고 승인된 의약품 사용법. 예를 들어 어떤 의약품은 불안을 치료하거나 수술 뒤 통증을 가라앉히는 용도로 승인을 받는다. FDA는 특허와 연관된 의약품의 사용을 기술하는 "사용 코드" 공식 목록이 있으며, 지침은 문자 그대로 수천 가지가 있다.
- 라벨링 정보: 의약품의 라벨이나 처방 정보에 관한 기타 다른 정보. 예를 들면 "이 약은 술과 함께 복용해서는 안됩니다" 같은 경고 및 약물 복용 방법에 관한 정보(예: 하루 한 번, 식이섬유가 많은 식사와 함께)가 포함된다.

그러나 제네릭이 이러한 특성을 입증할 수 있게 되면, 승인 프로세스의 나머지 부분은 신약 승인과 비교할 때 상당히 간소화된다. 제네릭 신청에서 브랜드 제약회사가 해당 의약품의 안전성과 효능을 증명하기 위해 이미 시행한 임상 시험 데이터를 사용할 수 있다는 것이 단순화 단계이다.[6] 제네릭 신청 회사는 이 단계 덕분에 새로운 임상 시험을 수행하는 데 필요한 몇 년 동안의 작업과 큰 비용을 절감할 수 있다.

들어가는 말에서 언급했듯, Hatch-Waxman 법은 원래 의약품에 대한 특허가 만료되기 전에 제네릭 의약품 신청을 준비하는 데 필요한 활동을 명시적으로 허용한다. 이런 조항이 없다면, 제네릭 희망업체는 특허가 만료된 후에야 의약품 샘플을 얻고, 자신들의 제품을 개발하고, FDA가 요구하는 생물학적 동등성 테스트에 참여하는 등의 활동을 시작할 수 있을 것이다. 그러면 특허가 만료되었을 때 어떤 제네릭 회사도 시장 진입 준비가 되지 않았으므로, 브랜드 회사는 특허 기간을 훨씬 능가하는 독점권을 누릴 수 있다.[7] Hatch-Waxman 법에서는 이런 활동이 제네릭 신청 개발에 사용되는 경우라면 특허 침해 주장에서 면제된다.[8] 이렇게 면제가 되면 제네릭 회사는 특허가 만료되기 훨씬 전에 신청서를 제출할 수 있으므로, 특허가 만료될 때까지 기다렸다가 비로소 승인 절차를 시작하지 않고 아무리 늦어도 특허가 만료된 시점에서 시장 진입을 준비할 수 있다.

의약품 승인의 전체 절차는 지난 50년 동안 크게 바뀌었다. 1962 년 이전에는 FDA의 의약품 승인 요건이 현대의 기준에 비해 아주 허술했다. FDA가 반대하지만 않는다면, FDA에 정보를 제출한 후 60일 만에 의약품을 판매할 수 있었다.[9] 이 과정은 1961 년 유럽의 탈리도마이드 사태로 바뀌게 된다. 임신 중 메스꺼움을 치료하기 위해 약을 복용한 임산부에게서 태어난 아기들 수천 명이 팔다리가 기형이거나 심각한 선천성 결함을 지니게 된 사건이었다. 이에 미국 의회는 Kefauver-Harris 개정안을 통과시켰다. 여러 가지 변화를 야기했지만 그 중에서도 제조업체로 하여금 마케팅 승인을 받기 전에 의약품의 안전성과 효능을 입증하도록 만들었다.[10] 이 개정안은 의약품 안전성과 과학적 엄격함에 대한 태도에 혁명을 일으켰지만, 브랜드 의약품을 시장에 출시하고자 하는 제네릭 의약품 제조사에 곤경이 되기도 했다. 한 예로, 1984년 Roche v. Bolar 사건에서, 특허 및 기타 지적 재산권과 관련한 사례를 자주 접하는 미국의 항소 법원인 연방 순회 항소 법원(US Appeal for the Federal Circuit)은 예비 제네릭 제조업체가 특허로 보호받는 브랜드 약품 정보를 연구에 사용하지 못하게 했다.[11] 이 문제를 해결한 Hatch-Waxman 법안은 5개월 후 법으로 만들어졌다.

이제는 브랜드 제약 회사가 FDA의 승인을 신청하면, Hatch-Waxman 법에 따라 제네릭 신청자에 대해 "합리적으로 주장될 수 있는" 모든 특허를 나열해야 한다.[12] 그러면 이 목록이 흔히 "오렌지 북"이라고 하는 FDA 문건에 기록된다(인쇄본 표지가 오렌지색이다). 이 문건은 공식적으로는 "치료 등가성 평가를 받은 승인된 의약품 제품(Approved Drug Products with Therapeutic Equivalence Evaluations)"이라고 한다.[13] (줄이면 ADP-TEE인데, "오렌지 북"에 비하면 발음이 쉽지가 않다.) 오렌지 북은 정보 구조 방식이 시대에 뒤떨어진 인쇄로 전화번호부와 유사한데, 이는 좋은 점도 있지만 나쁜 점도 분명하다. 이 책은 현재 승인된 모든 의약품의 개요와, 그 약품들에 대해 해당 제조업체가 제공한 정보를 주기 위해 만들어진다. 하지만 요즘처럼 검색과 데이터 저장이 활성화된 세상에서 인쇄된 오렌지 북은 정부를 모으는 방법으로는 시대에 뒤떨어졌다.

오렌지 북은 시간이 지나면서 밝혀졌지만 몇몇 게임 플레이에서 중요한 역할을 했다. 믿어지지 않지만 그 내용이 FDA 검증 대상이 아니기 때문이었다. 의약품 제조업체는 의약품에 대해 자신들이 원하는 특허 번호를 모두 적고 해당 특허가 무엇을 보호하는지에 대한 설명을 열거할 수 있고, FDA는 그 내용의 유효성을 판단하지 않는다. 이렇게 열거된 정보들은 제네릭 회사가 시장 진입을 하는 데 필요한 법적 단계에 큰 영향을 미친다. 제네릭 파이프라인의 상당수가 쉽게 악용할 수 있는 점검 안 된 문서(그것도 최근까지도 인쇄본으로만 접할 수 있는)에 의존한다는 것은 이상하게 느껴지지만, 버젓이 현존하는 시스템이다.

제네릭 의약품 제조사가 나중에 와서 FDA 승인 신청서를 제출하면, 이 업체는 브랜드 의약품 제조사가 오렌지 북에 열거한 각 특허에 대해 네 가지 "인증"중 하나를 작성해야 한다.[14] 이 인증 대부분은 모든 특허가 만료되었거나, 오렌지 북에 열거된 관련 특허가 없거나, 해당 의약품을 시장에 내놓기 전에 특허가 만료될 때까지 제네릭 회사가 기다릴 것이기 때문에 괜한 법석과 귀찮음의 대상일 뿐이다.[15]

하지만 모든 행위는 "제 IV 항 인증" 인증에 들어간다. 제 IV 항 인증에서는 나열된 특허가 (1) 무효이거나 (2) 제네릭 의약품 신청에 의해 침해를 받지 않을 것이라 주장한다.[16] 목표는 제네릭이 가능한 빨리 시장에 진입할 수 있도록 취약하거나 약하거나 오용된 특허 문제를 해결하는 것이다.

제 IV 항 인증은 제네릭 회사가 이미 의약품을 판매하기 시작한 것처럼 특허 침해의 "인위적인" 행위로 취급된다. 따라서 브랜드 제약업체는 소송을 개시할 수 있는데, 제네릭 신청자에게서 통지를 받은 지 45 일 이내에 해야 한다. 브랜드 제약사가 소송을 제기하지 않는다면, FDA는 제네릭 의약품의 안전성과 효능을 확인한 후 제네릭 신청서를 자유로이 승인할 수 있다.[17]

제네릭 신청자가 비용이 많이 들고 잠재적으로 피해가 되는 소송을 고의로 불러들이는 이유는 무엇일까? 첫째는 취약한 특허 청구로, 이는 현대 특허 시스템의 상태에 대한 숱한 저서에 영감이 되는 주제이다. 제네릭 회사들은 취약한 의약품 특허에 도전하여 상당한 성공을 거두었다. 2002년 연방 통상 위원회(Federal Trade Commission)가 보고한 어느 초기 연구에 따르면, 제네릭 신청자는 당시 "제 IV 항 도전"에서 73%의 승률을 기록했다.[18] 2010 년의 또 다른 연구에서는 2000년에서 2009년 사이의 제 IV 항 도전은 제네릭의 승률이 50% 미만이었다. 하지만, 브랜드 회사가 결국 취하한 합의와 사례를 계산에 넣는다면, 이 연구에서 2000-2009년 기간의 승률도 76%로 올라간다.[19]

둘째, Hatch-Waxman 법에 반영된 것은 첫 번째 제네릭이 해당 의약품에 대해 열거된 특허 중 최소한 하나에 제 IV 항 인증을 신청하게 만드는 중요한 인센티브이다 신청자가 특허 침해 소송에서 지지 않는 한, 첫 번째 제네릭 신청자는 대체로 브랜드 약품과 더불어 180일 간의 마케팅 독점권을 받게 된다.[20] 달리 말해, 6개월 동안 브랜드 제약사와 첫 번째 제네릭 사만이 해당 의약품을 팔 수 있으며, 다른 제네릭 회사는 시장에 진입하지 못한다.

이는 본질적으로 180일 동안 브랜드 의약품과 제네릭으로 구성된 복점권(duopoly)을 생성한다. FDA는 180일 기간이 경과할 때까지 제 IV 항 인증에서 다른 신청을 승인하지 못한다. 이 기간은 대체로 해당 의약품의 최초 상업 마케팅이 시작될 때 시작하는 것으로 간주된다.[21] 제네릭 시장 진입은 일반적으로, 모든 관련 특허 및 독점권이 만료되거나, 제네릭 의약품 제조업체가 모든 관련 특허를 무효화하거나 침해가 발생하지 않았음을 확인하는 이의제기에서 승리했거나, 제네릭 회사가 브랜드 제약회사와 시장 진입을 허용하는 합의에 도달했거나, 이 중 한 가지가 발생한 후에 일어난다. 이 6개월의 독점 기간은 제네릭에게 수억 달러의 가치가 될 수 있고, 제네릭의 시장 진입에서 얻는 잠정적 수익의 상당 부분을 차지한다.[22]

제 IV 항의 전체 과정은 제네릭 회사에게 강력한 제약 회사와 싸울 수 있는 인센티브를 제공하기 위한 것이다. (이 비유는 제네릭의 근대사가 시작될 무렵과 더욱 밀접한 관련이 있다고 봐야 한다. 최근에는 무지막지한 합병 덕분에 다수의 제네릭 회사가 훨씬 더 큰 제약 대기업의 자회사나 단위 회사가 되었다. 이전에야 제네릭과 브랜드의 싸움은 다윗과 골리앗이었을지 몰라도, 지금은 골리앗의 일부와 골리앗의 일부가 싸우는 형국이 되었다. 전장에 나서는 다윗은 훨씬 적어졌다.)

제 IV 항의 1차 신청자 독점성은 따라서 제네릭 신청자가 되도록 빨리 신청하고 6 개월의 독점권을 확보하도록 하는 강력한 인센티브이다. 게다가 제네릭이 특허를 번복시키는 데 성공하면 해당 특허가 만료되기 훨씬 전에 시장에 진입할 수 있다. 특허권 침해 행위의 인위적 성격은 다른 이점도 제공한다. 제네릭이 실제로 시장에 진입하지 않고 잠재적으로 상당한 손해를 누적하지 않고도 소송을 촉발할 수 있는 것이다. 하지만 많은 이점에도 불구하고, 이렇게 경로가 복잡하고 수익성이 좋기 때문에 Hatch-Waxman 법은 남용되기 쉽다. 독점 기간에서 나오는 경제적 인센티브가 그 주된 이유이다.[23]

이쯤에서 신청 프로세스로 돌아가 보면, 특허 보유자가 소송을 제기하기로 결정하는 경우 제네릭 승인에는 30개월의 일시 정지가 부여된다. 이렇게 하는 이유는 FDA가 제네릭 신청을 계속 검토하는 동안 침해 소송이 법원에서 진행되도록 하기 위해서이다.[24] 법원이 해당 특허를 무효화하거나, 집행할 수 없다고 선언하거나, 침해하지 않는다고 선언하는 최종 명령을 내리지 않는 한 제네릭 신청서는 30개월 동안 승인을 받을 수 없다.[25]

Hatch-Waxman 법은 대개 제네릭 의약품의 틀에서 논의되지만, 사실 이 법은 브랜드 의약품 회사를 위해 새로운 보호 장치를 추가하기 위해 고안된 것이기도 하다. 미국 특허청(US Patent and Trademark Office)의 특허 승인 절차와, 일반적으로 특허 기간의 일부와 겹치는 FDA 자체의 승인 절차를 감안할 때, 의약품 특허의 유효 수명은 종종 20 년이라는 특허 기간보다 상당히 짧다.[26] 따라서 Hatch-Waxman 법은 제약 회사가 승인 프로세스에서 손실된 시간을 부분적으로 복원하려는 노력에서 특허 기간을 연장 받을 수 있게 허용한다.[27] 이러한 "복원"은 Hatch-Waxman 법의 정식 명칭인 "의약품 가격 경쟁 및 특허 기간 복원 법"에서 나온다.

Hatch-Waxman 법은 특허뿐 아니라 몇몇 신약의 경우 다른 회사들이 시장에 들어오지 못하게 하는 방법도 제공하는데, 비특허 독점성(nonpatent exclusivities)이라고 한다. 예를 들어, 이전에 FDA의 승인을 받은 적이 있는 활성 성분을 포함한 의약품은 4년 또는 5년 동안 이른바 "마케팅 독점권"의 자격이 있다.[28] 이는 특허 기간의 연장이 아니며, FDA가 최초 FDA 승인 이후 최소 4년 동안 원 의약품 제조업체의 데이터를 사용하는 제네릭 신청을 받아들이지 못하게 하는 것뿐이다. 제네릭 신청자는 이론상 길고 비용이 많이 드는 자체 임상 시험 과정을 수행할 수 있지만, 그 비용은 엄두가 나지 않을 정도이다. 원래의 의약품 제조업체는 20년 간 특허권을 보유하고 있어 그 엄청난 비용을 회수하는 데 도움이 되는데, 제네릭 신청업체는 대부분 6개월의 복점권을 얻는다.

Hatch-Waxman 법의 이 비특허 독점은 제네릭 회사가 본격적으로 나서기 전 브랜드 제조업체에게 숨을 쉴 틈을 준다. 브랜드 제조업체는 특허가 무효가 되더라도 직접 경쟁이 없는 기간을 최소 4년 보장받는다.[29] 한 예로 기존 약물(3년)의 새로운 적응증이나 제형을 이끌어내는 새로운 임상 연구 또는 희귀 질환(희귀 의약품 지원법에 따라 제정된 7년)을 치료하기 위한 적응증이 있는 의약품에 대해서는 다른 독점권이 가능하다.[30] 다 합치면, 다양한 법적 제도 하에서 최소 13가지의 비특허 독

점이 있다.[31]

Hatch-Waxman 법과 관련 메커니즘은 법 제정 이후 중요한 변화를 겪었는데, 2003년 메디케어 현대화 법(Medicare Modernization Act)과 2007 년 식품의약품법 개정(Food and Drug Administration Amendments Act)을 통한 변화가 가장 주목할 만하다.[32] 이런 변경사항들은 Hatch-Waxman 법의 남용을 억제하고 구멍을 막기 위한 것으로, 이 책의 뒷부분에서 논할 것이다.

요약하자면, Hatch-Waxman 법은 의약품의 새로운 시대를 위한 기초를 닦았다. 제네릭 경쟁업체는 브랜드 제약사의 특허가 만료되기 전에 FDA 승인을 받을 뿐 아니라 자신들의 제품을 개발 및 테스트할 수 있었다. 또한 Hatch-Waxman 법은 제네릭 사가 취약한 특허 청구에 도전할 인센티브를 창출했다. 그 목표는 본질적으로 제네릭 버전 의약품이 되도록 빨리 시장에 나오고 경쟁을 도입하여 소비자를 위한 가격을 크게 낮추자는 것이었다.

참고문헌

1 Drug Price Competition and Patent Term Restoration Act, Pub. L. No. 98–417, 98 Stat. 1585(1984) (codifi ed as amended in scattered sections of 21 U.S.C. and 35 U.S.C.).

2 Robin Feldman, Rethinking Patent Law 160(2012)("As so often is the case, complexity breeds opportunity, and clever lawyers have been exploiting the details of the act since its inception.").

3 21 U.S.C. § 355(j) (2012).

4 The Act Defi nes two drugs as bioequivalent when "the rate and extent of absorption of the drug do not show a signifi cant difference from the rate and extent of absorption of the listed drug." 21 U.S.C. §355(j)(8)(B) (2012).

5 21 U.S.C. § 355(j)(2)(A) (2012).

6 *See* Wendy H. Schacht & John R. Thomas, Cong. Res. Serv., Report R41114, The Hatch-Waxman Act: A Quarter Century Later, at 1 (2011).

7 *See Roche Prods., Inc. v. Bolar Pharm. Co.*, 733 F.2d 858, 863–64(Fed. Cir. 1984)("The [brand- name companies] gain for themselves, it is asserted, a *de facto* monopoly of upwards of 2 years by enjoining FDA-required testing of a generic drug until the patent on the drug's active ingredient expires.").

8 35 U.S.C. § 271(e)(1) (2012).

9 *See* 50 *Years: The Kefauver-Harris Amendments*, U.S. Food & Drug Admin., www.fda.gov/Drugs/NewsEvents/ucm320924.htm(last updated February 26, 2016).

10 *Ibid.*

11 *Roche Prods., Inc. v. Bolar Pharm. Co.*, 733 F.2d 858, 863–64(Fed. Cir. 1984).

12 21 U.S.C. § 355(b)(1) (2012).

13 Feldman, Rethinking Patent Law, *supra* note 2, at 60–61; *see Orange Book: Approved Drug Products with Therapeutic Equivalence Evaluations*, U.S. Food & Drug Admin.(May 17, 2013), www.accessdata.fda.gov/scripts/cder/ob/default.cfm.

14 See 21 U.S.C. § 355(j)(2)(A)(vii) (2012); see also 21 U.S.C. § 355(j)(7)(A) (2012) (describing the workings of the Orange Book).

15 *See* 21 U.S.C. §§ 355(j)(2)(A)(vii)(I)– (III) (2012).

16 21 U.S.C. § 355(j)(2)(A)(vii)(IV) (2012).

17 *See* 21 U.S.C. § 355(j)(5)(B)(iii) (2012).

18 *See Generic Drug Entry Prior to Patent Expiration* Fed. Trade Comm'n 16(2002), www.ftc.gov/sites/default/files/documents/reports/generic-drug-entry-prior-patent-expiration-ftc-study/genericdrug study_0.pdf.

19 *In re K-Dur Antitrust Litigation*, 686 F.3d 197, 215 n. 11(3rd Cir. 2012), citing RBC Capital Mkts., *Pharmaceuticals: Analyzing Litigation Success Rates* 4(2010), *available at* www.amlawdaily.typepad.com/ pharmareport.pdf .

20 *See* 21 U.S.C. § 355(j)(5)(B)(iv) (2012). After 2003 amendments to Hatch-Waxman, it is possible to forfeit the 180-day exclusivity period without losing a patent infringement case. Further, it is also possible that the brand-name drug company chooses not to bring litigation during the 45-day period. In this case, the first filer still retains its rights to 180 days of exclusivity.

21 *See* 21 U.S.C. §§ 355(j)(5)(B)(iv)(I)–(II) (2012). However, this does not entirely prevent the presence of other competition. Brand-name companies can launch their own generic version of the drug at a lower price-tier(or permit another company to do so), creating instant competition for the generic. These generics are often called "authorized generics" and are discussed later in Chapter 2.

22 *See* Matthew Avery, *Continuing Abuse of the Hatch-Waxman Act by Pharmaceutical Patent Holders and the Failure of the 2003 Amendments,* 60 HASTINGS L.J. 171, at 178, 178 nn.55–56(2008).

23 When there are multiple fi rst- fi ling ANDA applicants(all submitting on the same day, usually the first day that ANDAs will be accepted), all applicants are eligible for exclusivity. *See generally* U.S. Food & Drug Admin., GUIDANCE FOR INDUSTRY 180-DAY EXCLUSIVITY WHEN MULTIPLE ANDAS ARE SUBMITTED ON THE SAME DAY(2003), www.fda.gov/downloads/drugs/guidancecomplianceregulatoryinformation/guidances/ucm072851.pdf.

24 See 21 U.S.C. § 355(j)(5)(B)(iii) (2012).

25 *See ibid.* If the first Paragraph IV generic filer loses its case, it forfeits the 180-day exclusivity period, and the Paragraph IV certifi cation is usually changed to a Paragraph III certification agreeing not to enter until the expiration of all FDA and patent exclusivity. *See Small Business Assistance: 180-Day Generic Drug Exclusivity,* U.S. FOOD & DRUG ADMIN., www.fda.gov/Drugs/DevelopmentApprovalProcess/SmallBusinessAssistance/ucm069964.htm(last updated February 11, 2016).

26 *See* Schacht & Thomas, CONG. RES. SERV., REPORT R41114, *supra* note 6, at 3.

27 *See* 35 U.S.C. § 156(g)(6)(A) (2012); 35 U.S.C. § 156(c) (2012). *See generally* 35 U.S.C. § 156 (describing the full patent term extension process). Although the patent can be extended by a maximum of five years, the maximum term remaining after approval cannot exceed fourteen years. *See id* . § 156(c)(3).

28 The benefi t is called a New Chemical Entity("NCE") exclusivity. *See* 21 U.S.C. § 355(c)(3)(E) (ii) (2012); 21 U.S.C. § 355(j)(5)(F)(ii) (2012). The longer five-year right is reduced to four years, if a generic applicant files a Paragraph IV certification, declaring that the patent is invalid or would not be infringed by a generic version. See 21 C.F.R. § 314.108(b)(3).

29 For an extensive discussion of the 13 forms of nonpatent exclusivities that exist for pharmaceuticals, *see* Robin Feldman, *Regulatory Property: The New IP,* 40 COLUMBIA J.L. & ARTS 53(2016).

30 *See* 21 U.S.C. § 355(c)(3)(E)(iii) (2012), 21 U.S.C. §§ 355(j)(5)(F)(iii)–(iv) (2012)(explaining new clinical study exclusivity); 21 U.S.C. §§ 360bb–360cc (2012)(explaining Orphan Drug Act defi nitions and exclusivities).

31 *See generally* Feldman, *supra* note 29 .

32 *See* Medicare Prescription Drug, Improvement, and Modernization Act, Pub. L. No. 108– 173, 117 Stat. 2066(2003); Food and Drug Administration Amendments Act of 2007, Pub. L. No. 110–85, 121 Stat. 823 (2007) (codifi ed as amended in scattered sections of 21 U.S.C.).

제1장

"1.0 세대"

전형적 "지연을 위한 지불(Pay-for-Delay)"의 흥망사

"Generation 1.0"
The Rise and Fall of Traditional Pay-for-Delay

01

지연을 위한 지불의 기본 개요

1984년 Hatch-Waxman 법이 제정되면서, 제약 업계에는 새로운 시대를 위한 무대가 마련되었다. 하지만 이 새로운 여명은 브랜드 제약회사에게는 너무나 추웠다. 연구 개발에 수십억 까지는 아니라도 수억 달러를 퍼부었는데, 추가 수익을 잃을 가능성이 수평선에서 아른거리는 것이었다. 브랜드 제약회사의 입장이 되어, 경쟁이라는 폭풍이 서서히 다가오는 모습을 상상해 보라. 정부는 느닷없이 제네릭으로 하여금 당신이 힘들게 얻은 특허에 도전하게 하고 시장에 일찍 진입하는 것을 우호적으로 여긴다. 그렇다면 당신은 독점을 유지하기 위해 무엇을 할 수 있을까? 연구 개발에 수십억 까지는 아니라도 수억 달러를 퍼부었는데, 이제는 어떻게 하면 독점 수익을 되도록 오래 지킬 수 있을까? 제네릭 경쟁업체에게 돈을 줘서 시장에 나오지 않게 만들면 어떨까?

너무나 위태로운 상황에서 "지연을 위한 지불(pay-for-delay)" 전략이 등장했다. 어두운 쪽으로 독창적인 이 접근법은 제네릭 제약사가 시장에 들어오지 않는다고 합의하는 것을 대가로 브랜드 제약사가 해당 제네릭 사와 독점 수익의 일부를 나누는 것이다. 이 지연을 위한 지불 전략은 몇 년 동안이나 보건 정책 및 지적 재산권 분야에서 독점 금지, 경쟁, 제네릭 사용에 대한 대화를 촉발했다.[1]

특히 지연을 위한 지불에서, 브랜드 제약사는 제네릭 회사와의 소송, 대개 제네릭 신청에서 제 IV 항 인증에 의한 특허 침해 소송을 해결해 버린다. 합의 조건에 따라 제네릭 사는 현금 지불을 받고 정해진 기간 동안 시장 진입을 지연할 것에 동의한다. 예를 들어 "브랜드" 사가 X라는 의약품에 대한 특허가 4년 남았고 "제네릭" 사는 이 특허에 도전하고 있다고 하자. 브랜드 사는 시장 독점을 되도록 오래 유지하기 위해 제네릭 사에 1억 5천만 달러를 주고 X 약품에 대한 제네릭 시장 진입을 3년간 지연시킬 수 있다. 소송을 취하하고 제네릭이 시장에 진입할 수 있는 특정 날짜에 합의하는 것이다.

이러한 합의는 "역 지불, reverse payment" 계획이라고도 불린다. 지불이 고소를 하는 브랜드 회사에서 변호를 하는 제네릭 경쟁사로 간다는 사실에서 나온 말이다. 보통은 피고가 원고에게 소송을 해결하러 돈을 주는 것인데, 이와 반대되기 때문이다. 이런 관행은 Hatch-Waxman 법이 제정되고 제 IV 항 도전이 수십 년 동안 크게 증가하면서 처음 밝혀지게 되었다. Hatch-Waxman 법이 통과된 직후에는 제 IV 항 도전의 대상이 되는 의약품은 거의 없었지만 2000년에서 2002

년 사이에는 승인 받은 의약품의 55%가 도전 대상이 되었다.[2] 2006년에 이르자 브랜드 의약품이 FDA 승인을 받고 제네릭 회사가 처음 제 IV 항 도전을 하는 기간의 중위 시간이 모든 의약품 카테고리에서 4년까지로 떨어졌다.[3] 이 4년이라는 숫자가 특히 중요한 것은, FDA는 브랜드 의약품이 처음 승인을 받고 4년이 지날 때까지 새로운 활성 성분을 포함한 브랜드 의약품에 대해 제 IV 항 인증이 있는 제네릭 신청을 수락할 수 없기 때문이다.[4] 따라서 새로운 성분이 있고 인기를 끌거나 이전에 없는 새로운 약이 될 가능성이 있는 의약품이 승인을 받으면, 제네릭 도전업체는 법으로 허용되자마자 FDA에 신청을 한다.

달리 말하면, 점점 더 많은 의약품 특허와 의약품이 이전의 그 어느 때보다도 많은 도전을 받고 있고, 제네릭 의약품 제조업체들은 이전보다 훨씬 신속하게 도전을 하기 위해 자원을 모으고 있다. 오늘날 새로운 블록버스터 의약품은 이른바 만료 전 도전에 직면할 가능성이 있다. 의약품 제조업체는 이에 대응하여 제네릭 의약품을 시장에 출시하지 못하게 하는 대응책을 개발해 왔다.

지연을 위한 지불 합의에서 흉증스러운 것은, 브랜드 사와 제네릭 사 양쪽의 인센티브가 서로 보조를 같이하지만 사회의 이익과는 보조를 같이하지 않는다는 점이다. 특히 제네릭은 소송을 끝까지 밀어붙이는 것보다 지연을 위한 지불 합의를 하는 편이 수익이 더 좋을 수 있다. 실제로 제네릭 신청을 제출하는 것이 궁극적으로 브랜드 제약업체로부터의 합의를 확실히 관리하려는 의도 (또는 희망)에서 비롯된 것일 수도 있다. 다시 한 번 말하지만, 경쟁의 경제학은 이 현상을 설명할 때도 유용하다.

지연을 위한 지불 합의의 가치는 브랜드 사와 첫 번째 제네릭 사가 시장 진입 지연 합의를 통해 상당한 이익을 얻을 수 있다는 점을 알면 가장 잘 이해할 수 있다[5]. 최초 제출 제네릭이 시장에 진입하면, 이 제네릭은 브랜드 의약품과 더불어 마케팅 독점 기간이 6개월이 된다. 이 기간은 아주 귀중하다. 양측이 협상 가능성을 열어둘 정도로 귀중하다. 불행히도, 미 의회와 FDA는 시장 조기 진입에 대한 인센티브를 창출하면서 협상 카드도 만들어 버렸다. 이 협상 카드는 본질적으로 브랜드 회사에 팔아 넘길 수가 있다.[6]

제네릭은 법원에서 패하는 위험을 감수하기보다는 시장 진입을 지연시키는 합의를 선호하기 쉽다. 그런 합의가 없을 경우에는 불가능할 수 있는 6개월간의 복점권이 보장되는 것을 알기 때문이다. 이 경우 제네릭은 첫 번째로 신청하여 독점 기간에 대한 권한을 보유했고, 이 기간은 대개 특허가 유효하다는 법원 판결이 없다면 몰수되지 않는다. 첫 번째 제네릭 신청자에게 6개월의 독점 혜택을 주도록 고안된 것은 제네릭 신청자가 특허의 유효성이나 신청에 도전하는 인센티브를 제공하기 위해서였다. 대신, 제네릭과 특허 보유자는 합의를 이루고, 해당 제네릭은 여전히 혜택을 수월하게 차지한다. 다시 말해, 6개월 독점은 사회의 이익을 위해 고안되었지만 지금은 회사들의 이익만을 위해 작동하고 있다. 제네릭 약품이 되도록 빨리 시장에 나오는 게 아니라, 사회가 지연을 얻는 것이다.

제네릭 사가 시장 진입 지연에 동의하는 인센티브는 브랜드 사가 어떤 형태의 지불을 포함시키면 더욱 강해진다. 제네릭 신청자는 6개월 독점권 기간에도 혜택을 얻지만, 추가 지불도 받는 것이다. 이 지불액은 부풀린 의약품 가격에서 나온다. 특히 제네릭이 시장에서 들어가지 않기로 동의한 기간 동안 의약품 가격은 높아진 채로 있고, 브랜드 회사는 그 높은 가격에서 얻은 이익의 일부를 제네릭 회사와 공유한다. 양쪽은 완벽하게 행복하다. 손해를 보는 건 소비자다.

이 시나리오는 180일 독점 협상 카드의 기이한 결과다. 독점 인센티브가 없다면, 제 IV 항 노선의 결말은 노선에서 지거나, 노선에서 이기고 시장에 진입할 수 있고 시장에 진입하고 싶은 다른 경쟁자도 시장에 진입하거나 둘 중 하나일 것이다. 첫 번째 신청 제네릭 사의 이익은 다른 경쟁사가 시장에 합류하기 전까지의 짧은 시간에 확보할 수 있는 것으로 국한되며, 더 많은 경쟁사가 시장에 들어오면 가격은 빠르게 떨어질 것이다. 오늘날 많은 제네릭 사들이 신청 수락 가능한 의약품에 대해 되도록 빨리 신청할 준비를 하고 있다는 점을 생각하면 리드 타임(lead time)은 길지 않을 가능성이 높다.

6개월 독점 기간이 유효할 때, 느닷없이 제네릭 사가 첫 번째 출전자가 될 인센티브를 갖지만, 뜻밖에도 이는 시장 진입이 발생할 즈음에는 중요하지 않다!

인센티브 정렬이 발생하는 것은 대부분의 경우 제네릭 사에게 실제 시장 진입 날짜는 6개월 마케팅 독점 기간을 전부 차지하는 것만큼 중요하지는 않기 때문이다.[7] 특허 기간이 만료되기 전에 연간 판매량이 급격하게 감소하지만 않는다면, 제네릭 의약품을 몇 년 후에 파는 것은 첫 번째 신청 제네릭 사가 복점권이 있는 6개월 동안 버는 액수를 크게 변화시키지는 않을 것이다. 실제로 Scott Hemphill 교수가 지적한 대로, 의약품 판매 증가 사례는 제네릭 사가 보다 수익성이 높은 독점 시기를 누리기 위해 시장 진입을 미루는 것을 선호한다는 시나리오를 보여준다.[8]

전체적으로, 제네릭 사가 첫 번째 신청 독점 기간을 유지하기 위해 제 IV 항 도전에서 이길 필요가 없다면, 그리고 합의가 독점 기간 몰수로 이어지지 않는다면, 제네릭 사는 기꺼이 지연을 위한 지불 합의를 하고 독점권을 보장받으려 할지도 모른다.

이쯤에서 소송의 불확실성이 공격을 받는 브랜드 회사에게도 적용된다는 복잡한 문제를 추가해 보자. 어떤 특허는 취약하고 어떤 특허는 청구가 더 강력하다. 그러니 실제 그림은 더욱 복잡하다. 여기에서 각 당사자가 보유하고 있는 특허의 약점이나 강점에 대해 얼마나 알고 있는지에 대한 정보 비대칭이 존재한다.

특히 이 예에서 브랜드 사는 예비 제네릭 신청자에 제기한 특허 침해 소송에서 불확실성에 직면해 있기도 하다. 여기서 승소하면, 브랜드 사는 특허 기간이 끝날 때 독과점 수익을 유지하고, 다른 제조업체의 도전을 막아낸다. 소송에서 지고 특허가 무효화되면, 거의 즉시 복점 경쟁이 시작되며 브랜드 의약품 가격과 판매량은 다른 경쟁자가 들어오면 폭락할 것이다. 특허 기간이 몇 년 남아 있다면 이 추가 시간에서 잃게 될 수익은 수십억 달러가 될 수도 있다. 그러니 제네릭 사에 지불하는 수억 달러는 비교적 작은 편이다. 이 정도를 지불하면 제네릭 사는 시장에 진입하지 않고 특허는 피해가 없다.

따라서 브랜드 사의 리스크는 지불을 위한 지연 계획 하에서 추가 지불로 이어지게 된다. 브랜드 사는 제네릭보다 잃을 것이 훨씬 더 많다. 그러니 지불이 브랜드 사에서 제네릭 사로 향하는 것이다.

이 모든 힘든 협상 전체에서 가장 큰 패자는 대중이 될 운명이다. 대중은 시장 진입 지연 기간 동안 계속해서 높은 가격에 시달린다. FTC는 역 지불 합의 때문에 소비자가 매년 35억 달러의 비용을 쓰는 것으로 추산했다.[9]

예를 들어 브랜드 의약품이 이런 유형의 합의를 통해 4년간 독점권을 유지할 수 있다고 가정하자. 터무니없는 가정은 전혀 아니다. 이 브랜드는 시장 진입 지연의 대가로 제네릭 신청자에게 5억 달러를 지불한다고 하면[10] 연간 매출액이 10억 달러[11]에 달하는 이 브랜드 사는 그래도 35억 달러가 남는다. 매년 10억 달러에서 지불액 5억 달러를 빼면 말이다. 제네릭 사는 5 억 달러를 번다. 복점 경쟁이 시작되면 가격 할인이 20% 이루어지고 경쟁 이전과 이후의 판매량이 동일하다고 가정하면, 소비자는 연간 예상되는 비용 절감 2억 달러를 잃는다. 10억 달러의 20%는 2억 달러니까. 4년 동안 소비자들은 절약할 수 있는 금액 8억 달러를 박탈당한다. 이 추정치는 다른 제네릭 회사들이 시장에 들어오면 제네릭 진입 후 몇 년간 추가로 가격이 하락한다는 것을 고려하면 오히려 보수적인 수치라고 할 수 있다.

느린 읽스

02

시장 진입 병목 현상을 일으키는 지연을 위한 지불

앞에서 논했듯, 지연을 위한 지불은 양 당사자에게 상당한 이익이 되기에 매력적이다. 또한 Hatch-Waxman 법의 인센티브 계획을 이용하여 다른 경쟁의 가능성을 열지 않고 합의에 도달할 수 있기에 수익이 좋기도 하다.[12] 제네릭 사가 시장 진입을 지연하기로 동의한 상황에서 왜 다른 제네릭 신청자가 판에 뛰어들어 시장에 진입하려 하지 않는지 질문이 나올 만하다. 답은 간단하다. 의약품에 대해 제 IV 항 인증을 작성한 첫 번째 제네릭 신청자만이 6개월 독점권을 받을 자격이 있다. 인증이 취소되거나 제네릭 신청자가 침해 소송에서 패소하더라도 6개월 독점권은 이후의 신청자에게 주어지지 않는다.[13] (특허가 무효하거나 부적절하게 신청되었다고 주장하며) 제 IV 항 인증을 신청한 이후의 제네릭 사들은 첫 번째 제네릭 사의 6개월 독점권이 경과할 때까지 승인을 받지

못한다.[14]

따라서 이론상 첫 번째 신청자는 그 6개월의 기간을 아예 시작하지 않음으로써 완벽한 병목 현상을 만들 수 있다. FTC는 2002년 초 지불을 위한 지연에 대한 보고서에서 이를 독점 기간의 "주차"라고 언급했다.[15] 독점 기간 주차(parhing the exclusivity period)는 1998년 일련의 연방 순회 사건에서야 큰 문제가 되었다. 이때까지 FDA는 제 IV 항 인증을 신청한 제네릭 신청자가 6개월 독점 기간을 얻으려면 특허 침해 소송에서 승리해야 한다고 판결했다. 바로 "성공적인 방어" 요건이었다. 합의만으로는 충분하지 않았다. 하지만 1998년 2 건의 연방 순회 재판은 그렇지 않다는 판결을 내림으로써 제네릭 사가 도전에 승소하지 않고도 독점권을 누릴 수 있는 합의가 가능하게 만들었다.[16] 이 때문에 이른바 병목 현상이 생기게 되었다.[17]

2003년 메디케어 현대화 법의 일환으로, 미 의회는 Hatch-Waxman 법을 변경하여 첫 번째 제네릭 신청자가 6개월 독점권을 잃을 수 있게 만들었다. 이런 변화는 첫 번째 신청자의 병목 현상을 끝내기 위해서였다.[18] 이런 "몰수" 조항은 독점 기간을 없앨 수 있는 다양한 시나리오를 제시한다. 특히 독점권은 특정 상황에서 몰수될 수도 있는데, 상업 마케팅이 (1) 최종 승인을 받은 후 75일 이내에, 또는 (2) 제네릭 제조업체가 승소하거나 합의를 시작하여 브랜드 특허가 무효화되거나 침해 받지 않게 된 지 75일 이내에 발생해야 한다.[19] 제네릭 사는 또한 신청서를 제출 한 후 30개월 이내에 FDA로부터 임시 승인을 확보하지 못하면 독점 기간을 박탈당할 수 있다.[20] 이런 조항은 소송을 끝까지 진행하지 않고 특허 도전에서 이겨서 마케팅 승인을 획득하는 제네릭 사를 처벌하여 지연을 위한 지불이라는 걸림돌 허점을 없애기 위한 것이었다. 수정된 법령은 FTC 또는 미국 법무장관이 합의를 독점금지 위반으로 판단하고 법원에서 승소하는 경우 독점권을 박탈할 수 있게 한다.[21]

하지만 당사자들은 지연을 위한 지불 합의 초안을 작성하면서 새로운 조항을 피할 수 있는 길을 찾았다. 학계와 실무자들은 조항 작성에서 눈에 띄는 구멍이 남았고, 그래서 수많은 지연을 위한 지불 합의 때문에 여전히 다른 제네릭 신청자가 승인을 받지 못하고 있음을 논했다.[22] 특히 "시장 실패(failure-to-market)"이벤트로 인한 몰수는 다음 두 조건 중 더 늦은 조건이 충족되는 경우에만 발생한다. 즉, (1) 제네릭 신청이 승인 된 후 75 일이 경과했거나 제네릭 신청이 제출 된 후 30 개월이 경과, (2) 해당 특허가 무효이거나 침해되지 않았음을 최종 판결한 지 75 일이 경과한 경우.[23]

이 경우 "최종 법원 판결"에는 법원이 서명한 합의 명령이 포함되어 있으며 해당 특허가 무효거나 침해 당하지 않는다는 최종 판결이 내려진다. 미국 연방 법전 21 U.S.C. § 355(j)(5)(D)(i)(I)(bb)(BB)에 정의되어 있기도 하다. 하지만 (2)에서의 사건이 발생하지 않는다면— 무효 또는 침해에 대한 최종 판결이 내려지지 않는다면—"더 늦은" 조항은 적용하지 않으며 몰수가 발생하지 않는다.[24] 따라서 제네릭 및 브랜드 제약사는 책임 판결이나 특허 유효성에 대한 판결에 도달하지 않도록 합의를 만들어낼 수 있다.[25] 따라서 이 조항의 한쪽은 결코 발생하지 않으며 제네릭 사는 아무 것도 몰수당하지 않고 합의를 할 수 있다.

실제로 2003 년 수정 이후, 제 IV 항 도전의 인기가 높아지면서 금전적 "지연을 위한 지불" 합의도 늘어났다.[26] 새로운 조항은 흐름을 저지하는 역할을 거의 하지 못했다.

03

"지연을 위한 지불"이 실제로 잘못된 것인가? 대법원으로 향하는 제약업계

지금까지 필자들은 이 장에서 "지연을 위한 지불"이 어떻게 작동하는지, 제네릭 승인에서 발생할 수 있는 문제는 무엇인지, 그것이 소비자에게 가할 수 있는 해를 설명했다. 하지만 이런 합의가 실제로 불법이라고 보는 타당한 주장이 있을까? 가장 널리 퍼져 있고 점점 더 많이 받아들여지는 법적 논쟁에서는 지연을 위한 지불 합의가 반경쟁적이라고 본다. 시장을 장악하고 다른 경쟁자의 진입을 거부하기 위한 두 회사 사이의 합의를 나타내기 때문이다.

하지만 제약 회사들은 지연을 위한 지불 합의가 반경쟁적이지 않다고 강력하게 주장하면서, 두 당사자가 특허 침해 소송의 불확실성에 대응하는 장치에 불과하다고 볼 수 있다고 주장한다. 이는 앞에서 필자들이 논했던 그 불확실성과 같은 것이다.[27] 이 반대 주장에서는 지연을 위한 지불 합의를 다음과 같은 틀로 본다. 제 IV 항 인증에서 제기되는 소송에서 성공은 불확실하다는 점을 감안할 때, 두 당사자는 해당 소송에서 자신들의 상대적 위치라고 믿는 바를 계산해 보고 해당 소송이 결말이 날 때 자신들이 받을 것으로 예상되는 가치라고 믿는 바를 바탕으로 합의를 한다. 아주 간단한 예를 하나 들어 보자. 제네릭 사가 자신이 소송에서 이길 확률이 25% 밖에 되지 않는다고 생각하면, 이 회사는 남은 특허 기간의 마지막 25%가 끝날 때까지 시장 진입을 하지 않기로 합의할 것이다. 더 나아가 이런 합의가 심지어 경쟁을 촉진한다고 주장하기도 한다. 대부분의 경우 제네릭 사는 마지막 관련 특허가 만료되기 전에 시장에 진입할 수 있기 때문이다.[28] "조기 진입"을 허용하는 합의는 아무 것도 없는 것보다 낫지 않은가? 이런 합의의 결과, 대중은 제 IV 항 도전이 결코 발생하지 않은 경우보다 더 빨리 낮은 가격의 의약품을 만날 수 있고, 이런 결과는 Hatch-Waxman 법의 목표와도 일치하는 것처럼 보인다.

하지만 이 주장에는 두 가지 결점이 있다. 첫째, 지연을 위한 지불 소송이 "경쟁을 촉진"한다는 주장은 제 IV 항 소송이 특히 특허의 유효성과 적용 가능성에 의문을 제기한다는 사실을 무시한 것이다.[29] 특허가 무효이거나 해당 의약품에 적용할 수 없다면, 해당 브랜드 사는 독점력이 없어야 마땅하다.[30] 달리 말해, 특허가 전혀 존재하지 않는다면 경쟁을 촉진하는 "조기 시장 진입" 같은 건 없다.

특허가 유효하지만 해당 제품에 적용되지 않는 경우에도 마찬가지다. 다시 한번 말하지만, 특허는 제네릭의 시장 진입을 전혀 막지 않아야 한다. 따라서 오로지 즉각적인 시장 진입만이 경쟁을 촉진한다. 그 이외의 모든 것은 부당한 지연이다.

모든 특허와, 특허 내의 모든 청구가 유효하다면 특허 시스템 안의 삶은 훨씬 수월할 것이다. 하지만 시스템은 그런 식으로 연결되어 있지 않다. 특허청에 제출된 청구 건수와 각 청구를 담당하는 심사 시간은 완벽과는 거리가 먼 시스템을 만든다.[31] 미국 내에서 낮은 품질의 특허를 문서화하고 통탄하는 데 드는 잉크 양만으로도 바다를 가득 채울 지경이다.[32] 특히 들어가는 말에서 언급했듯, 연방 통상 위원회의 연구에 따르면 특허의 유효성이나 적용에 도전한 제네릭 신청자는 73%의 승률을 기록했다.[33] 그러니 어떤 회사가 어떤 의약품의 특허를 보유하고 있다고 해서 그 특허가 해당 의약품에 대해 유효하거나 유효하게 적용된다고 가정할 수는 없는 것이다.

제네릭을 찬성하는 판결로 즉각적 시장 진입이 가능하다고 하면 (FDA도 해당 제네릭을 승인 한 경우), 합의를 보는 것이 시장 진입을 지연시키는 사실상의 보장이 된다.[34] 브랜드 회사의 모든 독점력은 (그 범주가 어떠하든 간에) 유효한 특허를 가지고 있는 것에서 나온다. 해당 특허가 존재하지 않는다면, 브랜드 회사는 더 이상 다른 회사가 시장에 진입하는 것을 막을 권한이 없다. 이는 슈뢰딩거의 고양이 실험과 다르지 않다.[35] 제 IV 항 소송이 미결인 동안에는 해당 특허는 유효한 동시에 유효하지 않다. 판결이 내려질 때까지는 무엇이 진실인지 모른다. 판결 시점까지는 중첩된 양자 상태 중 하나가 무효하므로, 지연을 위한 지불 합의는 소송이 그 결론으로 진행될 수 없는 경우 반경쟁적 효과는 가질 수 있다.

둘째, 비록 특허가 유효하더라도, 이는 얼마나 반경쟁적이냐에 관계 없이 어떤 활동에나 관여할 수 있는 라이선스가 아니다.[36] 시장에서 합법적 독점 위치를 보유하는 당사자에 관련하여, 독점 금지법은 그 독점력을 가지고 무엇을 할 수 있는지를 제한한다.[37] 이런 맥락에서 대법원은 특허 보유자의 행위가 독점 금지법을 위반하는지 여부를 판단할 때 다양한 표준 독점금지 척도를 사용한다.[38]

기존의 독점 금지 의분 다수는 지연을 위한 지불 합의에 의해 제기되며, 소비자에 미치는 잠재적인 부정적 영향으로 시작한다.[39] 타이밍을 잠시 제쳐놓자면, 개략적으로 볼 때 이런 합의는 브랜드 의약품의 독점을 유지하여 시장을 할당하고, 근본적으로 제약 특허 보유자가 초경쟁적(supracompetitive) 가격을 계속 매길 수 있도록 합의하여 가격을 고정시키는 기능도 한다.[40] Hemphill은 이것이 이런 합의의 "소비자 무시"효과라고 언급했으며,[41] 다른 맥락에서 유사한 결과가 상황에 관계 없이 Sherman 법 독점 금지 조사를 유도하는 경향이 있다. 이런 합의는 특히 Hatch-Waxman 법의 맥락에서 문제가 된다. 이 법은 제네릭 약품 개발 및 마케팅의 경쟁을 촉진하는 촉매로서 특별히 고안되었기 때문이다. 합의는 Hatch-Waxman 법의 의도, 즉 특허 교섭을 개방하여 특허 무효의 경우 일부 제네릭 의약품의 도입을 앞당기려는 의도를 훼손한다.[42] 제약 회사 합의를 반경쟁적이라고 공격하려는 사례는 제네릭 사가 브랜드 사에 대항하는 사례가 아님을 알아야 한다. 제네릭 사 역시 이런 합의에서 이득을 취한다! 제네릭 대 브랜드의 전투는 최초의 특허 침해 건으로만 제한되며, 그나마 나중에는 합의가 된다. 대신, 원고는 일반적으로 FTC 나 뉴욕 법무 장관과 같은 정부 기관이나, 보험 회사 같은 의약품 구매자이며, 이들은 이런 합의 때문에 부당하게 높은 가격이 발생하고 기업과 소비자에게 해를 입힌다고 주장한다. 실제로 다음 경우에서 Actavis는 지연을 위한 지불 합의를 한 제네릭이었다!

수년간의 FTC 항의와 연구, 하급심 법원에서 사건이 반송된 후, 미 대법원은 마침내 2013년 FTC vs Actavis 건에서 판결을 내놓았다. 이 소송에는 특허 만료일 이전에 이루어진 제네릭 시장 진입 날짜 동의가 들어간 지연을 위한 지불 합의가 관련되어 있었다.[43] 당사자들은 브랜드 의약품 AndroGel (국소성 테스토스테론 치료제)을 제조하는 Solvay (현재는 AbbVie의 일부)와, 해당 의약품의 제네릭 버전을 첫 번째로 신청한 Actavis였다. 2003년 Actavis가 제 IV 항 인증과 더불어 제네릭 AndroGel 승인 신청을 제출하자, solvay는 특허 소송을 시작했다.[44] 이때까지는 괜찮았다.

2006년, FDA가 Actavis의 제네릭 신청을 이미 승인한 후[45], Actavis는 Solvay와 합의했으며 당사자들은 2015년까지 AndroGel의 제네릭 버전을 시장에 출시하지 않기로 동의했다. 이렇게 어마어마한 지연에도 불구하고, 2020년 특허 만료까지는 아직 65개월이 남은 상태였다.[46] 그 대가로 Actavis는 9년의 지연 매년에 대해 1천 9백만에서 3천만 달러를 지불 받았는데, 이는 수억 달러에 달하는 계약이었다.[47] Actavis는 또한 합의의 일부로서 AndroGel을 홍보하는 데 동의했지만, 이 조항은 대체로 해당 합의의 조건을 애매하게 만들기만 하는 쓸모 없는 약속으로 여겨졌다.[48] (첫 번째 신청자가 아닌 다른 제네릭 사 두 군데에서도 Solvay와 합의했으나 금액은 훨씬 적었다.) FTC는 반독점 위반 혐의로 모든 당사자를 상대로 소송을 제기했다. 사건이 제 11 순회 항소 법원에 제기되자, 항소 법원은 소송을 기각하는 하급심 결정을 확정했다.[49] 해당 계약이 특허의 범위 내에 있고 만료 전 시장 진입이 허용되었기 때문에 독점 금지 조사에서 면제된다는 것이었다. 법원은 "특허의 범위"에서 Solvay가 AndroGel 특허를 남용하지 않고 의도한 목적으로만 사용했다고, 즉 만료일까지 시장에서 경쟁자를 배제하기 위해 사용했다고 본 것이었다. 법원은 시장 진입을 막는 지불은 일반적으로 독점 금지법 위반이라고 인정하면서도, 독점력을 가진 특허 보유자가 관련되었다는 이유로 Actavis를 구별했다.[50]

Stephen Breyer 판사가 다수 의견을 표명한 5-3 판결에서, 대법원은 11 순회 판결을 뒤집고 브랜드 사에 대한 FTC의 소송이 기각되어서는 안 된다고 판결했으며, 더 나아가 지연을 위한 지불 합의는 반독점 조사에 열려 있다고 보았다.[51] 하지만 법원은 역 지불 합의가 추정상 불법이라고 보지는 않았고, 대신 반독점 위반이 발생했는지 여부를 결정하는 데 합리성 원칙을 적용하는 것을 선호했다.[52]

합리성 원칙은 힘들고 까다로운 기준으로, 법정과 평론가들에 따르면 충족하기 어려우며 원고와 사법 제도 양쪽에 부담이 된다.[53] 합리성 원칙에 대한 고전적 묘사는 큰 영향력을 발휘하는 고 Philip Areeda의 독점 금지 논문에서 찾아볼 수 있다.[54] 원고는 해당 행위가 적절하게 정의된 시장에서 경쟁을 억제한다는 것을 확립해야 하는 초기 부담을 가지고 있다. 여기에는 관련 제품과 지리학적 시장을 상세하게 설명해야 하는 것도 포함된다. 원고가 이 초기 부담을 충족하면, 그 부담은 피고 쪽으로 넘어가 이번에는 피고가 그 행동이 합법적인 목적을 수행한다는 것을 보여주어야 한다. 피고가 이 부담을 충족하면, 이번에는 원고 측에서 피고가 덜 제한적인 대안을 사용해도 그 목적을 달성할 수 있음을 입증해야 한다. 심호흡을 한 번 하자. 이 시점에서도 문제가 아직도 해결되지 않았다면, 법원은 이 단계에서 그런 제한이 균형 면에서 불합리하다는 것을 보여주어야 하는 부담을 짊어진 원고와 더불어 해당 제한의 피해와 이익을 따져보아야 한다. 정말 재미있지 않은가?

이 합리적 원칙 시험은 복잡한 경제 분석이 필요하며, 얻기 어려울 수 있는 산업에 대한 광범위한 정보가 있어야 하고, 콕 짚어서 확립하기 어려운 무정형의 기준들을 따른다. 따라서 반독점 소송에서 원고는 제한된 수의 범주 중 하나에 맞도록 사례를 구성하여 이 합리성 원칙을 피하려고 노력한다. 그 범주란, 가격 고정이나 판매 영역 할당처럼 불법으로 간주되는 행위의 범주를 뜻한다.[55]

합리성 원칙 시험은 전통적으로 반독점 소송 사건에서는 종말의 전조였지만, Actavis 판결은 현장 상태를 실질적으로 개선했다. 이 판결에서 미 대법원은 하급심 법원이 이런 소송에서 합리성 원칙을 "구조화"한다고 암시하여 심각한 반독점을 숙고할 분위기를 만들었다.[56] 가장 중요한 사항은, 법원이 "대규모에다 정당하지 않은 역 지불은 중대한 반경쟁적 효과라는 위험을 가져올 수 있다"고 결론을 내린 것으로,

11 순회 재판의 "특허 범위" 주장을 질책하고 학계와 FTC가 오랫동안 고수한 주장에 신뢰성을 부여했다.[57]

Actavis 사건의 여파로, 법원과 당사자들은 적어도 지연을 위한 지불 합의가 완전히 현금으로 이루어지는 경우에는 대법원의 메시지를 명심했다.[58] FTC는 2014년(Actavis 사건 이후 첫 해) 회계 연도의 브랜드 및 제네릭 사 간의 합의에 대한 보고서에서, 지연을 위한 지불 합의로 의심되는 경우는 21건으로 떨어졌다고 보고했다. 이 수치는 2013년 회계 연도에는 29건, 2012년에는 최고 기록인 40건이었다.[59]

지연을 위한 지불 합의는 미국 이외 지역에서도 포화를 맞고 있다. 2016년 초, 영국의 경쟁 및 시장 당국은 지연을 위한 지불 합의에 관련된 제약회사에 총 4500만 파운드의 벌금을 매겼다고 발표했다.[60] 2001년에서 2004년 사이, 어느 브랜드 사는 유명한 항우울제가 영국 시장으로 진입하는 것을 지연시키기 위해 제네릭 사들에 5천만 파운드를 지불했다.[61]

다시 미국으로 돌아오면, 특히 두 가지 사례가 기존의 지연 게임의 종말이 시작되었음을 보여준다. Actavis 사건에서의 지침이 이런 합의를 정밀 조사하는 데 사용되고 있음은 의심의 여지가 없다. In re Cipro의 소송에서, 캘리포니아 대법원은 연방법의 특정 측면을 따르는 캘리포니아의 독점 금지법을 Actavis에 적용했다.[62] 이 사건은 바이엘의 유명 항생제 Cipro에 대한 지연을 위한 지불과 관련되었다. 법원은 이 사건에 대한 의견 표명에서, 어떤 특허든 유효하거나 유효하지 않을 수 있다는 사실을 길게 논했다. "Actavis 건을 뒷받침하는 비판적인 통찰은 특허가 완벽하다기보다는 확률론적이라는 것이다. 특허는 그 보유자에게 잠재적인 권리를 부여하지만 배제할 수 있는 확실한 권리를 부여하는 것은 아니다."[63] 법원은 특허는 시간과 자원의 압박 하에 특허청이 내린 법적 결론일 뿐이라고 설명했다. 그래서 "미 의회는 특허 확증을 발행하지 않기로 선택했으나 법원 절차에서 유효화 또는 무효화의 대상이 되었다."[64] 따라서 캘리포니아 대법원은 그런 합의가 본질적으로 불법이라는 개념과 무정형의 합리성 원칙 사이 어딘가에서 역 지불 합의를 정밀 조사하는 데 "구조화된 합리성 원칙" 시험을 시행했다.[65] 이 시험은 해당 역 지불의 가치가 제네릭 사가 브랜드에 제시하기로 동의한 다른 모든 서비스의 가치와 소송 비용을 합한 금액을 초과하는지 여부에 초점을 맞춘다. 기본적으로, 브랜드 사는 제네릭 사에게 자신들의 법적 비용과 브랜드 사에 공급하기로 동의한 계약상의 서비스로 받아야 할 금액보다 더 많은 금액을 지불했는가 이다.[66] 비판적으로 볼 때, 법원은 합의를 지지하는 경쟁 촉진 동의를 제시할 때, 브랜드 사는 해당 특허가 실제로 유효하거나 해당 합의가 만료이전 시장 진입을 허용한다는 주장을 포함하지 않을 수도 있다는 입장이었다.[67]

이와 유사하게, 2015년 봄 Teva 사는 광범위하게 사용되는 기면증 치료제인 자사 약품 Provigil의 구매자가 제기한 집단 소송을 해결하기 위해 5억 1천 2백만 달러를 지불하기로 합의했다.[68] 이 소송에서 Teva는 제네릭 경쟁업체 4개(모두 같은 날 Provigil의 제네릭 신청을 했음)에게 3억 달러 이상의 돈을 주고 6년 동안 시장 진입을 하지 않도록 했다는 혐의를 받았다.[69] (혼란스러운 일이지만, Teva는 Provigil의 원래 제조업체인

Cephalon을 인수하기 전에는 제네릭 경쟁업체 중 하나였다.) 이 합의는 직접 구매자를 대상으로 한 지연을 위한 지불 사례에서 가장 큰 규모였다.

직접 구매자들과 합의한 지 한 달 조금 못 되어, Teva는 FTC와 유사한 반독점 청구에 합의하기로 동의하고, 총 합의금을 12억 달러로 인상했다. FTC가 확보한 합의금 중 그때까지 최고액이었다.[70] 이 합의는 해당 사건을 연방 판사가 불리하게 판결한 지 5일 후에 있었다.[71]

하지만 결국 가장 중요한 것은, Teva는 여전히 자사의 행위에서 꽤 많은 수익을 올릴 수 있다는 점이다. 원래 예상했던 것보다야 훨씬 적었겠지만 말이다. 2006년 지연을 위한 지불 합의를 이룬 직후, 어느 고위 임원은 이렇게 말했다. "우리는 6년의 특허 보호를 더 받을 수 있었고, 그 기간에 누구도 예상하지 않았던 40억 달러의 판매액을 기록했다."[72] 경영진이 말한 40억 달러가 아닌 FTC의 하단 추정치 35억 달러 이익을 고려한다 하더라도, 이 회사는 집단 소송 원고들과 FTC와의 합의 후에도 최소 20억 달러가 남았다.[73] 그러니 지연을 위한 지불은 지금도 다양한 형태로 남아 있다. 제2장에서는 이를 다룰 것이다.

참고문헌

1 *See generally* C. Scott Hemphill, *Paying for Delay: Pharmaceutical Patent Settlement as a Regulatory Design Problem*, 81 N.Y.U. L. Rev. 1553(2006); C. Scott Hemphill, *An Aggregate Approach to Antitrust: Using New Data and Rulemaking to Preserve Drug Competition*, 109 Colum. L. Rev. 629(2009); Stacey L. Dogan & Mark A. Lemley, *Antitrust Law and Regulatory Gaming* 87 Tex. L. Rev. 685(2009); Steve D. Shadowen, Keith B. Leffler, & Joseph T. Lukens, *Anticompetitive Product Changes in the Pharmaceutical Industry,* 41 Rutgers L.J. 1(2009); Matthew Avery & Mary Nguyen, *The Roadblock for Generic Drugs: Declaratory Judgment Jurisdiction for Later Generic Challengers,* 15 N.C. J.L. & Tech. 1(2013); Jessie Cheng, *An Antitrust Analysis of Product Hopping in the Pharmaceutical Industry,* 108 Colum. L. Rev. 1471(2008).

2 *See* C. Scott Hemphill & Bhaven N. Sampat, *When Do Generics Challenge Drug Patents?* 8 J. Empirical Legal Stud. 613, 624, 624 fig. 4(2011); *see also* Hemphill, *Aggregate Approach to Antitrust, supra* note 1, at 657–58(noting increased intensity of antitrust enforcement and development of new strategies starting around 1997).

3 *See* Henry Grabowski *et al., Pharmaceutical Patent Challenges and Their Implications for Innovation and Generic Competition fig.* 3(Am. Econ. Ass'n, Working Paper, 2015), www.aeaweb.org/aea/2015conference/program/retrieve.php?pdfid=1203.

4 21 U.S.C. § 355(j)(5)(F)(ii) (2012). As noted in the Introduction, a generic applicant theoretically could submit an application replicating all of the brand-name company's clinical trials, but the cost of such work without the possibility of recoupment through a patent term makes that route extremely unlikely.

5 Hemphill, *Paying for Delay, supra* note 1, at 127–28.

6 *See ibid.* at 134–39, which offers a wonderful, clear explanation of the incentives at work for the branded and the generic.

7 Hemphill, *Paying for Delay, supra* note 1, at 139.

8 *Ibid.*

9 *Pay-for-Delay: How Drug Company Pay-Offs Cost Consumers Billions* Fed. Trade Comm'n 2(2010), www.ftc.gov/reports/pay-delay-how-drug-company-pay-offs-cost-consumers-billions-federal-tradecommission-staff.

10 Hemphill studied 21 drugs with settlements including monetary payments(some included other stipulations, which will be discussed in Chapter 2). The average preexpiration delay for these drugs, weighted by sales, was 4.1 years. Hemphill, *Aggregate Approach to Antitrust, supra* note 1, at 649–50 & 649 tbl. 2.

11 In the 21 settlements studied by Hemphill, the average annual U.S. sales adjusted for infl ation was $1.3 billion for each drug. Hemphill, *Aggregate Approach to Antitrust, supra* note 1, at 648.

12 Hemphill, *Paying for Delay, supra* note 1, at 129– 34.

13 21 U.S.C. § 355(j)(5)(D)(iii)(II).

14 21 U.S.C. § 355(j)(5)(B)(iv)(II)(aa).

15 *See Generic Drug Entry Prior to Patent Expiration* Fed. Trade Comm'n 63(2002), www.ftc.gov/sites/default/files/documents/reports/generic-drug-entry-prior-patent-expiration-ftc-study/genericdrugstudy_0.pdf.

16 Hemphill, *Aggregate Approach to Antitrust, supra* note 1, at 658 n. 117(citing *Granutec, Inc. v. Shalala,* 46 U.S.P.Q.2d(BNA)1398, 1401(4th Cir. 1998); *Mova Pharm. Corp. v. Shalala,* 955 F. Supp. 128, 130(D.D.C. 1997), aff'd, 140 F.3d 1060(D.C. Cir. 1998)("The language of the statute … is plain and unambiguous. It does not include a 'successful defense' requirement, and indeed it does not even require the institution of patent litigation.")); *see also Medicare Prescription Drug, Improvement, and Modernization Act: Hearing on H.R. 1 before S. Comm. on the Judiciary,* 108th Cong. (2003) (statement of Daniel E. Troy, Chief Counsel, U.S Food and Drug Administration), *available at* www.fda.gov/ NewsEvents/ Testimony/ ucm115033.htm.

17 In a recent paper, Matthew Avery and Mary Nguyen discuss the possibility that later generic fi lers could attempt to enter the market by going on the offensive and seeking a declaratory judgment that the original drug patents are invalid–an alternative route to filing a Paragraph IV generic certifi cation and waiting for a lawsuit from the brand-name drug maker. However, according to the authors, the Federal Circuit has blocked most of these attempts, saying that later filers do not present a legitimate Article III "case or controversy" in their attempts to seek a preliminary injunction. *See* Avery and Nguyen, *Roadblock for Generic Drugs, supra* note 1. Brand-name companies can also engage in strategies to stagger lawsuits and sue different generics on different patents so one noninfringement judgment does not open the entire market to all competitors. *See* Robin Feldman, Rethinking Patent Law 164– 66 (2012).

18 21 U.S.C. § 355(j)(5)(D).

19 21 U.S.C. § 355(j)(5)(D)(i)(I).

20 21 U.S.C. § 355(j)(5)(D)(i)(IV).

21 21 U.S.C. § 355(j)(5)(D)(i)(V).

22 Matthew Avery, *Continuing Abuse of Hatch-Waxman Act by Pharmaceutical Patent Holders and the Failure of the 2003 Amendments,* 60 Hastings L.J. 171, 191–93(2008), www.mavery.com/academic/ Avery_Continuing_Abuse_Hatch-Waxman.pdf; *see also* Avery and Nguyen, *Roadblock for Generic Drugs, supra note 1, at 10; see also* Letter from Gary J. Buehler, Dir., Off. of Generic Drugs, Ctr. for Drug Evaluation and Research, FDA, to Marc A. Goshko, Exec. Dir., Teva North America, Teva Pharms. Medicines, regarding Docket No. 2007N-0389/ANDA77–165, at 5 n. 6(Jan. 17, 2008) (acknowledging the possibility of further exclusivity "parking"), *available at* www.fda.gov/ohrms/ DOCKETS/dockets/07n0389/07n-0389-let0003.pdf; *see also* Hemphill, *Aggregate Approach to Antitrust, supra* note 1, at 660– 61.

23 21 U.S.C. § 355(j)(5)(D)(i)(I). The second requirement also allows forfeiture when 75 days have passed since the patent holder delisted a patent from the Orange Book.

24 Avery and Nguyen, *Roadblock for Generic Drugs , supra* note 1, at 11.

25 *See ibid.* at 11. In this case, the same pathway of declaratory judgment discussed in note 17 could be used for recourse if a second filer makes a Paragraph IV certifi cation and no lawsuit is filed in response, but it is just as unlikely to be successful as it was in the pre-2003 amendment period.

26 Hemphill, *Aggregate Approach to Antitrust, supra* note 1 , at 649 tbl.2, 660.

27 Feldman, Rethinking Patent Law, *supra* note 17, at 163.

28 *Fed. Trade Comm'n v. Actavis, Inc.,* 133 S. Ct. 2223, 2227 (2013).

29 *See ibid.* at 2225; Hemphill, *Aggregate Approach to Antitrust, supra* note 1, at 637–38.

30 *See Actavis, Inc.,* 133 S. Ct. at 2225.

31 In fact, one Federal Circuit case looking at internal patent offi ce employee review systems reveals that a 25 percent error rate is acceptable for the quality assurance specialists who review patent examiners' decisions. *See* Brief of Petitioner Asokkumar *Pal, p. 4, Pal v. Dep't of Commerce,* 301 Fed. Appx. 984(Fed. Cir. 2008) (No. 2008– 3212), 2008 WL 3833925.

32 *See, e.g.,* Dan L. Burk & Mark A. Lemley, The Patent Crisis and How the Courts Can Solve It(University of Chicago Press, 2009); Robin Feldman, Rethinking Patent Law 76–78(Harvard,

2012); U.S. GOV'T ACCOUNTABILITY OFFICE, *GAO*-13–465, *Intellectual Property: Assessing Factors That Affect Patent Infringement Litigation Could Help Improve Patent Quality*(2013) (pointing to the low quality of patents as a key cause of modern problems in patent litigation) *available at* www.gao.gov/assets/660/657103.pdf.

33 *See Generic Drug Entry Prior to Patent Expiration* FED. TRADE COMM'N 16 (2002), www.ftc.gov/sites/default/files/documents/reports/generic-drug-entry-prior-patent-expiration-ftc-study/genericdrugstudy_0.pdf.

34 *Cf.* Robin Feldman, *Ending Patent Exceptionalism and Structuring the Rule of Reason: The Supreme Court Opens the Door for Both,* 1 M INN. J. L. SCI. & TECH. 61(2014).

35 Paul Halpern, *Schrödinger's Cat Lives On(or Not) at the Age of 80,* PBS NOVA, (Nov. 10, 2015), www.pbs.org/wgbh/nova/blogs/physics/2015/11/schrodingers-cat-lives-on-or-not-at-the-age-of-80/.

36 For a detailed history of the development of antitrust limitations on behavior involving patents, see Robin Feldman, *The Insufficiency of Antitrust Analysis for Patent Misuse,* 55 HASTINGS L.J. 399, 405–17(2003).

37 *See generally Kimble v. Marvel Enters.* 135 S. Ct. 2401(2015)(deciding that agreements to pay royalties on sales after the expiration of a patent are illegal). For information on limitations on monopoly power legitimately gained, see generally Robin Feldman, *Patent and Antitrust: Differing Shades of Meaning,* 13 VA. J.L. & TECH. 5(2008).

38 *Federal Trade Commission v. Actavis, Inc. et al.,* 133 S. Ct. 2223, 2231 (2013).

39 Hemphill, *Aggregate Approach to Antitrust, supra* note 1, at 636.

40 ROBIN FELDMAN, RETHINKING PATENT LAW 162(2012); *Federal Trade Commission v. Actavis, Inc. et al.,* 133 S. Ct. 2223, 2232(2013), citing *United States v. Line Material Co.,* 333 U.S. 287, 312(1948) ("As the Sherman Act prohibits agreements to fix prices, any arrangement between patentees runs afoul of that prohibition and is outside the patent monopoly").

41 Hemphill, *Aggregate Approach to Antitrust, supra* note 1, at 636.

42 ROBIN FELDMAN, RETHINKING PATENT LAW 164(2012).

43 It is worth noting that the settlement in *Actavis* was not a pure cash payment. Along with a payment from Solvay to Actavis of approximately $19 million to $30 million per year for nine years, Actavis agreed to promote a drug sold by the brand-name company, among other considerations. *See Actavis, Inc.,* 133 S. Ct. at 2229. See Chapter 2 for more information about settlements involving "side deals."

44 *Actavis, Inc.,* 133 S. Ct. at 2229.

45 *See* Letter from Gary J. Buehler, Dir., Off. of Generic Drugs, Ctr. for Drug Evaluation and Research, FDA, to Christine M. Woods, Assoc. Dir., Reg. Affairs, Watson Laboratories, Inc., regarding ANDA 76–737(Jan. 27, 2006), www.accessdata.fda.gov/drugsatfda_docs/appletter/2006/076737ltr.pdf(approving the Actavis generic application). Although litigation had not been resolved at the time of approval, the 30-month litigation stay had expired at this point, allowing the FDA to approve the application. See ibid. at 2.

46 *Actavis, Inc,* 133 S. Ct. at 2229. The agreement also included a so-called acceleration clause that would allow Actavis to enter the market immediately if someone else was able to market a generic before the agreed-upon entry date. Acceleration clauses will be discussed as a Generation 2.0 strategy in Chapter 2.

47 *Ibid.* The other generic competitors were also paid tens of millions of dollars *total* as part of their settlements.

48 *Ibid.* This kind of "co-promote" agreement is common to Generation 2.0 settlements described in Chapter 2, but generally without the kind of large cash reverse payments that now receive immense antitrust scrutiny after Actavis.

49 *Ibid.* at 2229–30.

50 *Federal Trade Commission v. Watson Pharmaceuticals, Inc.*, 677 F.3d 1298(11th Cir. 2012), rev'd, *ibid.*

51 *Actavis, Inc.*, 133 S. Ct. at 2237. Justice Alito recused himself from the case.

52 *Ibid.*

53 *See* Robin Feldman, *Defensive Leveraging in Antitrust*, for a discussion of the rule of reason and the extensive criticism of it. 87 Geo. LJ. 2079, 2107–08(1999) (citing the following sources: *Jefferson Parish Hosp. Dist. No. 2 v. Hyde*, 466 U.S. 2, 34(1984) (O'Connor, J., concurring) (comparing the rule of reason to the odd form of per se rule applied in tying cases and describing both as requiring extensive and time-consuming economic analysis); *Continental T.V., Inc. v. GTE Sylvania*, 433 U.S. 36, 50(1977) (describing rule of reason as complex and burdensome on litigants and the judicial system); *Northern Pac. Ry. Co. v. United States*, 356 U.S. 1, 5(1958) (noting that rule of reason analysis requires complicated and prolonged economic investigation into the entire history of an industry and related industries); Robert Pitofsky, *Antitrust in the Next 100 Years*, 75 Calif. L. Rev. 817, 830 , 830 n.42 (1987) (explaining that the court refused to apply rule of reason given the practical diffi culties of the minute inquiry required into economic organization)).

54 *See* 7 Philip E. Areeda, Antitrust Law § 1502, at 371– 72 (1986).

55 *United States Attorneys' Manual, Antitrust Resource Manual* U.S. Dep't of Justice 8 (1997), www.justice.gov/usam/antitrust-resource-manual-8-identifying-sherman-act-violations.

56 For analysis of the *Actavis* case, see generally Aaron Edlin et al., *Activating Actavis*, 28 Antitrust 16(2013); Feldman, *Ending Patent Exceptionalism and Structuring the Rule of Reason*, *supra* note 34; Michael A. Carrier, *Payment After Actavis*, 100 Iowa L. Rev. 7(2014).

57 *Actavis, Inc.*, 133 S. Ct. at 2237.

58 For further analysis of how courts have treated the *Actavis* decision, see generally Michele M. Kang, ANDA *Reverse Payments and the Post-Actavis Landscape*, 8 Hastings Sci. & Tech. L.J. 73(2016).

59 *See Agreements Filed with the Fed. Trade Commission under the Medicare Prescription Drug, Impro ve ment, and Modernization Act of 2003: Overview of Agreements Filed in FY* 2014, Bureau of Competi tion, Fed. Trade Comm'n at 4 exhibit 1, www.ftc.gov/system/files/documents/reports/agreements-filled-federal-trade-commission-under-medicare-prescription-drug-improvement/160113mmafy14rpt.pdf.Note that under the FTC's definition of a pay-for-delay agreement, some of these agreements include side deals and "no-AG" clauses that will be discussed in Chapter 2.

60 Press Release, U.K. Competition & Mkts. Auth., CMA Fines Pharma Companies £45 Million (Feb. 12, 2016), www.gov.uk/government/news/cma-fines-pharma-companies-45-million.

61 The settlements included cash payments as well as supply and distribution agreements. *See* Jeff Overley, *GSK Fined $54M Over UK 'Pay-for-Delay' Deals*, Law360(Feb. 12, 2016, 11:03 AM), www.law360.com/ip/articles/758706.

62 *See generally In re Cipro Cases I & II*, 348 P.3d 845(Cal. 2015).

63 *Ibid.* at 859.

64 *Ibid.*

65 *Ibid.* at 865–67.

66 *Ibid.*

67 *Ibid.* at 870–71.

68 Kelly Knaub, *Teva to Pay $512M to End Provigil Pay-for-Delay Dispute*, Law360(Apr. 20, 2015, 3:38PM), www.law360.com/lifesciences/articles/645224/teva-to-pay-512m-to-end-provigil-pay-for-delaydispute; Katie Thomas, *Teva to Pay $512 Million to Settle Suit Over Delay of Sleep Disorder Drug*, *N.Y. Times*(Apr. 20, 2015), www.nytimes.com/2015/04/21/business/teva-to-pay-512-million-to-settlesuit-over-delay-of-sleep-disorder-drug.html?_r=0. The drug was originally sold by Cephalon, a company bought by Teva in 2011. Chris V. Nicholson, *Teva to Buy Cephalon for $6.8 Billion*, N.Y. Times(May 2, 2011), http://dealbook.nytimes.com/2011/05/02/teva-to-buy-cephalon- for-6-8-

billion/?_r=0.

69 *See* Rebecca R. Ruiz & Katie Thomas, *Teva Settles Cephalon Generics Case with F.T.C. for $1.2 Billion*, N.Y. TIMES(May 28, 2015), www.nytimes.com/2015/05/29/business/teva-cephalon-provigilftc-settlement.html; Matthew Bultman, *FTC Can Seek Disgorgement in Cephalon Suit, Judge Says*, LAW360(Apr. 16, 2015, 1:48 PM), www.law360.com/articles/643622/ftc-can-seek-disgorgement-in-cephalon-suit-judge-says.

70 *See* Ruiz & Thomas, *Teva Settles, supra* note 69; Press Release, Fed. Trade Comm'n, Bureau of Competition, FTC Settlement of Cephalon Pay for Delay Case Ensures $1.2 Billion in Ill-Gotten Gains Relinquished; Refunds Will Go to Purchasers Affected by Anticompetitive Tactics (May 28, 2015), www.ftc.gov/news-events/press-releases/2015/05/ftc-settlement-cephalon-pay-delay-case-ensures-12-billion-ill; Brent Kendall, *Teva, FTC Reach $1.2 Billion Settlement on Cephalon's Provigil*, WALL ST. J.(May 28, 2015), www.wsj.com/articles/teva-close-to-ftc-settlement-on-cephalons-provigil-valuedat-roughly-1-billion-1432813288. The $1.2 billion figure includes the $512 million secured in the direct purchaser settlement.

71 Bultman, *FTC Can Seek Disgorgement, supra* note 69.

72 Complaint for Injunctive Relief at 2, *Fed. Trade Comm'n v. Cephalon, Inc.*, No. 08CV00244, 2008 WL446785(D.D.C. Feb. 13, 2008).

73 Bultman, *FTC Can Seek Disgorgement, supra* note 69, (noting the FTC's $3.5 billion fi gure).

제2장

"2.0 세대"

복잡한 '지연을 위한 지불'

"Generation 2.0"
Complicating Pay-for-Delay

01

이미 한 발 앞서간 ACTAVIS

비록 Actavis는 전통적인 지연을 위한 지불 합의에 큰 타격을 주었지만, 그건 너무 늦은 것이었다. 결정이 내려졌을 때, 제약회사들은 오래 전부터 다른 형태의 합의로 넘어가고 있었다. Actavis 판결 훨씬 전부터, 순수한 현금의 지연을 위한 지불 합의에 대한 철저한 감시가 고조되면서, 제약 회사들은 재빨리 지연 규정과 비-현금 규정을 혼합하기 시작하였다. 이러한 비현금 거래는 제네릭 기업이 여전히 시장 진입 지연에 대한 보상으로, 수천 혹은 수억 달러 가치의 많은 보수를 받고 있다는 사실을 모호하게 만들기 위함이다. 이러한 "2.0 세대" 게임에서, 역 지불은 여전히 매우 활성화되어 있다 - 단지 달러 기호로 명확하게 표기되지 않을 뿐이다.

좀 더 나아가기 전에, 우리는 우리의 "세대" 구조가, Actavis가 1.0

세대의 합의를 완전히 배제하고, 이를 2.0 세대로 대체하였음을 의미하는 것은 아님을 반복하여 말하고 싶다 - Actavis는 2013년에 결정되었으며, 뒤에서 간략하게 논의할 것이지만, 최초의 2.0 세대 합의는 1997년에 일어났다. 게다가 이러한 지불 계약은 2000년대 이후까지 계속 지속되었다. 대신, "세대"는 지연 전략의 진화를 표기하고, 도움이 되는 조직들로 이를 분류하는 것으로 여겨져야 한다. 진화는 이전의 전략들이 존재하지 않음을 의미하는 것은 아니다; 다세대 가족의 여러 가지들이 동시에 존재하지만, 각 구성원의 연령은 서로 다른 것과 같이, 모든 세대도 여전히 고유한 자리를 지키고 있으며, 가족 내에서 고유한 힘을 갖게 된다.

본 장에서는 표준 2.0 세대 합의의 구조와 함께 이러한 합의의 진화하는 복잡성을 보여주는 예들을 함께 탐구할 것이다. 게다가 우리는 복잡성이 증가한 결과들을 일부 소개할 것이다: 제네릭 의약품의 방해 전략이 규범이 되어가면서, 제약 기업들은 이제, "보이 스카우트 조항"이라고 칭했던 규정인, 지연에 대한 대가로 특정한 행위를 하지 못하게 금지하기로 약속을 할 것이다. 본 장에서는 또한 법원에서 이러한 합의가 어떻게 해석되었는지에 대한 토론을 진행한다. 비록 Actavis 합의는 "이후 세대"의 합의의 일부였지만 - Actavis는 거래의 일부로서, 브랜드 회사가 만든 개별 의약품을 홍보하는 데 동의하였다 - Actavis의 독점 금지 정밀 조사를 비-현금 거래까지 확장시키는 데 대한 하급 법원의 사법적 저항은 놀라웠다. 그러나 최근의 판결에서는 혼란스러운 Actavis 이후 세계를 위한 지침과 고려사항을 제시하였다.

우리는 “발전된” 지연을 위한 지불 전략의 기원에서부터 시작한다. 최초의 2.0 세대 합의는 일반적으로 칼륨 결핍을 치료하는 의약품인 K-Dur의 시장 진입을 지연시키려는 1997년 합의인 것으로 이해된다.[1] 이 의약품은 Schering-Plough(현 Merck)에서 제조되었으며, 1995년, Upsher-Smith는 K-Dur의 Paragraph IV 제네릭 신청을 제기한 최초의 제네릭 기업이었다. (이러한 모든 제약 기업들이 통합될 것이라면, 이들이 적어도 의약품 이름까지 통합할 순 없을까?)

특허권 침해 공판이 있기 몇 시간 전, Schering과 Upsher는 합의에 도달하였다. Upsher는 약 4년 동안 제네릭 K-Dur 시장에 진입을 지연시키는 데 합의하였다. 이러한 최초의 2.0 세대 합의에서 달랐던 점은, 브랜드 제약 기업인 Schering이 비-현금 보수로서의 합의를 추가하였다는 점이다. (사실, Schering은 현금만을 사용하는 거래에 서명을 하는 것을 꽤 두려워하는 것으로 보였다).[2] Schering은 다양한 Upsher의 의약품들 - 특히 Upsher가 개발한 Niacor-SR로 알려진 콜레스테롤 의약품 - 을 판매하기 위한 라이선스 구매에 동의하였다. Schering은 Upsher에 6천만 달러를 지불하였으며, 제품 매출에 따라, Niacor-SR에 로열티를 지불하기로 합의하였다.[3] 합의가 승인도 되기 전, 두 계약 당사자는 Niacor-SR을 제조하겠다는 계획을 빠르게 포기하였지만, 6천만 달러의 “라이선스” 지불은 온전히 유지된 것으로 의심된다.[4] (환불이 이뤄진 것 같지는 않다.)

법원에서 Schering과 Upsher는 합의를 하였으며, 이는 곧 2.0 세대 사례에서 일반적인 일이 되었다 - 6천만 달러의 지불은 라이선스 거래

에만 해당되는 것이었으며, 제네릭 K-Dur의 지연과는 관련이 없었다.[5]

Schering과 Upsher는 이들의 합의 설계에 선견 지명이 있었다: K-Dur 사례는 고전적인 2.0 세대 합의의 전형적 형태를 제시한다.[6] 이러한 제네릭 지연 합의의 일부로서, 두 당사자는 서로에게 서비스를 제공하며, 이는 기업의 포트폴리오 중 하나에서, 그 밖의 의약품과 자주 관련되는, "사이드 거래(side deals)"라고도 불린다. 여전히 현금도 거래되지만, 합의에서 언급된 그 밖의 서비스에 대한 지급으로 가장된다.

이러한 서비스에는 다음이 포함될 수 있다: 1) 그 밖의 의약품을 시장에 내놓거나 홍보하겠다는 약속(Actavis에서 볼 수 있는 "공동-프로모션 거래"; 2) 브랜드 제약 회사나 제네릭 회사가 다른 당사자의 의약품을 제조할 수 있게 해주는 K-Dur와 같은 라이센싱 거래; 3) 수익 공유나 로열티 거래가 포함되며, 제네릭 승인에 대한 소송을 제기하지 않으며, 제네릭으로서 브랜드 제형을 제조하거나 판매하도록 제네릭을 허용해주는 "위임형 제네릭" 합의; 4) 미래 프로젝트에서 연구 및 개발 의무를 공유하기로 하는 합의; 5) 제조를 위해서 브랜드 회사에 원재료를 공급하는 거래; 등등.[7]

대부분의 경우, 결과적으로 브랜드 기업은, 제네릭이 상표에 제공해야 하는 서비스에 대해서, 제네릭에 "초과 지급"한다 - 시장 진입 지연에 대한 현금 보수로 여겨지는 실제 지급과 시장 가치 사이에는 차이가 있다.[8] 대안적으로, 제네릭은 브랜드 제약 회사의 포트폴리오로부터 그 밖의 제약을 제조하거나 판매할 권리와 같은, 브랜드 제약 회사로부터 받는 높은 가치에 대해 "적게 지급"할 수도 있다.[9] 이 사례에서, 제네릭은 현재 논의 중인 의약품의 진입 지연의 대가로, 다른 "거래"를 받아들였다.

이러한 사이드 거래에서 특히 의심스러운 이면은, 약속된 서비스가 종종 제네릭의 역량을 벗어난다는 것이다. 이러한 제네릭-상표의 관계는, 합의 맥락 외에서는 거의 관찰되지 않는다. 예를 들어, 제네릭 기업은 일반적으로 마케팅과 광고를 거의 하지 않으며, 대신 브랜드 의약품 처방 명부를 작성할 때, 약사들이 제네릭 의약품을 자동적으로 대체할 것이라는 사실에만 의존한다. 사실 이러한 의존적인 조직 구조를 통해, 제네릭은 항상 상당히 더 낮은 가격으로 의약품을 제공할 수 있다.

그렇다면, 제네릭 제조업체는 브랜드 기업이 바람직한 것으로 여기는 마케팅과 홍보 서비스들을 어떻게 제공할 수 있을까? 게다가 제네릭 기업이 대규모의 브랜드 기업의 가장 효과적인 제조 및 공급 파트너인지는 분명하지는 않다.[10] Teva가 결국 지연을 위한 지불 거래로부터의 결과인, 갖은 독점금지 위반을 합의하기 위해서 12억 달러를 지불하였던, 기면증 의약품인 Provigil의 예를 들어보자.[11] 한 거래에서, 기업은 지연 조항이 포함된 계약에서, 제네릭 기업인 Ranbaxy로부터 프로비질의 활성 성분을 구매하기로 합의하였다.[12] 그러나 Ranbaxy는 심지어 활성 성분을 생산하지 않았으며, 대신 제 3자 제조업체로부터 이를 소싱하였다.[13] 브랜드 기업은 본질적으로 제네릭 기업이 중개인 역할을 할 수 있게 허용함으로써, 더 높은 가격을 지불하는 데 합의하였다. FTC에 따르면, 브랜드 기업의 고위 간부는 공급 거래 - 다양한 제네릭 기업에서 영감을 받음 - 를 "공급망 참사"라고 칭했다.[14]

따라서, 사이드 거래는 충족될 수도, 영원히 그렇지 않을 수도 있는 공허한 약속이다. 오히려, 이들은 순수하게 합의 언어 하에 있는 지연을 위한 지불의 허울로서의 기능을 할 수도 있다. 그러나 이러한 지연을 위한 지불 거래를 자세히 알아내는 것은 꽤 어려울 수 있다.

소건(소송사건)으로 돌아가서, 이 이야기는 어떻게 해결되었을까? 의약품 구매업체들이 제기하여, 최초 합의 후 15년 후에 결정이 내려진 K-Dur의 사례에서, 제 3순회 항소법원은 Schering과 Upsher의 라이센싱 합의에서, 라이선스에 대한 현금 지급이 의심되었다는 사실에도 불구하고, 제네릭 시장 진입 지연에 대한 "역 지불"이었다고 밝혔다. 순회 법원은 "합의 당사자들이 신청한 상표보다는, 역 지불 합의의 경제적 현실을 기초로 한 합리적인 빠른 검토"가 이러한 합의에 적용되어야 한다고 판결을 내렸다.[15]

주요한 법정 소송이 있었던, 2.0 세대 합의의 최초의 예가, 역 지불이 직접적인 현금 지급 그 이상을 포함할 수 있다는 판결을 이끌었음을 언급하는 것도 흥미롭다. 왜 이 이야기는 2.0 세대에서 끝이 나지 않았을까? 사실 사이드 거래 합의에 대한 의심을 하게 한 중대한 사례였다기보다는, K-Dur 소건은 역 지불 합의에서 일반적으로 법리학을 발전시킨 역할이 주로 두드러진다. 제 3순회 법원의 검토는 같은 해 Actavis 관련 사례들에 대한 제 11순회 법원의 결정과 대조적이었다.[16] 이러한 전개는 대법원 검토를 장려하여, FTC v. Actavis에서 SCOTUS(대법원) 판결을 내리게 했으며, 순회 법원의 의견 분열을 야기하였다. 제 1장에서 설명된 바와 같이, Actavis의 판결은 제 11순회 법원에서 취한 접근법을 기각하였지만, 어떠한 유형의 역 지불이 엄격한 기준에 부합될 수 있는지를 설명하는 데 있어서 제 3순회 법원처럼 명확하지는 않았다.

02

리피토(LIPITOR) 소건: 실질적인 모든 것들

(*소건: 소송사건)

제 3순회를 위한 항소법원이 K-Dur의 두 당사자의 사이드 거래의 의도를 쉽게 꿰뚫었던 것으로 보이지만, 합의의 바닥까지 들여다보는 것은 항상 쉽지는 않다. 특히 기업들이 한 번에 다양한 Hatch-Waxman(오리지널 의약품 개발사가 복제약 개발사를 상대로 특허 침해 소송을 제기할 경우 최대 30개월까지 FDA의 최종 승인이 미뤄질 수 있다는 Hatch-Waxman 법) 사례들을 합의해야 할 때에는 명확성을 얻기가 어려우며, 지급 분배는 꽤 복잡해진다.

모든 제네릭 지연에서 가장 복잡한 합의 사례들 중 하나에 속하는, 리피토 소건을 고려해보자.[17] 콜레스테롤을 낮추는 데 사용되는 스타틴(콜레스테롤 저하제)인 리피토는 역사 상 가장 많이 판매된 의약품으로 잘 알려져 있으며, 1996년과 2011년 후반, 결국 제네릭이 시장에 진입하게 될 때까지의 매출은 1,250억 달러를 넘어섰다.[18] 리피토의 제조업체인 Pfizer가, 이러한 큰 성공에서 독점권을 보호하기까지, 이례적으로 오랜 시간을 겪어야 했다. Pfizer와 첫 번째 제네릭 신청업체인 Ranbaxy 사이에서 계속해서 지체된 6년간의 싸움은, 제네릭 리피토의 시장 진입 지연을 포함한 합의를 이끌어냈다.[19] 이러한 합의의 정밀조사는 다양한 집단 소송을 야기하였다.[20]

동시에, 이러한 결과로 나타난 소송에는 데이터 위조를 통한 기망 특허 입수, 기망 소송을 포함한 사인들이 연루되었다.[21] 오렌지 북 목록(그리고 오렌지 북에 명시되지 않은 특허들), FDA에 제출한 진정서, 다양한 시차를 둔 소송들, 다양한 합의, 심지어 의도적인 제네릭 신청 승인 등은, 제네릭 제조업체로부터 FDA-승인 기관으로의 이전을 지연시킴으로써, Ranbaxy 측에 지연을 야기하였다.[22] 명료성을 제공하기 위해서, 이러한 논의에서는 Pfizer와 첫 번째 제네릭 신청기업 사이의 최종 합의에만 초점을 맞출 것이다.

2008년 합의에서, Ranbaxy는 2011년 후반까지 제네릭 리피토의 출시를 지연시키는 데 합의하였다.[23] 대신, Pfizer는 11개의 세계 시장에서 제네릭 리피토를 홍보할 권리를 제네릭 기업에 부여하였다. Pfizer는 또한 카듀엣(Caduet)과 아큐프릴(Accupril) 의약품을 포함한, Ranbaxy와의 그 밖의 소송을 해결하였다.[24]

집단 소송에서, 최종 지급인은 이러한 합의가 불법적인 역 지불을 나타낸 것이라고 주장하였다.[25] 이들의 주장은 다음과 같았다: Pfizer는 제네릭 리피토의 출시를 막으려는 나머지 노력들이 실패로 돌아갈 것임을 알고 있었다 - Pfizer가 원한 것은, 특허를 재발행 해달라는 신청과 FDA에 제기한 진정서를 물고 늘어지는 것이었다.[26]

그러나 Pfizer는 고혈압 치료제인 아큐프릴에 관해서, Ranbaxy와 매우 심각한 소송을 벌였다.[27] 사실, Ranbaxy는, 출시가 "위험 수준"임을 알리는 흔치 않은 조치이며, Hatch-Waxman 소송에서 최종 판결이 이뤄지기 전에 이미 시장에 진입하였기 때문에, 아큐프릴에 관한 소송이 수억 달러의 피해를 입힐 수도 있다고 여겨졌다.[28] 위험 수준의 출시는 때로, 제네릭이 소송에서 승리할 것이라고 자신할 때에 일어난다. 그러나 또 다른 제네릭이 이미 아큐프릴 특허에 관한 소송에서 졌기 때문에, Ranbaxy의 소건은 그 당시에는 가망성이 없는 것으로 보였다. Pfizer의 입지가 분명히 강하다는 사실에도 불구하고, Pfizer는 아큐프릴 소송을 합의하기 위해서 이상하게도 100만 달러만을 요구하였다.

따라서, 소소하게 100만 달러 지급만으로, 아큐프릴 소송에서 제네릭 기업을 놔준 대가로, 브랜드 기업은 훨씬 더 중요한 제네릭 의약품인 리피토의 출시를 지연시킬 수 있었다. 리피토 합의에는 어떠한 현금거래도 포함되지 않았으며, 아큐프릴 합의에는 100만 달러만 포함되었지만, 고소인은 아큐프릴에 관한 Pfizer의 놀라운, 예기치 못한 관대한 행위가 사실 "[제네릭 기업]에 수억 달러 가치가 있는 거대한 [역 지불]"이었다고 주장하였다.[29] 다시 말해, Pfizer는 수억 달러의 가치가 있는 또 다른 소건을 포기함으로써, 지연을 위한 지불을 한 것이다.

여기가 바로 이 전략이 점점 비정상이 되어간 부분이다. 전체 거래를 애매하게 만들기 위해서, Pfizer는 합법적 합의의 환상을 만들기 위해, 개별적인 기망 소송을 시작한 것으로 전해진다. 아큐프릴 합의 당시, Pfizer는 리피토에 관해 Ranbaxy와의 소송이 계류 중이지 않았다.[30] 그러나 Pfizer가 리피토 지연을 포함한 합의를 하길 원했다면, 먼저 합의를 해야 할 리피토 계류 소송이 있어야 했다. 따라서 Pfizer는 리피토에 대한 오렌지 북에 명시되어 있지도 않은 두 건의 작은 특허 위반에 대해서 제네릭 기업에 소송을 건 것이다 - 이 두 건의 특허는, 법원이 이미 Pfizer가 제네릭 기업에 대해 어떤 입장도 주장할 수 없다고 밝힌 바 있는 소견이었다.[31]

Hatch-Waxman 소송에서 합법적으로 특허를 주장할 수 없었던 한 가지 이유는, 이들이 오렌지 북에서 명기된 "Hatch-Waxman" 특허가 아니었다는 것이다. Hatch-Waxman 소송 하에서는, 제네릭 신청을 제기하는 행위가 오렌지 북에서 명기된 특허에 대한 특허 침해의 인위적 행위로 여겨지며, 따라서 특허 발행은 제네릭 기업이 제품을 출시함으로써 직접 특허 침해를 하기 훨씬 전에 해결될 수 있음을 기억해야 한다. Ranbaxy는 리피토 시장에 진입하지 않았기 때문에 - 종종 이러한 지연 합의를 조사하는 데 있어서 잊혀지는 사실 - 직접적 침해는 없었다. 특허가 오렌지 북에 등록되어 있지 않았기 때문에, 어떠한 침해도 일어날 수 없었다.[32]

3달 후, Pfizer와 Ranbaxy는 새로 개시된 소송을 해결하기 위한 "합의"에 도달하였다.[33] 모든 조항들을 고려하여, 어떤 산업 추산에서는 제네릭에 15억 달러 이상의 합의 가치를 정하였다.[34] 사실 큰 돈이지만, 이러한 수치에서 얼마 정도가, 시장에 리피토를 진입시키지 못하게 한 데 대한 지급이었을까?

2014년, 이 질문은 뉴저지의 지방 법원에서 제기되었다. 법원에서는 고소인들이 역 지불 합의의 금전적 가치의 "신뢰할 만한 추정치"를 제공할 수 없었기 때문에, 이러한 주장을 하는 데 대한 실패로, 한 그룹의 구매자들의 집단 소송을 기각하였다.[35] 사실 역 지불의 가치를 알아내는 것은 어려울 수 있으며, 이러한 유형의 복잡한 합의가, 제약 회사들에게 매력적인 옵션이 된다. 검사에, 역 지불의 가치에 대한 신뢰성 있는 추산을 제공하는 일이 포함된다면, 고소인은 먼저 각각의 합의의 시장가를 결정할 필요가 있을 것이며, 여기에는 다음이 포함된다: 제네릭 기업이 Pfizer에 대한 (기망이라 알려진) 소송을 끝내는 가치; 국제 시장에 제네릭 리피토를 내놓을 수 있는 권리를 얻는 것; 아큐프릴 소건을 해결하는 것; 카듀엣 소송을 해결하는 것.[36] 다음으로, 고소인은 제네릭이 사실 이러한 합의를 위해서 얼마를 "지불"하였는지를 보여주어야 하며, 또한 시장가와 실제 합의의 가치 사이의 격차가, 리피토 지연을 확보하기 위한, Pfizer로부터 제네릭으로의 역 지불을 나타낸다는 사실을 증명해야 한다. 이는 원고인이 명확하게 해야 하는 거대한 장애물이 되며, 그 밖의 관련된 리피토 집단소송의 기각을 야기하기도 하였다.[37]

03

Actavis 이후의 배경, 계약, 조항, 그리고 킹 드럭(KING DRUG)

리피토는 역 지불의 범위를 정의하지 못한 분명한 실패로 기각된 유일한 소건은 아니었다. 그 밖의 사례에서도 법원은 또한, 미래의 독점 금지법 조사를 받을 만한 "규모가 큰, 부당한" 지급이 무엇을 의미하는지에 대한 정의에 있어서, 특히 Actavis 이후 새로 시작된 논쟁의 맥락에서, 사이드 거래가 역 지불인 것으로 여겨진다고 쉽게 설득을 하지 못하였다.[38]

그러나 그 밖의 2.0 세대 합의는, 다양한 소건 해결이나 실제 서비스 계약에 달려 있지 않다. 대신, 계약 조항은 그 자체로, 이후의 제네릭 의약품이 시장에 진입하지 못하게 하는 장애물과 간접적 지불로서의 역할을 할 수 있다.

유명한 한 계약 사항은 "가속 조항(acceleration clause)"이며, 이는 또한 "조정 조항"이라고도 알려져 있다. 가속 조항에서는, 또 다른 제네릭이 줄을 건너 뛰어, 최초 신청자가 시장에 진입하여 독점권을 누리기 전에 시장으로 진입한다면, 시장 진입 지연에 합의한 제네릭이 시장 진입 속도를 즉각 높일 수도 있다고 규정한다. 이러한 조항들은 또한 "최혜국" 조항이라고도 불렸으며, 이는 국제 무역에서 따온 말이다.[39] 브랜드 제약 회사가 본질적으로, 그 밖의 제네릭보다 최초 제네릭에 더 우호적인 조건을 제공하고 있기 때문에, 이러한 명명법도 이해가 된다.

새치기를 하여, 가속 조항을 피하는 것은, 이후에 신청을 한 제네릭 의약품이 특정한 상황에서는 사용될 수 있는 두 가지 전략을 통해 가능하다. 우리는 제 4장에서 이에 대해 더 논의할 것이다. 단순히 설명하자면, 가속 조항은, 또 다른 신청자가 독점 기간의 울타리, 방어벽, 장애물 등의 어떠한 은유적 장벽이든, 돌파할 수 있다면, 최초 신청자가 동의한 진입 날짜를 지키지 않아도 되는 것이다.

그러나 가속 조항의 진정한 혜택은 또 다른 기업이 어떻게든 독점권을 뺏어갈 수도 있다는 두려움을 가진 채, 제네릭의 진입을 지연시키는데 대해서 안심을 준다는 점이 아니다. 오히려 혜택은, 이 조항이 그 밖의 잠재적 제네릭 기업들의 의욕을 꺾는다는 것이다 - Michael Carrier 교수는 이를 "포이즌 필(poison pill)" 효과라고 칭했다.[40] 가속 조항이 실시된 후, 시장으로의 진입을 원하는 어떠한 제네릭이든, 이들이 진입을 성공한다면, 즉각 최초 신청자로부터의 제네릭 경쟁에 맞서게 될 것이라는 점을 알고 진입하게 된다. 매번 경쟁업체가 추가될 때마다, 새로운 경쟁업체를 포함한 시장의 모든 업체들의 수익과 시장 점유율은 감소하게 된다. 따라서 특히 나중에 신청한 제네릭을 위해서, 시장에서 더 일찍 자리를 확보해줄 필요가 있는 확장적인 법적 싸움을 고려할 때, 시장 진입이 덜 매력적이게 된다. 결국, 첫 번째 제네릭이 시장에서 유일한 제네릭으로서 출시될 가능성은 - 6개월의 독점권 기간이 온전히 지켜지며 - 증가하게 된다. (물론 그 밖의 제네릭 기업이 들어가지 않게 되는 것은, 또한 브랜드 제약 회사가 독점권 판매업체로서 완전한 지연 기간을 더 누리게 될 것이며, 또한 최초 신청자가 최종적으로 시장에 진입하게 될 때 6개월 동안의 복점(duopoly) 기간도 온전히 누릴 수 있게 됨을 의미한다. 본질적으로, 브랜드 기업은 지연을 약속한 대가로, 경쟁의 위험을 줄임으로써 제네릭 기업에 돈을 지불한다.

이러한 전략의 성공을 위해서는, 가속 조항이 존재한다는 사실에 대해 그 밖의 제조업체들이 알고 있어야 한다. 놀랄 것도 없이, 이러한 일은 빈번히 일어나고 있다. 어떤 경우, 언론의 출시 발표 합의에 해당되는 조항도 존재하는 것으로 드러나기도 한다. 예를 들어, 가속 조항은 네 가지 프로비질 합의에 관한 공공 발표에서 언급되었다. 제네릭 기업 중 하나인 Teva는 "어떠한 영토에서라도, Teva의 이른 시장 진입은, 프로비질의 또 다른 제네릭 버전의 진입을 이유로 진행될 수도 있다"라는 언론 발표에도 포함되었다.[41] 이러한 유사한 발표는, Ranbaxy, Mylan, Barr의 합의문 발표에서, 브랜드 기업이 사용하기도 하였다.[42]

최근의 한 예에서는 이러한 전략이 어떻게 작용될 수 있는지를 보여준다. 항당뇨병제인 액토스(Actos)를 판매하길 원하는 세 곳의 제네릭 업체와 합의하면서, Takeda는 각각의 합의에서 가속 조항을 포함시켰다.[43] 이러한 세 곳의 제네릭 업체는 같은 날 신청을 하였으며, 모두 6개월 독점권 자격이 있었다. 가속 조항 뒤에 숨은 Takeda의 추동력은 무엇이었을까? 이 소건의 고소 내용은, Takeda가 오렌지 북에서 특허 정보를 부정확하게 등록하였음을 주장하면서, 네 번째 제네릭 기업인 Teva가 시장에 진입하길 원했다고 알려져 있다. 성공한다면, Teva는 다른 제네릭 업체보다 먼저 진입할 수 있게 된다.[44] 따라서 Teva는 시장에 도달하려면, 나머지 세 경쟁업체들을 마주해야 한다는 점을 알고 있었기 때문에, 가속 조항을 포함시킨 것은, Teva로 하여금 소건의 진행 의욕을 꺾는 요소로서의 역할을 하였다. 또한 이것이 의도였다는 또 다른 단서도 있었다: 나머지 세 합의는 기밀이었지만, Takeda는 소문에 의하면, 제네릭 업체들에게, Teva에게 가속 조항에 대해 누설할 수 있는 권한을 맡겼다고 한다.[45]

계약 조항 중 특히 주목해야 할 점은, "보이 스카우트 조항"이라고 불리는 조항이다. 브랜드 기업이 선의의 행동을 약속하지만, 반-경쟁적인 효과를 갖는 식으로 행동을 하는 조항들도 있다. 보이 스카우트 조항을 설명하기 위해서, 우리는 "위임형 제네릭(authorized generics)"이라고 알려진 개념에 대해 소개해야 한다.

브랜드 기업은 종종 자사 제품이지만, 더 낮은 가격의, 상표가 없는 버전의 제네릭 의약품을, 최초 제네릭과 경쟁을 하게 한다. 브랜드 기업은 이미 FDA 승인을 받았기 때문에, 이는 제네릭 승인 과정에 영향을 미치지 않으며, 따라서 최초 신청자의 6개월간의 독점 기간 동안, 자사의 "제네릭 버전"은 시장 진입에 제한을 받지 않는다. 2005년,

D.C.순회 법원에서는, 브랜드 승인이 이미 이뤄졌기 때문에, 6개월의 독점권이 위임형 제네릭을 차단하지 않는다는 판결을 내렸다. 독점권 규정은 미래의 승인에만 방해를 줄 뿐이다.[46]

(여담으로, 위임형 제네릭의 존재는, 일단 연구 개발이 완성되면 생산의 한계 비용이 얼마나 저렴한지와, 브랜드 제조업체들에게 가격 인상이 얼마나 확장적일 수 있는지를 보여주는 예이다. 이는 브랜드 기업이 독점권 수명이 끝나길 바라며, 의약품 가격을 즉각 낮출 수 있음을 보여준다.)

위임형 제네릭은 브랜드 기업이 최초 제네릭 신청자에게 돌아갈 수 있는 수익의 일부를 가져가게 해주며, 제네릭 기업이 시장에 진입하는데 오는 혜택을 감소시킨다. 이는 제네릭 관점으로, Hatch-Waxman 계산법에 변화를 가져왔다: 특허 문제에서 승소하고 싶다면, 비싼 브랜드 의약품이 아니라, 다른 제네릭 업체와 함께 시장에 진입하게 될 것이다. 위임형 제네릭을 제조할 수 있는 라이선스는 2.0 세대 합의에서 "사이드 거래"로 나타나는 경향이 있다.[47]

초기에, 논평가들은 위임형 제네릭의 잠재적인 반-경쟁 효과와, 이러한 관행이 Hatch-Waxman 보상 구조를 약화시키는지 여부에 대한 우려를 표하였다. 결국 약간의 미끼 상술처럼 보이지 않는가? 우리는 본 서적의 전반부에서는, 결국 독점이 아님을 알아내기 위해서, 최초 신청자들과 6개월의 독점권에 대해서 이야기를 나누었다. Hatch-Waxman의 목표가 제네릭 신청에 보상을 주기 위함이라면, 위임형 제네릭이 독점 기간의 금전적 보상을 줄임으로써 이러한 목표에 지장을 줄 수 있는 것처럼 느껴진다. 동시에, 위임형 제네릭은 흥미로운 문제를 제기한다. 경쟁 의욕을 꺾는 장기적인 효과가 있을 수 있는 반면, 경쟁을 높이는 단기적 효과는 사실 소비자 가격을 낮출 것이다.

FTC는 2011 보고서에서 이러한 사안들을 연구하였으며, 위임형 제네릭이 일반적으로 친-경쟁적이고 가격을 낮추는 효과를 가져온다는 결론을 내리며, 위임형 제네릭 경쟁이 있을 것이라 예상된다면, 제네릭 진입 의욕이 꺾일 수 있다는 제한적인 사례들만을 언급하였다. FTC의 모형에서는 어떠한 위임형 제네릭도 없을 때, 제네릭이 평균 14% 할인가로 출시를 하였던 반면, 위임형 제네릭도 출시되었을 때에는 약간 더 높은 18%의 할인가로 출시되었음을 관찰하였다.[48] 그러나 더 큰 효과는, 시장 점유율 감소에서 왔다. 종합적으로, FTC는 독점 기간 동안 위임형 제네릭과의 경쟁에 처하게 된다면, 제네릭의 수익이 40~52%까지 떨어진다고 추산하였다.[49] 그럼에도 불구하고, FTC는 위임형 제네릭의 존재가 특허 소송을 단념시키는 것으로 보이지는 않기 때문에, 위임형 제네릭이 주로 친-경쟁적이라는 결론을 내렸다. 특히, 위임형 제네릭은 종종 가장 많이 팔리는 의약품으로 한정되며, 따라서 위임형 제네릭의 존재 여하에 관계없이, 제네릭 기업들에게는 수익성이 좋을 것이다. 그렇다, 브랜드 기업이 수익이 더 좋지만, 제네릭 기업들도 어쨌든 마구 쏟아져 나온다. 아마도 이러한 부분이, 브랜드 기업의 전략이 일반적으로 소비자에게 혜택을 줄 수 있는 부분일 것이다: 제네릭 기업들이 시장에서 자신들과 경쟁을 못하게 하지도 않으면서, 가격은 감소시키는 것이다.

그러나 이러한 배경에서, 빅 파마(Big Pharma: 거대 제약사)가 주는 것과 빼앗아 가는 것은 무엇일까. 위임형 제네릭이 제네릭 기업에게 주는 위협과 함께, 브랜드 제네릭은 위임형 제네릭 출시를 하지 않겠다고 약속을 함으로써, 제네릭 기업들이 합의를 하게 유인할 수 있다. 이것이 바로, 오늘 날 많은 발전된 지연을 위한 지불 합의에서 관찰되는 "보이 스카우트 조항" 유형이다: "위임형 제네릭을 출시하지 않겠다는 합의." 위임형 제네릭 출시 금지 합의에서, 브랜드 기업은 최초 신청자의 6개월 독점 기간이 만료될 때까지 자사 제네릭 의약품을 출시하지 않는 데 합의한다. 그 대가로, 잠재적인 제네릭 제조업체는 진입을 지연시킨다. 물론 브랜드 기업은 6개월의 독점 기간과, 제네릭의 지연 시기에 걸쳐, 더 확장적인 브랜드 의약품 판매를 지속시킬 권한을 갖는다. FTC는 2004~2010 회계연도의 157건의 합의 중 39건에, 위임형 제네릭 출시 금지 조항이 포함되었으며, 총 230억 달러를 초과하는 의약품 시장이 포함되었음을 관찰하였다.[50] 2010년, 지난 해 연구된 합의 중 60%에는, 일종의 위임형 제네릭 출시 금지 조항이 포함되어 있었다.[51]

이러한 합의 형태에서 매우 영리했던 점은 다음과 같다: 위임형 제네릭을 만든 후, 브랜드 기업은 이제 이러한 관행에 관여하지 않겠다고 충실히 맹세를 한다. 그러나 이는 위임형 제네릭이 진정으로 반-경쟁적인 방식으로 사용될 수 있을 때이다. 중요한 점은 바로 맥락이다. 브랜드 기업은 제네릭이 진입을 지연할 것이라는 합의의 대가로 이러한 관행을 피하는 데 합의하는 것이다. 위임형 제네릭 진입을 포기하는 가치는 - 최초의 제네릭의 수익이 이제 더 이상 40~52%까지 떨어지지 않을 것이라는 사실 - 지연을 위한 지불이 된다. 다시 한 번, 브랜드 기업은 시장에 들어오지 않는 대가로 제네릭에 가치를 제공할 수 있다. 이러한 거래는 두 당사자에게 모두 혜택을 주지만, 어떠한 제네릭 의약품의 진입도 지연시킴으로써 소비자들에게 해를 끼친다.

요약하면, 전략적 행동들을 개발한 후, 브랜드 기업은 이제 제네릭에 지불할 수 있는 추가적 판매의 가치를 사용하여, 이를 포기하는 데 합의할 수 있다. 이들 모두는 선의의 행동이라는 보이 스카우트 같은 약속으로 가장하여 포장된다. 점심 급식비를 받는 대가로, 어린 학생들을 때리지 않겠다는 데 동의하는 학교의 불량배들과 약간 닮아 있다. 교장실로 불려 들어갈 때, 그는 심각한 얼굴로, "그렇지만 내가 그들을 그만 때리길 원하는 것은 아니었죠?"라고 말한다. 그러나 이 경우, 점심 급식비는 주로, 더 높은 가격의 형태로 지불을 하는 소비자들에게서 오는 것이다.

이후 버전의 보이 스카우트 조항은 3.0 세대의 전략에서 '제품 바꿔치기 금지 합의'의 형태로 나타난다.[52] 이 경우, 제품 바꿔치기 - 제네릭 대체조제를 막기 위해 의약품에 변화를 줌 - 가 위임형 제네릭보다 명확히 훨씬 더 반-경쟁적인 행동이기 때문에, 비교에 더 적합하다.

그 밖의 논평가 및 학자들이 지적한 것처럼, 위임형 제네릭 출시 금지 합의에서 한 가지 밝은 전망은, 이들이 비-현금 합의가 독점금지 법을 위반한다는 점을 법원에 더 쉽게 주장할 수 있도록 만들어준다는 점이다. 공동-프로모션이나 라이센싱 거래의 가치가 얼마인지를 증명해야 하는 일 대신, 브랜드 기업에게 가해지는 처벌은(또한 제네릭이 거두는 보상) 더 쉽게 가치가 매겨진다. 뿐만 아니라, 제네릭을 출시하지 않겠다는 합의는 분명, "경쟁하지 않겠다는 노골적인 약속"인 것으로 보인다.[53]

먼저, 이 사안에 관한 Actavis 이후의 두 가지 집단 소송인, 라믹탈 직접 구매자 독점금지 소송 소건과, 로에스트린(Loestrin) 24 FE 독점금지 소송 소건은, 하급 법원에서 기각되었으며, 두 소건의 의견은 모두, Actavis의 현금 고정화라고 믿었던 것에 초점을 맞추었다.[54] 게다가 로에스트린 법원은 위임형 제네릭 출시 금지 합의의 "진정한 가치"를 매길 필요가 있다는 점에서 리피토 소건과 유사한 우려가 있었지만, 법원은 또한 이러한 판결이, 제약 업체들이 독점금지 조사와 단순히 "현금 지불을 피하기 위해" 합의를 진행할 수 있게 허용한다는 우려를 하였다.[55] FTC에 재직하는 동안, 전 회장이었던 Jon Leibowitz도 유사하게, 대법원의 Actavis 판결이 위임형 제네릭 출시 금지 합의를 무시하고, 현금 지급을 하도록 제한한다는 부조리에 대해 표명하였다.

브랜드 기업은 제네릭에, "몇 년 동안 시장에서 나가 있으면, 2억 달러를 지불하겠다"고 말하곤 했을 것이다. 이제 브랜드 기업은 제네릭에, "내가 AG를 출시한다면, 2억 달러의 벌금을 내게 될 것이니, 몇 년간 시장에서 나가 있는다면 나는 AG를 출시하지 않을 것이다."라고 말할 수 있다.[56]

2015년 6월, 제 3순회 법원에서 한 유명한 발언은, 라믹탈(Lamictal)에 대한 지방 법원의 판결을 번복하게 만들었다. 소건명이 킹 드럭(King Drug) v. SmithKline Beecham으로 바뀌면서, 제 3순회 법원은,

판별을 무효화하고, 사실심의 논리를 기각하였다.[57] 제 3순환 법원은, 기억하는 바와 같이, K-Dur 소건에서 현금을 포함하는 사이드 거래를 회의적으로 바라본 최초의 법원이었다. 킹 드럭에서, 이러한 의심은 위임형 제네릭 출시 금지 합의를 포함하는, 비-현금 역 지불로 확장되었다. 법원은 이러한 비-현금 지불이 Actavis-유형의 정밀 조사에도 영향을 받지 않으며, 문제가 되는 합의에 대해 소송을 거는 직접 구매자들이 이들의 독점금지 주장에 충분히 답변을 하였다고 판결하였다.[58]

소건의 세부 사항들을 채우기 위해서, 뇌전증과 양극성 장애 치료에 사용되는 항경련제인 Glaxo 상표 의약품인 라믹탈에 대한, Glaxo SmithKline과 최초의 제네릭 신청자인 Teva 사이의 합의에서 킹 드럭이 떠올랐다. Paragraph IV 소송에서, 지방 법원 판사는 라믹탈에 대한 Glaxo의 특허에서의 주요한 주장을 무효화시켰다.[59] 1개월 후, 두 당사자는 그 시점까지는 브랜드 제약 기업이 패할 것으로 여겨진 그러한 소건에서, 합의에 동의하였다.[60]

비-현금은 합의의 일부로서의 거래였다. 대신 Glaxo는, 특허가 만료되기 37개월 전에, 제네릭이 츄어블(씹어먹는) 라믹탈에 대한 5천만 달러의 시장에 진입할 수 있게 허락하였다. 지금까지는 양호한 것으로 보인다. 그러나 이러한 합의를 통해 Glaxo 특허의 만료일 하루 전까지, 훨씬 더 수익성이 좋은 20억 달러의 라믹탈정 시장에는 진입하지 못하게 하였다.

위임형 제네릭 출시 금지 합의를 사용하여, Glaxo는 또한 제네릭의 6개월 독점 기간이 끝난 후, 수익성이 좋은 라믹탈정의 자사 제네릭 버전을 출시하지 않는다는 데 합의하였다.[61] 직접 구매자들은 이러한 합의에 집단 소송으로 이의를 제기하였으며, 위임형 제네릭 출시 금지 합의가 반-경쟁적인 역 지불이었다고 주장하였다.

제 3순회 법원은, 위임형 제네릭 출시 금지 합의가 Actavis 하에서, "상당한 가치가 있는, 이상하며, 설명할 수 없는 역 이동"을 나타내는 것이라는 데 동의하며, 반독점 주장을 계속 펼치도록 하고, 지방 법원의 소송 기각을 번복하였다.[62] 여기에서 적용된 추론은 Actavis와도 유시했지만, 법원은 또한 이와 같은 비-현금 지불이 두 당사자 모두에게 상당한 가치가 될 수 있다고 설명하였다.

특히, 제 3순회 법원은 특허 침해를 다룬 법원에서, Teva가 특허를 침해하지 않았다는 최종 판결에 도달하였다면 - 합의 당시에는 그러한 것으로 보였다 - Teva가 합의된 진입 날짜보다 훨씬 전에 의약품 정(tablet) 시장에 진입하여, 6개월의 독점 기간을 누리면서, 더 이른 시기부터 가격을 낮출 수 있었다고 설명하였다.[63] 이러한 문제를 피한 대가로, 브랜드 기업은 결국 6개월의 독점권이 발생하면, 위임형 제네릭 버전을 출시하지는 않을 것이라는 데 동의하였다. 이는 결국, 경쟁하지 않겠다는 약속이었다.[64]

법원이 설명한 바와 같이, 이러한 "제네릭 독점"은 제네릭이 위임형 제네릭과 경쟁해야 하는 시장에서보다, 수억 달러의 가치가 더 있을 수 있다.[65] 재산은 브랜드 기업에서 제네릭으로 옮겨가는 것이다 - 브랜드 기업은 경쟁을 제한하기 위해서, 위임형 제네릭으로부터 벌어들일 수 있는 단기간의 수익을 포기하기로 선택한 것이다: 이는 이러한 지불이

문제가 되는 것이라는 명확한 증거인 것으로 보인다.[66]

제 3순회 법원은 또한, 위임형 제네릭 출시 금지 합의가 제네릭에게 "독점 라이선스"로서 작성될 수는 없음을 발견하였다. 이 용어는 위임형 제네릭 출시 금지 사례에서 대중적이었던 거대 제약사의 용어를 얼버무린 것이다 - 기업의 강제 해고에 대해 설명하는 데 "적정규모화"라는 용어를 사용한 것과도 유사하다. 라이선스 대신, 합의는 특정 분야에서 경쟁하지 않겠다는 동의였다 - 제네릭 시장 가격 단계.[67] Teva는 "조기 진입 만으로는 얻을 수 없는" 제네릭 독점권 기간을 얻었다 - 요즘 표준적인 조기 진입에는 위임형 제네릭의 위협이 따르기 때문이다. 다시 말해, Teva가 받은 것은, "상표의 자기 절제를 통해서만 얻을 수 있는" 독점권이었다.[68] 이는 Teva에게만 혜택인 것으로 보이는 합의이며, Glaxo가 진입 지연으로부터 얻는 혜택과, 조항의 진정한 반-경쟁적 특성을 고려하지 않는다면, 이상한 라이센싱 합의가 된다. (이 소견과 리피토 건 사이에서, 관대함의 행위가 포함되는 것으로 보인 어떠한 제약 거래도, 극단적 의심을 하고 바라보아야 한다.)

킹 드럭 판결은 제약회사의 법의 세계 전반에 걸쳐 반향을 일으켰다. 킹 드럭과 유사한 판결에서, 제 1 순회 법원은 2016년 2월, 로에스트린(Loestrin)에 대한 지방 법원의 판결을 번복하였으며, 비-현금 보상이 포함되는 거래가 독점금지 법을 위반하는 것이며, 더 중요한 사실은, 비-현금 지불의 가치에 대한 구체적 계산을 요하는 그 밖의 판례로 돌아가야 한다는 사실을 발견하였다.[69] 대신, 제 1 순회 법원은 "대규모의 부당한" 지급액의 추산이 적어도 독점금지 주장을 답변하는 데 충분할 수 있다는 판결을 내렸다.[70] 킹 드럭과 로에스트린 판결에 따라, FTC는 2016년 5월, 또 다른 위임형 제네릭 출시 금지 소건에서 고소장을 제출하였으며, 이 소건에 대한 흥미를 더욱 불러 일으켰으며, 이에 대해서는 제 3장에 대해 더 논의할 것이다.[71] 이것이 위임형 제네릭 금지 비-현금 합의를 포함하는 FTC의 최초의 공식적인 고소 행위였다.[72]

SmithKline Beecham은 2016년 2월, 대법원에, 킹 드럭 판결을 검토해달라는 진정서를 제출하였지만, 법원은 이 소건을 받아들이길 거부하였다.[73] 이는 제 3 순회 법원의 판결은 그대로 두고, Actavis의 정밀 조사가 2.0 세대의 비-현금 합의까지 확장될 수 있음을 확인시켜주었다.

요약하면, 2.0 세대는 수익성이 좋은 사이드 거래와, 브랜드 제약 회사 및 제네릭을 포함하는 전략적 비-현금 조항들이 특징이었다. 이러한 전략들은 기업이 "지연"에 대해서 어떠한 "지급"도 받지 않았다고 주장함으로써, (금전) 이동의 특성을 위장할 수 있게 해준다. 제약 업체의 관점으로 볼 때, 보상 지급은 2차 보상 및 사이드 거래에 해당하는 것으로 추정되지만, 제네릭의 시장 진입 지연에 대한 1차적 합의는 가치의 교환 없이 이뤄진다. 그러나 Actavis를 더 확장적으로 해석해보면, 2.0 세대의 합의 건수를 약화시킬 수 있는 위협을 가한다. 대신, 의약품의 독점 수명을 확장시키는 데 필사적인 기업들은 제네릭이 더 이상 잠재적인 친구가 아니라, 대신 공격을 받을 수 있는 적수가 되는, 3.0 세대의 조치를 향해 돌아서고 있다.

참고문헌

1 *See In re K-Dur Antitrust Litig.*, 686 F.3d 197, 205–06(3d Cir. 2012); C. Scott Hemphill, *An Aggregate Approach to Antitrust: Using New Data and Rulemaking to Preserve Drug Competition*, 109 COLUM. L. REV. 629 , 658 (2009) .

2 *Schering-Plough Corp. v. FTC*, 402 F.3d 1056, 1059(11th Cir. 2005).

3 *See In re K–Dur Antitrust Litig.*, 686 F.3d at 205–06.

4 *Ibid.* at 206. Also suspicious is the following: The generic demanded cash and early entry when the settlement was first being negotiated. But, concerned about pay-for-delay antitrust scrutiny even back in 1997, the brand-name company would not agree to these more basic terms. *Ibid.* at 205.

5 *Ibid.* at 206.

6 Recall that Actavis also had elements of a Generation 2.0 settlement(*e.g.* side deals, installment payments). We associate *Actavis* with Generation 1.0 in this chapter given that the *Actavis* argument has mostly been applied only to cash deals as of now.

7 *See* Hemphill, *Aggregate Approach to Antitrust, supra* note 1, at 663– 66.

8 *See ibid.* at 663–64. *See generally* Michael A. Carrier, *Payment after Actavis, 100 IOWA L.* REV. 7(2014).

9 *See* Hemphill, *Aggregate Approach to Antitrust, supra* note 1, at 665–66.

10 *See ibid.* at 668.

11 *See* Chapter 1 for more on the Provigil settlements.

12 *See* Complaint for Injunctive Relief at paras. 64–68, *FTC v. Cephalon, Inc.* (settlement approved E.D. Pa. June 17, 2015) (No. 2:08-cv-2141), complaint filed D.D.C. Feb. 13, 2008, www.ftc.gov/sites/default/files/documents/cases/2008/02/080213complaint.pdf.

13 *Ibid.* at para. 68; *see also* Hemphill, *Aggregate Approach to Antitrust, supra* note 1, at 668 n. 165.

14 Complaint for Injunctive Relief, *supra* note 12, at para. 57.

15 *In re K-Dur Antitrust Litigation*, 686 F.3d 197, 218 (3rd Cir. 2012).

16 Years earlier, the Eleventh Circuit, in a case brought by the FTC rather than by private plaintiffs against K-Dur, had rejected the argument that the K-Dur deal was anticompetitive, using a line of reasoning similar to what the Eleventh Circuit would later apply in *Actavis*. *Schering-Plough Corp.*, 402 F.3d.

17 *See In re Lipitor Antitrust Litig.*, 46 F. Supp. 3d 523(D.N.J. 2014) (dismissing direct purchasers' class actions); *see also* ROBIN FELDMAN, RETHINKING PATENT LAW 162(2012); Hemphill, *Aggregate Approach to Antitrust, supra* note 1, at 638–39, 683.

18 *See Lipitor Becomes World's Top-Selling Drug*, CRAIN'S N.Y. BUS. (Dec. 28, 2011), www.crainsnewyork.com/article/20111228/HEALTH_CARE/111229902.

19 *See* Direct Purchasers' Amended Complaint and Demand for July Trial at para. 87, *In re Lipitor Antitrust Litig.*, 46 F. Supp. 3d 523(D.N.J. Sept. 12, 2014) (Nos. 3:12-cv-2389 & 3:12-cv-4115), 2013 WL 5669146(dismissing direct purchasers' class actions).

20 *See ibid. See generally* End-Payor Plaintiffs' Amended Consolidated Class Action Complaint and Jury Demand, *In re Lipitor Antitrust Litig.*, 46 F. Supp. 3d 523(D.N.J. Oct. 15, 2013) (No. 3:12- cv-2389), 2013 WL 7117787(breaking down all the alleged methods of delay in the case).

21 *AFL-AGC Building Trades Welfare Plan v. Pfi zer, Inc*, No. 12–0939(S.D.N.Y. fi led Feb. 6, 2012) (arguing that Pfi zer filed fraudulent and duplicate patent applications for Lipitor), cited in Laura S. Shores, *Pharmaceutical Patent Life Extension Strategies: Are REMS Next?* Antitrust Health Care Chron. 20 , 22(2012).

22 *See* End-Payor Amended Complaint, *supra* note 20, (breaking down all the alleged methods of delay in the case); *see also In re Lipitor Antitrust Litig.*, No. 3:12–cv–2389, 2013 WL 4780496, at *12 (D.N.J. Sept. 5, 2013) (granting in part and denying in part motion to dismiss class action claims and referencing the claims regarding Ranbaxy's purposeful negligence of data integrity and manufacturing practices); *see also* Complaint and Jury Demand, *Meijer, Inc. v. Ranbaxy, Inc.*, No. 1:15-cv-11828, 2015 WL 2219184(D. Mass. May 12, 2015) (arguing manufacturing problems have been widespread for Ranbaxy and the result of their haste to put in ANDAs and lock in 180-day exclusivity).

23 *In re Lipitor*, 2013 WL 4780496, at *12. The complaint alleged this aspect of the settlement created an ANDA bottleneck that blocked the approval of subsequent ANDAs. End-Payor Amended Complaint, *supra* note 20 , at paras. 373– 92.

24 Press Release, Pfizer, Inc., Pfizer and Ranbaxy Settle Lipitor Patent Litig. Worldwide(June 18, 2008), http://press.pfizer.com/press-release/pfizer-and-ranbaxy-settle-lipitor-patent-litigation-worldwide; *In re Lipitor*, 46 F. Supp. 3d at 532–33. Also dismissed was a process suit over the same two patents asserted against Ranbaxy over Lipitor. See End-Payor Amended Complaint, *supra* note 20, at paras. 270–82.

25 End-Payor Amended Complaint, *supra* note 20, at paras. 393–95.

26 A district court had already enjoined approval of Ranbaxy's ANDA until March 2010 by upholding one of Pfizer's patents. *In re Lipitor*, 2013 WL 4780496, at *7; Feldman, Rethinking Patent Law, *supra* note 17, at 162. Pfizer's infringement claim on its second patent(the subject of much controversy) was not upheld. It then turned to reissue proceedings for that second patent as well as a citizen petition to attempt to delay entry. *In re Lipitor*, 2013 WL 4780496, at *6–10. Together, complainants allege the only thing preventing generic entry in March 2010 was a patent reissue application that had a "real risk" of being "denied" and a citizen petition that was still pending. End-Payor Amended Complaint, *supra* note 20, at paras. 243, 266.

27 In a bizarre series of events, Ranbaxy launched a generic version of Accupril at-risk in December 2004–meaning that it launched before a judgment was made as to the validity or invalidity of Pfizer's patents and thus presenting the possibility that it could face substantial damages if the patents were later judged to be valid and infringed. *In re Lipitor*, 46 F. Supp. 3d at 532. It did so despite Pfizer's having already secured summary judgment that an earlier ANDA applicant had infringed patents related to Accupril. *Ibid.* at 531. Pfizer's sales of Accupril dropped from $534 million in 2004 to just $71 million after generic launch. End-Payor Amended Complaint, *supra* note 20, at para. 296. In light of the other Accupril decision over the fi rst ANDA, a court granted a preliminary injunction on sales of generic Accupril, and Pfizer appeared to be very confident that Ranbaxy would be found liable for hundreds of millions of dollars in damages. In fact, they requested that treble damages be awarded under the theory that Ranbaxy willfully infringed the Accupril patents. End-Payor Amended Complaint, *supra* note 20, at paras. 310–11. Yet, as described *infra*, Pfizer was apparently willing to settle the case for only $1 million.

28 End-Payor Amended Complaint, *supra* note 20, at paras. 314–18.

29 End-Payor Amended Complaint, *supra* note 20, at para. 314.

30 But it was waiting on the results of a pending citizen petition and an application for reissuance of one of its Lipitor patents. Plus, Ranbaxy was already enjoined from receiving ANDA approval and entering the market until 2010. *In re Lipitor*, 2013 WL 4780496, at *7.

31 End-Payor Amended Complaint, *supra* note 20, at paras. 270–82.

32 In more technical terms, there was no "justiciable case or controversy" since the "mere threat of [future] litigation" could not support the case for Pfizer's preliminary injunction. *In re Lipitor Antitrust Litig.*,

No. 3:12-cv-2389, 2013 WL 4780496, at *10; Hemphill, *Aggregate Approach to Antitrust, supra* note 1 , at 639 n. 39.

33 End-Payor Amended Complaint, *supra* note 20, at para. 279.

34 *Ibid.* at para. 284.

35 *In re Lipitor,* 46 F. Supp. 3d at 550.

36 So little about the Caduet litigation was mentioned in the end-payor complaint that the district court cited it as a reason for dismissing the case, since the complaint failed to address in any way how settling the Caduet litigation factored into the global scope of the settlement. *In re Lipitor,* 46 F. Supp. 3d at 523, 533, 548.

37 *In re Lipitor Antitrust Litig.*, No. 3:12-cv-02389(D.N.J. Oct. 30, 2014), http://assets.law360news.com/0592000/592594//mnt/rails_cache/https-ecf-njd-uscourts-gov-doc1-11919306435.pdf(dismissing endpayors' class action suit). Appeals continued after the dismissals. *See* Kelly Knaub , *3rd Circ. Urged to Merge Lipitor, Effexor Antitrust Appeals,* LAW360(Apr. 3, 2015 , 9:30 PM), www.law360.com/ articles/639404/3rd-circ-urged-to-merge-lipitor-effexor-antitrust-appeals. Some argue that the standard used in *Lipitor* requiring a "ballpark" estimate of the payment sets too high a bar. Aaron Edlin et al:, *The Actavis Inference: Theory and Practice,* 67 RUTGERS U. L. REV. 585, 600–01(2015). In *Actavis,* the Supreme Court cast suspicion on settlement payments that far exceeded expected litigation costs. *Fed. Trade Comm'n v. Actavis, Inc.*, 133 S. Ct. 2223, 2237(2013). Thus, Edlin et al. argue that a mere showing that the payment exceeded anticipated litigation costs is enough to sustain an *Actavis* claim. Edlin et al., *supra* , at 600– 01.

38 *See generally In re Effexor XR Antitrust Litig.*, No. 11–5479, 2014 WL 4988410(D.N.J. Oct. 6, 2014) (granting in part and denying in part motion to dismiss); *In re Loestrin 24 FE Antitrust Litig.*, 45 F. Supp. 3d 180(D.R.I. 2014) (granting motion to dismiss), vacated, No. 14–2071, 2016 WL 698077 (1st Cir. Feb. 22, 2016).

39 *See* Complaint for Injunctive Relief at para. 58, *FTC vs. Cephalon, Inc.* (settlement approved E.D. Pa. June 17, 2015) (No. 2:08-cv-2141), complaint filed D.D.C. Feb. 13, 2008, www.ftc.gov/sites/default/files/documents/cases/ 008/02/080213complaint.pdf.

40 Carrier, *Payment after Actavis, supra* note 8, at 37.

41 *See* Press Release, Teva Pharm. Indus. Ltd., Teva Announces Agreement with Cephalon Regarding Settlement of Provigil Patent Litig. (Dec. 9, 2005), www.tevapharm.com/news/teva_announces_agreement_with_cephalon_regarding_settlement_of_provigil_patent_litigation_12_05.aspx.

42 *See* Press Release, Cephalon, Inc., Cephalon, Inc. Announces Agreement with Ranbaxy Labs, Ltd., Regarding Settlement of Provigil Patent Litig. (Dec. 22, 2005), www.prnewswire.com/newsreleases/cephalon-inc-announces-agreement-with-ranbaxy-laboratories-limited-regarding-settlementof-provigilr-patent-litigation-55651172.html; Press Release, Cephalon, Inc. Announces Agreement with Mylan Pharm., Inc., Ltd. Regarding Settlement of Provigil Patent Litig. (Jan. 10, 2006), www.prnewswire.com/news-releases/cephalon-inc-announces-agreement-with-mylan-pharmaceuticalsinc-regarding-settlement-of-provigilr-patent-litigation-53379057.html; Press Release, Cephalon, Inc., Cephalon, Inc. Announces Agreement with Barr Labs., Inc. Regarding Settlement of Provigil and Actiq Patent Litigs. (Feb. 1, 2006), www.secinfo.com/d11MXs.v5b4.c.htm.

43 Consolidated Class Action Complaint and Jury Demand at paras. 214–216., *In re Actos* Direct Purchaser Antitrust Litig., No. 1:15-cv-03278, 2015 WL 4600605(S.D.N.Y. June 4, 2015).

44 *Ibid.* at paras. 212–213.

45 *Ibid.* at paras. 216.

46 *Teva Pharm. Indus. Ltd. v. Crawford,* 410 F.3d 51(D.C. Cir. 2005).

47 For example, the authorized generic version of Lipitor(atorvastatin) was not made by Pfizer, but was instead manufactured by Watson. *See* Jing Luo *et al., Effect of Generic Competition on Atorvastatin Prescribing and Patients' Out-of-Pocket Spending,* J. AM. MED. ASS'N. INTERN. MED. (Jun. 27, 2016), http://archinte.jamanetwork.com/article.aspx?articleid=2530416#ioi160055r28.

48 *Authorized Generic Drugs: Short-Term Effects and Long-Term Impact* FED. TRADE COMM'N (2011), www.ftc.gov/os/2011/08/2011genericdrugreport.pdf, at ii and iii.

49 *Ibid.* at iii.

50 *Ibid.* at vi.

51 *Ibid.* at vi. n. 14.

52 *See* Chapter 3 for more on product hopping.

53 Laura S. Shores, *Pharmaceutical Patent Life Extension Strategies: Are REMS Next?* ANTITRUST HEALTH CARE CHRON. 20, 25(2012); *see also* Michael A. Carrier, *Eight Reasons "No-Authorized-Generic" Promises Constitute Reverse Payment,* 67 RUTGERS U. L. REV. 697, 716(2016), http://ssrn.com/abstract=2533720("It does not make economic sense to preclude antitrust scrutiny when a brand, instead of paying with cash ... agrees not to compete with the generic in some other market. Or agrees not to launch an authorized generic"); *see also* Carrier, *Payment after Actavis* , *supra* note 8, at 41–44.

54 *In re Lamictal Direct Purchaser Antitrust Litigation,* No. 12-cv-995(WHW), 2014 WL 282755, (D.N.J. Jan. 24, 2014), vacated, *King Drug Co. of Florence, Inc. v. Smithkline Beecham Corp.,* 791 F.3d 388 (3d Cir. 2015); *In re Loestrin 24 FE Antitrust Litig.,* 45 F. Supp. 3d 180 (D.R.I. 2014) (granting motion to dismiss), vacated, No. 14–2071, 2016 WL 698077(1st Cir. Feb. 22, 2016); *see also* Carrier, *Eight Reasons "No-Authorized-Generic" Promises Constitute Reverse Payment,* at 703–05; *cf. In re Effexor XR Antitrust Litig.,* No. 11–5479, 2014 WL 4988410(D.N.J. Oct. 6, 2014) (granting a fi rm's motion to dismiss a generic's claims that a no-AG agreement constituted an illegal reverse payment).

55 *In re Loestrin 24 FE Antitrust Litig.,* 45 F. Supp. 3d 180, 190 & 193 (D.R.I. 2014).

56 Carrier, *Eight Reasons, supra* note 53, at 716, citing FTC, Statement of Chairman Jon Leibowitz on the Release of the Commission's Interim Report on Authorized Generics(June 2009), www.ftc.gov/os/2009/06/P062105authgenstatementLeibowitz.pdf.

57 *King Drug Co. of Florence, Inc. v. Smithkline Beecham Corp.,* 791 F.3d 388(3d Cir. 2015).

58 *Ibid.* at 409.

59 *Ibid.* at 397.

60 *Ibid.* at 409– 10.

61 *Ibid.* at 397.

62 *Ibid.* at 394. The early entry to the chewable market was largely ignored in the opinion, mainly because the size of the market is magnitudes smaller than the tablet market. Even if this agreement were slightly competitive, the court decided "plaintiffs have suffi ciently alleged that [these aspects] ... were outweighed by the anticompetitive harm of the no-AG agreement." *Ibid.* at 410.

63 *Ibid.* at 405.

64 *Ibid.* at 406–07.

65 *Ibid.* at 405. The Court used the term "generic duopoly" to describe when the brand-name drug company and the fi rst generic both enter the market with generic versions. It should be noted, however, that this market structure is different from what economists generally refer to as a duopoly, which occurs when the original drug maker is selling its own branded drug and the fi rst generic is selling a generic version. In contrast, the Court's "generic duopoly" market may feature three versions of the drug on the market–the brand-name drug and two generic versions–one made by the original drug maker and one made by the first filing generic.

66 *Ibid.* at 405.

67 *Ibid.* at 406–08 & 406 n. 27.

68 *Ibid.* at 408.

69 *In re Loestrin 24 FE Antitrust Litigation,* No. 14–2071, 2016 WL 698077(1st Cir. Feb. 22, 2016).

70 *Ibid.* at *31.

71 Complaint for Injunctive and Other Equitable Relief, *FTC vs. Endo Pharm., Inc., et al*(E.D. Pa. Mar. 30, 2016) (No. 2:16-cv-01440), www.ftc.gov/system/files/documents/cases/160331endocmpt.pdf; *see also* Ed Silverman, *Cash Is Not King: FTC Sues Drug Maker over Pay-For-Delay Deal*, STAT (Mar. 31, 2016), www.statnews.com/pharmalot/2016/03/31/patents-monopoly-antitrust/. For a description of the path of the case, see Kelly Knaub, *Endo Settles Pay-For-Delay Suit as FTC Renews Watson Case*, LAW360(Jan. 23, 2017, 11:07 pm), https://www.law360.com/ip/articles/883817?utm_ource=rss&utm_medium=rss&utm_campaign=section.

72 Press Release, FTC, FTC Sues Endo Pharm. Inc. and Others for Illegally Blocking Lower-Cost Generic Versions of the Branded Drugs Opana ER and Lidoderm(Mar. 31, 2016), www.ftc.gov/newsevents/press-releases/2016/03/ftc-sues-endo-pharmaceuticals-inc-others-illegally-blocking-lower.

73 Petition for a Writ of Certiorari, *SmithKline Beecham vs. King Drug, cert. denied*, 137 S.Ct. 446 (2016) (No. 15- 1055), 2016 WL 704916.

제3장

"3.0 세대"

i. 제네릭 방해를 위한 적극적인 새로운 전략

"Generation 3.0"
New Tactics for Active Obstruction of Generics

01

새로운 세대의 제약 지연

이전 장에서 설명한 바와 같이, 지연을 위한 지불 전략은 마지막 구간인 것으로 보인다. Actavis와 Cipro는 함께, 기초적인 현금 지연을 위한 지불 거래에 KO 펀치를 날렸다. 유사하게, "2.0 세대" 거래에서 예상치 못한 거대한 지급의 추적을 밝혀내는 것은 어렵지만 - 다양한 합의, 피상적인 거래 층, 값비싼 계약 조항 뒤에 숨겨져 있음 - 킹 드럭은 중대한 포스트-Actavis 타격을 가했다. 장기간의 지연 거래의 경우, 제약 회사들은 궁지에 몰리게 되며, 브랜드 기업들은 독점권 수명 연장을 위해서, 제네릭 상대자들과 팀을 이루기를 원하지는 않는다. 대신, 브랜드 기업들은 이제 약한 잽을 계속 날리며 제네릭에 직접 맞서 싸우고 있으며, 소비자들은 자신도 모르게 부수적 피해를 입게 된다.

"적을 이길 자신이 없으면, 적의 편이 되라"는 말이 있다. 놀랄 것도 없이, 이 말은 "제네릭 진입을 지연시키기 위한 계약을 확보함으로써 적의 편이 될 수 없다면, 적을 쳐서 이겨라"라는 말에 더 가까워 보이기 때문에, 제약 업체에는 해당되지 않는다.

지연을 위한 지불 거래를 성사시킬 능력이 심각하게 떨어지면서, 브랜드 제약 업체들은 이제 더 이상 제네릭-친화적이 아닌 새로운 전략들로 돌아서고 있다. 대신, 이들은 제네릭이 시장에 진입하지 못하도록 적극적으로 방해한다. 방해의 시점은, 제네릭 개발의 여러 단계에서 일어날 수 있다: 제네릭 신청이 제출되기 전, 제네릭 신청 승인 과정 도중, 제네릭 의약품이 시장 판매 승인을 받은 뒤, 혹은 심지어는 제네릭이 시장에 진입하게 된 후.

제 4장과 5장에서 설명할 것이지만, 이러한 방해의 메커니즘은 다양하며 복잡하지만, 대부분 FDA 규제 과정이나 제네릭 대체제조 시스템에서의 전략적 행동이 포함된다. 한 메커니즘은 "제품 바꿔치기(product hopping)"라고 알려져 있으며, 여기에서 브랜드 제약 업체는, "구" 버전의 제네릭이 시장에 도달하기 전에, 약사, 의사, 소비자들을 "새" 버전의 의약품으로 옮겨가게 하는 시장 지배력의 이점을 취할 수 있다.[1] 두 번째 메커니즘은 잠재적으로 위험하거나, 실제 위험한 의약품의 안전한 사용을 보장하도록 하는 FDA 지침을 뒤엎는 것이다. 이러한 안전 프로토콜은 (1) 잠재적인 제네릭 제조업체들이 생물학적 동등성 실험에 필요한 의약품 샘플에 접근하지 못하게 하거나 (2) 위험 공유 전략에 있어서 협력을 방해하는 구조에서 사용된다. 이러한 많은 전략들은 대중들이 제약업체에 대해 우려를 높이게 만드는 과정의 이점을 취하

게 되며, 이는 "시민 탄원서"라고 알려져 있다. 이러한 탄원서에는 이미 이뤄진 주장들에 대한 확장적인 FDA의 검토를 요구할 수 있다 - 또한 제약 업체들은 심지어 완전히 근거가 없는 주장이라도, FDA가 검토하는 데 수 개월(혹은 그 이상)이 걸릴 것이라는 점을 잘 알고 있다.

본 장에서, 우리는 주로 제네릭 대체조제 시스템의 이점을 취하고, 제약 시장에서 제네릭 판매를 방해하는 기이한 상황의 이점을 취하는 "조기" 3.0 세대 전략들에 초점을 맞출 것이다. 제 4장에서는 지연 효과를 얻기 위해서, FDA 규제 조치들을 뒤엎는 전략들에 대해 자세히 설명할 것이다.

새 시대의 방해 전략은, 역 지불 합의가 만들어낼 수 있는 수년간의 지연과 대조적으로, 몇 개월에서부터, 단 2년의 지연이라는 결과를 낳을 수 있다. (물론 특히 제품 바꿔치기나 그 밖의 지연 전략이 나타날 때에는 예외나 경계 사례들이 나타날 수도 있다.) FDA에 진정서를 제출하거나, 제네릭에 의약품 샘플을 판매하는 것을 거부함으로써, 몇 달 이상의 지연을 얻는 전략은 성공적일 가능성이 낮으며, 이 중 많은 시도는 FDA에서 기각되었다. 그럼에도 불구하고, 방해 노력이 거부되거나 기각된 사례들도, 수억 달러의 가치가 있을 수 있다.

지연을 위한 지불 전략이 매우 높은 가치가 있을 수 있음을 보여주기 위해 설명했던 수치들을 기억해보자. 브랜드 의약품이 미국에서 연간 10억 달러의 매출을 올린다면, 3~4년 동안 제네릭의 진입 지연 합의는 브랜드 기업에는 수십억 달러의 가치가 있다 - 지연을 대가로 제네릭에 지불하는 비용을 고려할 때에도 마찬가지이다.[2] 브랜드 제조업체가 3년 간의 지연을 대가로 5억 달러를 제기할 수 있다면, 브랜드 제조업체는 여전히 거래로부터 25억 달러라는 추가 수익을 수월하게 차지하는 셈이다.[3] 이 정도의 가치라면, 비용과 위험이 낮은 경우에는 더 짧은 형태의 지연 조치도 가치가 있을 수 있다.

FDA에 제네릭의 승인 지연을 요청하는 시민 탄원서의 예를 고려해보자. 시민 탄원서의 신청 비용은 하찮은 수준이며, 수임료로 수만 달러면 되는 수준이고, 이는 실제 탄원서가 인정되지 못할 것이라 해도, 예상되는 혜택의 가치와 비교할 때 매우 낮은 비용이 된다.[4] 비록 최근의 대부분의 제정법에서는 제네릭 승인에 영향을 미칠 가능성이 있는 시민 탄원서들이 150일 이내에 고려되어야 한다고 명시하지만,[5] 약 5개월간의 이러한 지연은 제네릭이 출시 승인을 기다리게 되면서, 추가적인 독점 수익으로 수만 달러의 가치를 올릴 수 있다.[6] 수십억의 가치는 아니지만, 그렇게 될 것이다. 요약하면, 새로운 전략들은 보상이 더 낮다면 더 단기간에 영향을 미칠 수 있지만 최소한의 비용이라도, 잠재적 보상이 상당하다면, 시도해볼 가치가 있게 된다.[7]

게다가 이러한 전략 중 일부는 엄청 많은 지연을 위한 지불 합의에 도달할 수도 있다. 플로네이즈(Flonase) 독점금지 소송 건을 이끌었던 사건의 예를 살펴보자.[8] 플로네이즈는 알러지 치료를 위한 가장 인기 있는 스테로이드 비강 스프레이로서, 정점에서 연간 매출이 13억 달러에 달하였다.[9] FDA에 대한 복잡한 일련의 시민 탄원서들을 통해, GlaxoSmithKline은 23개월 동안 제네릭 진입을 늦출 수 있었다.[10] 따라서 시민 탄원서를 통해 얻은 지연 조치는 약 25억 달러의 가치였으며, 제네릭 진입이 이뤄질 때까지 연간 최고 13억 달러의 매출을 유지하였다고 여겨진다. 이후 Glaxo에 대해 제기된 두 집단 소송에서, 이 회사는 총 1억8천5백만 달러에 합의를 보았다.[11] 따라서 합의를 하는 것조차, 지연은 Glaxo에 23억 달러까지의 가치를 전해줄 수 있다 - 꽤 많은 액수이다.

탄원서를 제출하거나, 방해 전략을 사용하는 가치는, 실제 탄원서가 인정되어, 제네릭이 신청 내용을 재정비하고, 시장에서 제품을 철수시킬 가능성을 고려할 때 훨씬 더 높아진다. 예를 들어, Michael Carrier와 Daryl Wander는 FDA가 2008년과 2010년 사이, 제네릭 의약품에 대해 브랜드 기업이 제기한 시민 탄원서의 약 20%를 인정해주었음을 관찰하였다 - 작지만 상당한 수이다.[12]

본 장에서는, 가장 잘 알려진 제품 바꿔치기와 에버그리닝(evergreening) 전략으로 시작하여, 브랜드 제약 업체를 위한 도구가 되어주는, 가장 초기의 시장-기반 3.0 세대 지연 전략의 일부에 대한 토론을 계속해서 이어간다.

02

제품 바꿔치기와 보라색 알약

논평가들은 "에버그리닝"이라고 알려진 현상에 대해 집필하였으며, 여기에서 기업은 의약품의 전달 메커니즘, 용량 및 그 밖에 추가 독점권이나 특허에 적격한 의약품으로 만들어주는 특성을 약간 변경함으로써, 시장 독점권을 갱신하려 한다.[13] 가장 극적인 형태의 방해 전략에서는, "제품 바꿔치기"라 불리는 전략의 일부로서, 특허를 새롭게 하거나 "변함없게 만드는" 특허를 사용한다. 제품 바꿔치기를 통해, 제약 업체들은 브랜드 의약품에 대한 전체 시장을 새롭거나 개선된 버전의 의약품의 시장으로 완전히 바꾸려 한다.

다음 단계에서는 제품을 바꿔치기를 한다. 먼저, 브랜드 제약 업체는 기존 의약품에 약간의 변화를 주며 - 특허나 규제 독점권이 만료되는 것처럼 - 새로운 제형을 완전히 새로운 의약품으로 소개한다. 이러한 새로운 형태는 일반적으로, 작은 변화에 해당되는 새로운 특허나 독점권으로 보호를 받으며, 이러한 새로운 권리는 제네릭 경쟁사가 새 시장으로 빠르게 뛰어들지 못하게 한다. 이 전략은 시장이 구 의약품으로부터 신 의약품으로 바꾸도록 강요한다 - 특허 절벽에 근접하게 되면서.

브랜드 제약 회사는 여러 가지 방법으로 새 시장을 야기한다. 분명, 이 기업은 보통 중요한 홍보나 광고 캠페인을 사용하여, "신약"의 혜택을 알리고, 의사들이 신약 처방을 하도록 부추긴다. 이러한 전략은 제품 바꿔치기 특성에 따라, 여러 가지 방법으로 제네릭 대체 의약품에 방해를 준다. 제품 바꿔치기에 완전히 새로운 의약품으로의 변화가 포함된다면 - 예를 들어, 속쓰림 완화와 그 밖의 위산 관련 질환을 위한 시장에서 프릴로섹(Prilosec)에서 넥시움(Nexium)으로의 변화 - 신약과 동일한 제네릭이 없다면, 의사에게 신약을 처방하게 확신을 주는 것만으로, 단순히 제네릭 대체 의약품을 방해하게 된다.

대안적으로, 제품 바꿔치기에 의약품의 새로운 형태로의 전환이 포함되는 사례에서 - 아래에서 설명될 것이지만, 서복손정(Suboxone)에서 서복손 필름제로의 변화와 같은 - 제약 업체들은 종종 의사들에게 약사에게 "DAW(대체조제 불가 처방)"를 요구하는 처방전을 작성하도록 요청한다. 이는 의사가 구체적으로 새로운 형태(제네릭 대체조제가 불가한 형태)를 요구하였기 때문에, 약사들이 의약품의 예전 형태의 제네릭 버전을 제공하지 못하게 한다.

어떤 기업들은 탐나는 "DAW(대체조제 불가 처방)" 문구를 처방전에 얻어내기 위해 극단적인 일까지 벌인다. Genentech는 이식 후 장기 거부반응을 막는 의약품인, 셀셉트(CellCept)에 대해서 "당신의 상표 선택을 보호합니다"라는 이름의 웹사이트를 관리한다. 이 웹 사이트는 의료 전문가들이 처방전에 "DAW"를 작성하여, 브랜드 의약품인 셀셉트가 투약될 수 있도록 매우 장려한다.[14] 이 사이트에는 모든 50개 주, 컬럼비아 특별구, 푸에르토리코, 심지어 괌 등의 고유한 PDF가 포함되며, 각 관할 구역의 "DAW" 지침에 관한 구체적 정보가 명시되어 있다.

처방전 변경 혹은 보존을 시도하면서, 브랜드 기업은 또한 지불과 상환에서, 제품 바꿔치기를 촉진시키기 위해, 다양한 참여자들에게 금전적 보상을 제공한다. - 보험업자, 관리의료 기구, 제약 혜택 관리업체.[15] 신약은 종종 보험업체들에게 상당한 리베이트 및 할인이 제공되어, 이들이 단기간 동안 구 버전의 형태보다 신약 형태를 사용하는 것을 더 선호하도록 만든다.[16] 보험업체는 환자들에게 보장이 되는 의약품 목록에서, 신약을 선호되는 위치로 놓을 수 있다 - 이는 환자가 구 버전 형태보다 신약에 공동 지불하는 금액이 더 낮을 것이라는 가능성을 의미한다. 따라서 의사들이 신약을 처방하도록 하는 압력은 모든 방향에서 나타날 수 있다: 제품 바꿔치기의 혜택을 전해주는 제약업체 대표자들, 부담을 최소화하길 원하는 환자들, 신약을 선호하는 데 단기적인 재정적 보상을 받는 보험업체들, 구 버전 형태가 처방될 때조차, 신약 처방으로 바꾸도록, 의사들에게 요구하는 약사들로부터. 도입부에서 설명한 바와 같이, 환자들은 또한 부담액 할인이나, 제약업체가 직접 제공하는 리베이트의 유혹을 받으며, 이는 상표-단계의 나머지 비용을 보험 업체에 강요하게 되며, 환자의 가격을 낮추어준다. 예를 들어, 2016년 중반 부로, Genentech는 의사들이 브랜드 의약품만을 처방하게 강요하는 동일한 웹사이트에서, 소비자들에게 공동 부담 카드를 제공하였다.[17]

제품 바꿔치기를 마치기 위해서, 브랜드 기업들은 종종 의약품의 이전 버전을 중단하고, 유통 경로를 폐쇄하며, 때로 심지어 모든 나머지 의약품 재고를 역 구매하기도 한다.[18] 어떤 경우, 기존의 의약품은 결국, 보험 등재 목록이나, 전국 의약품 데이터 파일로도 알려졌던, First Databank MedKnowledge와 같이, 동일한 제네릭 결정에 사용되는 국가 데이터베이스에서 제거되거나 배제된다.[19]

기존의 브랜드 의약품이 보험 등재 목록에서 배제된다면, 동가의 제네릭의 사용은 일반적으로 완전히 중단된다. 더 이상 시장에서는 제네릭의 브랜드 의약품을 구매할 수 없기 때문에, 대체 조제는 일어날 수 없다. 의사가 새 브랜드 의약품 대신, 제네릭을 구체적으로 처방해야 한다고 해도, 대부분의 보험 기업들은 시장에서 구매할 수 있는 유일한 의약품이기 때문에, 제네릭 의약품이 비용 공동 부담 및 상환 목적의, "브랜드" 의약품이라고 여길 것이다. 이는 더 많은 비용을 소비자에게 돌릴 것이며, 이러한 의약품의 사용을 단념시킬 것이다. 요약하면, 그 결과 본래의 브랜드 의약품에서 경쟁을 만들 것이라고 추정된 제네릭은, 더 이상 시장에서 발판을 얻지 못할 수 있다.

아마도 가장 유명한 제품 바꿔치기는 AstraZeneca가 기존의 의약품 프릴로섹에서 넥시움으로 시장을 전환시킨 일일 것이며, 이 기업은 프릴로섹을 처방 의약품에서, 오버 더 카운터(처방 없이 살 수 있는) 의약품으로 전환시켰으며, 이후 처방 시장에는, 새로 특허를 받은 넥시움을 들여놓았다.

아마도 프릴로섹을 궤양과 속쓰림 치료에 사용되는 양성자 펌프 억제제로 알고 있을 수도 있다. 여기에는 활성 성분으로서 오메프라졸이 포함된다 - 생물학을 간략하게 다뤄보면, 프릴로섹 알약은 엄밀히 말하면 활성 분자의 좌형 및 우형 형태를 모두 포함하기 때문에 "라세미 혼합물"이라고 묘사될 수 있다.[20] 이러한 우형 및 좌형 형태(혹은 "거울상 이성질체")는 정확하게 동일한 분자 구조를 갖고 있지만, 3차원 배열에 있어서, 좌형 및 우형과 유사하게 거울상을 보이게 된다.

프릴로섹이 2001년의 특허 절벽이 다가오면서, AstraZeneca는 다음의 변화를 주어 넥시움을 만들었다: 단순히 거울상 이성질체 중 하나를 분리시켰다 - 좌형 분자.[21] 일부 사례에서는, 분자의 하나의 거울상 이성질체만을 포함하는 "이성질체" 의약품은 라세미 혼합물과는 효과가 상당히 다를 수도 있다.[22]

그러나 넥시움의 사례에서, 의사와 의료 종사자들 조차, 넥시움이 이전 의약품과 근소한 차이가 있다고 주장하였다. 한 의료 제공업체 Kaiser Permanente의 경영진은 지난 2004년, 뉴욕타임즈와의 인터뷰에서 노골적으로 말했다: "넥시움은 프릴로섹보다 더 효과가 없다. 넥시움 처방을 했던 사람이 있기는 한 것인지 놀랍다."[23] Kaiser 소속의 또 다른 의사도 월스트릿 저널에 다음과 같이 말했다: "넥시움은 분명 어떠한 부가 가치도 없는 의약품이다."[24]

따라서 분리된 형태가 프릴로섹보다 더 효능이 있는 것인지 여부에 상당한 의구심이 들었다. 넥시움이 속쓰림 치료에 더 낫다는 증거는 거의 혹은 전혀 없으며, 따라서 연구에서는, 넥시움이, 산 역류가 야기할 수 있는 식도 손상을 더 잘 치료해줄 수 있는지에 초점을 맞추었다. AstraZeneca에서 의뢰한 네 개의 연구 중 두 개 연구에서는 40mg 용량의 넥시움이 20mg 용량의 프릴로섹보다 더 나은 효과가 있었음을 보여주었다. 다시 말해, 연구에서는 신약의 두 배 용량과 기존 의약품의 표준 용량을 비교하였다. 동일 용량으로 직접 진행된 유일한 연구에서 - 각 의약품의 20mg 용량을 비교 - 넥시움은 90%의 치유력을 보인 반면, 프릴로섹은 약간 낮은 87%를 보였다.[25]

이에 관계없이, 이 전략은 새 특허를 얻고 시장에 변화를 가져오기 충분했다. 넥시움은 2001년 2월 FDA 규제 승인을 받았으며, 3월에 판매를 시작하였다. 그러나 시기가 너무 촉박했다. 프릴로섹의 특허는 그 해 4월에 만료될 것이었으며, 2달 이라는 적은 기간으로는, 넥시움으로 시장을 바꿔놓기에 충분하지 않았다. 이 문제를 해결하기 위해서, AstraZeneca는 소아과 독점권을 추가적으로 6개월 더 확보하였으며, 이후 이 의약품에 대해서 광범위하게 활용 가능한 코팅(coating)에 대한 특허를 추가로 얻었다.[26]

제네릭의 진입 창구는 이제 시장에서 내몰렸으며, AstraZeneca는 의사와 소비자를 모두 겨냥한 대중 캠페인을 포함하여, 시장 전환을 꾀할 수 있었다. AstraZeneca는 프릴로섹의 후임으로서 넥시움을 묘사한 캠페인을 세심하게 만들어, 프릴로섹이 일단 갖고 있던 "보라색 알약"이라는 이름을 이에 부여하였다. 프릴로섹 제조업체는 이러한 새로운 보라색 알약을 2001년 초반에 시작된 상업 광고에서 발표하였으며, 이 광고에는 유명인 "제인 린치(Jane Lynch)가 나왔다.[27] 이 광고에는 소비자들에게 이 의약품에 대해 문의가 있으면 의사에게 연락을 하도록 하는 고전적인 지시 사항과 함께, 무료 시험을 원하면 전화를 달라는 내용도 포함되었다.

그리고 나서, 프릴로섹은 결국 오버 더 카운터 의약품으로 바뀌었다. 코메디언 "케이블 가이 래리(Larry the Cable Guy)"가, 프릴로섹이 처방전 없이 사용 가능하다는 소식을 자랑스럽게 알리는 상업 광고를 기억할 것이다.[28] 이러한 변화에 대응하여, 넥시움 광고는 오버 더 카운터 의약품인 프릴로섹의 사용과 나란한 "잦은 속쓰림"에 대해서, 처방이 필요한 수준의 의약품으로서 이 의약품을 분류해야 하는 압력을 강화시켰다. 2006년 광고에서, 한 배우는 "속쓰림 완화 그 이상의 효과"를 원했기 때문에, 자신의 의사가 "보라색 치료 알약인 넥시움"을 어떻게 "처방"하였는지를 묘사하였다.[29] 또한 물론, 처방전이 너무 비용이 높을 때 도움을 받는 방법도 있었다: "이러한 처방약 구매를 할 여유가 없다면, AstraZeneca가 도움을 줄 수 있다"[30] 2004년에 이미, 의사들은 오버 더 카운터 의약품인 프릴로섹의 월별 공급에 드는 $45에 비하여, 월별 넥시움 처방 비용이 $200에 달한다고 언급하였다.[31] 제네릭 경쟁으로부터 넥시움을 보호하기 위한 새 특허와, 주요한 처방 형태로서의 넥시움을 통해, 의사들은 보호를 잘 받는 새로운 처방약 의약품에 대한 처방 작성으로 방향을 돌렸다. (보험 플랜에서는 일반적으로 오버 더 카운터 의약품에 대해 환자에게 상환을 하지 않는다.) 완벽하며, 고무적인 제품 바꿔치기였다. AstraZeneca의 제품 바꿔치기는 매우 성공적이었으며, 계속해서 성공을 이어가고 있다.

2001년의 기존의 특허 만료일 이전에, 프릴로섹은 연간 매출이 60억 달러인 전국 1위 판매 약이었다.[32] 2013년, 에버그린(evergreen) 전략을 통한 넥시움 출시 후 12년 후, 넥시움은 매출에서 60억에 조금 못 미치는 2위 판매 약이 되었다. 이 금액에서 25억 달러라는 엄청난 금액은, 메디케이 파트 D 하에서, 정부와 수혜자들로부터 지급된 것임을 잊지 말아야 한다.[33]

많은 특허를 통해 2017년 초반 이래, 넥시움 캡슐은 보호를 받게 된다. 한 특허는 2019년 11월에 만료가 되며, 소아과의 독점권 때문에 특허 절벽은 2020년 5월까지 늦추도록 강요를 받고 있다.[34] 넥시움이 추가 독점권을 얻지 못했더라면, 소비자들과 보험 업체들이 누릴 수도 있었던 절약 액의 가치를 매기는 것은 어렵지만, 아마도 수백억 달러에 달할 것이다.

03

제품 바꿔치기의 새로운 사례

그 밖의 또 다른 사례들은 훨씬 더 걱정스러운 사실 패턴을 보인다. 만성 궤양성 대장염 치료에 사용되는 의약품인 아사콜(Asacol)을 고려해보자. 2013년 아사콜 특허의 만료일이 다가오고, 적어도 두 개의 제네릭 업체가 진입 계획을 세우면서, 브랜드 제조업체인 Warner Chilcott는 독점 프랜차이즈 연장을 위해 많은 이례적인 조치를 취하였다.[35]

먼저, 이 기업은 아사콜정의 고용량, 지속정 버전을 개발하였다.[36] 새로운 버전의 아사콜은 두 개의 새 특허를 받았으며, 모두 2021년에 만료된다.[37] 이후 마케팅과 홍보 캠페인을 통해 아사콜 특허의 2013년 만료 전에 제품 바꿔치기를 시도하였다.

그러나 신형 아사콜은 적당한 활동성의 궤양성 대장염에서만 승인을 받았다.[38] 구형의 아사콜은 질병의 중등도 및 경미한 형태 모두에서 승인을 받았다.[39] 따라서 신형 의약품으로 모든 특허를 변경시키려는 지속적 노력에도 불구하고, 이러한 조치가 불법적인 오프라벨(허가 외 처방) 마케팅을 나타낸 것이라는 여러 혐의를 낳게 되면서(이 의약품은 사실 모든 환자들에게 승인을 받지 않았기 때문이다), 신형 아사콜은 상당한 시장 점유율을 얻지 못하였다.[40]

이 회사는 단념하지 않았다. 아사콜의 특허 만료가 다가오면서, 브랜드 기업은 아사콜과 생물학적 등가성을 보이는 400mg의 델지콜(Delzicol) 정을 개발 및 소개하였다.[41] 사실 인터넷 논평자들이 재빨리 알아낸 바와 같이, 델지콜은 단지 셀룰로오스 캡슐로 둘러싸인 아사콜이었다.[42] 캡슐을 잘라 열어보면 기존의 아사콜정이 떨어진다.[43]

델지콜은 신물질 신약(new molecular entity)으로 여겨지지 않았기 때문에, FDA로부터 독점권을 얻지 못했다.[44] 캡슐이 어떠한 추가적인 치료 효과도 제공하지 않는다는 사실에도 불구하고[45] 이 캡슐은 이 기업이 특허를 얻을 수 있게 해주었다. 이러한 점을 뒷받침하는 것은, 델지콜이 아사콜과 생물학적 등가성을 보이는 것으로 FDA로부터 승인을 받았으며, 따라서 어쨌든 "의학적으로 우수할" 수가 없었다는 사실이다.

이렇게 충격적이며 노골적인 제품 바꿔치기에 대해 잠시 생각해보자. 델지콜은 소문에 의하면 효과가 없는 추가 캡슐로 둘러싼 아사콜정으로 구성된다. 아사콜의 활성 성분은 위장관으로 배출되어, 궤양성 대장염에 치료 효과를 보이며 따라서 아사콜정은 알약이 매우 높은 산성의 위산에서 분해되지 않게 하는 장용성 세피로 둘러 쌓여 있다. 다시 말해, 기존의 알약에 이미 필요한 보호 코팅이 되어 있었으며, 따라서 이러한 새로운 보호 코팅이 필요하지 않았다는 것이다. 고소인들은 델지콜의 셀룰로오스 캡슐이 위산에서 빠르게 용해된다고 주장하였다 - 따라서 의약품 전달에는 전혀 효과가 없다.[46]

Warner Chilcott는 안전 문제를 제기할 수도 있다고 여겨진 비활성의 코팅 성분에 약간의 변화가 이뤄졌기 때문에, 이러한 변화가 필요했다고 주장하였다.[47] 그러나 고소인에 따르면, 이 성분은 그 밖의 국가에서 판매된 아사콜 정의 일부에도 남아있었다.[48] 실제 추론은, 특허를 추가할 수 있지만, 실제로 역할은 불가능한 셀룰로오스 캡슐을 추가하여, 기업의 경쟁적 우위의 이점을 유지하고자 한 것이기 때문에, 따라서 이러한 변경은 단지 안전 문제를 표하기 위한 속임수였을 수도 있다.

마지막으로, Warner Chilcott는 힘겨운 전환을 이어갔다 - 시장에서 기존의 아사콜을 완전히 없애고, 모든 환자들은 아사콜의 다른 용량 형태 혹은 델지콜로 보낸 것이다. 솔직했던 한 전화 회담에서, 이 기업의 CEO는 이 전략에 대해서 어떠한 의심도 남기지 않았다: "힘겨운 전환이었다. 우리는 바로 아사콜 400의 배송을 중단할 것이며, 모두 델지콜로 대체될 것이다. 나는 이러한 변화에 모두 적응할 것이라고 생각한다."[49] 고소에는 또한 역 지불 합의와 시민 탄원서가 포함되었으며, 제네릭 지연에서 "다양한 전략"이 어떻게 포함되는지의 예도 제공한다.[50]

아마도 최근 제품 바꿔치기를 한 가장 두드러지는 사례는, 결국 몰락을 시작할 수도 있는 소건이다. 중요한 알츠하이머병 치료제인, 나멘다(Namenda)를 포함하는 제품 바꿔치기에 대한 소송은 2015년 봄, 제 2

순회 항소 법원에 도달하였다.[51] 5월의 이러한 판결에서, 3명의 재판부는 제약업체 Actavis의 항소를 인정하지 않았으며, 이러한 판결은 신제품 나멘다 XR과 나란히, 기존의 나멘다 버전을 계속해서 판매하도록 기업을 강요한 효과를 냈다.[52]

기존 형태의 나멘다는 중등도~중도의 알츠하이머병을 위한, 하루에 두 번 복용하는 치료제이다. 2013년 7월, 의심스럽게도, 그 이후 만 3년이 지나고, FDA의 승인을 받았다 - Actavis는 나멘다 XR을, 하루 한 번 복용할 수 있는 고용량 치료제로 소개하였다.[53] 2014년 8월, 기존의 나멘다의 특허가 만료되기 약 1년 전, Actavis는 기존 형태의 의약품을 시장에서 완전히 없애려 하였다. 1개월 후, 뉴욕 변호사 일반 사무소에서는 독점금지 위반을 주장하는 고소를 제기하였으며, 계속해서 기존의 제형을 판매하도록 Actavis에게 강요를 하는 예비적 금지 명령을 요구하였다. 요청이 된 금지 명령은 2014년 12월에 얻어냈으며, 판결은 결국 제 2 순회법원에서 인정되었다.[54]

나멘다는 중요한 사례이지만, 이는 제품 바꿔치기가 잠재적으로 반-경쟁적으로 밝혀진 최초의 소건 중 하나였기 때문은 아니다. 더 중요한 점은, 나멘다의 제품 바꿔치기가 그 기업이 완전히 지배를 하였던 시장에서 일어났다는 점이다: 나멘다는 알츠하이머병에 가능한 등급의 유일한 치료제이며, 중등도~중도 알츠하이머에서 승인을 받은 유일한 치료제이다.[55] 따라서 그 밖의 의약품들이 부정확하지만 대체품으로 사용될 수 있었던 그 밖의 제품 바꿔치기 사례들과 달리, 나멘다 XR로의 전환은 완전히 이 치료제에 의존하는 알츠하이머 환자들의 유일한 선

택이었다.[56]

게다가 이 기업은 하루 한 번 복용하는 자비로운 혁신을 제공하는 것처럼 보였지만, 다른 등급의 그 밖의 모든 알츠하이머 치료제들도, 나멘다 XR이 도입되기 전부터 이미 하루 한 번 복용하는 치료제로 바뀌었다.[57] 이러한 조치는 Actavis가 제네릭의 진입을 방해하기 위해서, 이러한 혁신의 통합을 기다리고 있던 것은 아닌지 의문을 제기하게 되었다. 특히, Actavis는 기존의 나멘다의 특허가 만료되기 채 1년이 안 된 시기에, FDA의 승인을 받은 후 3년 동안 하루 한 번의 복용 형태를 도입하는 데 실패하였다.[58] 모든 증거는 소비자의 비용 절약을 대가로, 의도적이며, 장기적인 계획의 제품 바꿔치기를 가리키고 있는 것으로 보인다.

제품 바꿔치기에 대한 우리의 토론은 특히 한 가지 주요한 질문을 제기한다 - 불쾌할 수도 있지만, 이는 정말 실제로 독점금지 문제를 제기하는 것일까? 나멘다 건에서, Actavis는 한 가지 변호를 하였다: 보험업체들, 특히 관리의료 조직들은 제품 바꿔치기가 이뤄져 비용을 낮춘 후에도, 제네릭에 대체제조를 유도한 데 대한 보상을 받는다. 따라서 제품 바꿔치기는 강압적이지 않으며, 독점금지 조사를 받을 가치가 없다. 다시 말해서, 제네릭은 제 3의 지불인들이 기존 제네릭을 홍보하고, 조직의 의사들이 해당 의약품을 처방할 수 있게 옹호할 수 있도록 확신을 줄 수 있어야 한다.[59]

그러나 이러한 주장은 이러한 상황에서 브랜드 기업의 시장 지배력을 무시하는 것이다. 나멘다 관련 법원에서 언급하였듯이, 제약 산업의 규제 구조를 고려하여, 제네릭들은 이들의 의약품을, 브랜드 제조업체로서 마케팅할 수 있는 동일한 지배력을 갖추고 있지는 않다.[60] 더 중요한 점은, 의료인들이 이를 알고 인지함으로써, 브랜드 의약품이 특허의 보호를 받는 기간을 누리게 된다는 것이다. 이론 상으로, 이러한 지배력은, 특허가 끝나면 끝나야 하지만, 상표 인지 효과는 계속된다. 지방 법원은 나멘다 소건에서, "의약품 대체제조 법을 통한 경쟁이 제네릭 제조업체들에게 경쟁을 하게 하는 유일한 비용 효과적인 수단"이라고 밝혔다.[61] 브랜드 제조업체들은, 본질적으로 제네릭 유통의 유일한 비용-효과적 형태를 방해하는 제품 바꿔치기를 시도하면서, 이를 인지하고 있다. 단순하게, 제네릭 의약품의 낮은 비용 구조는, 부분적으로는, 제네릭이 의약품의 대체제조를 홍보할 필요가 있다는 사실 때문에 자극을 받는다. 제네릭 의약품 대체제조 법은 이를 매끄럽게 달성하게 해준다. 이러한 유통 경로 없이는, 제네릭이 전혀 경쟁을 할 필요가 없어진다 - 따라서 제품 바꿔치기는 모든 경쟁을 완전하게 배제시킬 수 있다.

환자의 관점으로 볼 때, 제품 바꿔치기가 소비자의 선택을 제한한다고 주장할 수도 있다. 제네릭은 시장 진입이 금지되지는 않으며, 소비자들은 제네릭을 구매하지 못하도록 금지되지 않는다. 그러나 이러한 단순한 설명은, 확장적으로 논의하였던 바와 같이, 표준적인 그 밖의 시장과는 매우 다르게 운영되는, 제약 산업의 고유한 특성을 무시하는 것이다. "소비자 선택"이라는 주장은 Actavis가 메만틴(치매 치료제) 치료의 진입 시장을 통제한, 나멘다 소건에서는 특히 비논리적이다.

Actavis가 시장에서 제품을 철수하려 했을 때, 구 버전의 나멘다에는 어떠한 대체제조 치료법도 사용할 수 없었다. Actavis는 소비자 선택이라는 개념에 너무 몰입하여, 제네릭을 사용할 수도 있기 전에 시장에서 기존의 나멘다를 완전히 없애기 위해 구 버전의 나멘다로부터 얻을 수 있는 상당한 단기적 수익을 포기하였으며, 환자들을 새로운 나멘다 XR 의약품으로 전환하게 만들었다. 기업이 소비자 선택권을 주장하려 한다면, 이는 의심스럽게도 이상한 접근법이 된다. 사실 이들이 단기적 수익을 포기하려는 의도는, 순회 법원의 배심원단이 독점금지 조사의 필요성에 대한 증거로 제시한 것이었으며, 이러한 급격한 전환은 "경쟁을 없애려는 이유에서만 이해가 된다."[62]

나멘다 소건의 배심원단은 판결에 있어서 한 문단만으로, 친-경쟁적 정당성을 기각하였으며, 제품 바꿔치기에 숨은 동기가 얼마나 노골적으로 분명한지를 강조하는 다음의 문장으로 끝을 맺었다: "주로 [Actavis의] 문서들을 기초로, [고소인]은 [Actavis의] 친경쟁적 정당성을 반박하였다."[63]

04

제품 바꿔치기와와 스카우트의 명예

놀랄 것도 없이, 제품 바꿔치기와 같은 적대자적 전략의 개발은, 브랜드 기업들이 2.0 세대 전략들을 꺼내었다가 다시 집어 넣게 되는 기회를 창출하였다. 특히 제품 바꿔치기는 새로운 "보이 스카우트" 조항들을 낳게 되었으며, 여기에서 브랜드 제약사는 처음 전략을 개발한 후 적대적 행동을 삼가는 데 동의하게 된다.[64]

2.0과 3.0 세대를 결합한 이러한 조항은 제네릭 진입 전에 제품 바꿔치기를 하지 않을 것이며, 제품 바꿔치기가 일어난다면, 제네릭에 후한 지급을 하겠다는 합의이다. 예를 들어, 오파나(Opana) 소건에서, 집단 소송 고소인들은 브랜드 기업인 Endo가, 제네릭 출시일 전 분기에, 일정 수준 아래로 브랜드 의약품 매출이 떨어지지 않는 경우에만, 잠재적인 최초 신청 제네릭 업체에 1억2백만 달러 이상에 달하는 금액을

지불하는 데 합의했다고 주장한다.[65] 그 대가로, 제네릭은 2년 이상 동안 시장 진입을 지연시켰다.[66] 그러나 브랜드 의약품으로부터, 제품 바꿔치기가 나온다면, 이러한 상당한 매출 감소가 일어날 것이다; 따라서 합의는 본질적으로, Endo가 제품 바꿔치기를 결정한 경우, 제네릭에 지불을 하겠다는 약속과도 같은 기능을 하였다.[67]

표면 상으로, 이러한 합의는 제네릭이 진입하기 전에, 브랜드 기업이 제품 바꿔치기를 하지 못하게 함으로써 경쟁을 촉진시키는 것으로 보인다. 그러나 오파나 합의의 배경은, 사실 Endo의 제품 바꿔치기를 부추기도록 설계되었다. 고소인들은 두 기업이, 브랜드 기업이 제품 바꿔치기를 할 것이라는 합의에 들어가기 전, 이를 알고 있었다고 주장하였다 - 사실, Endo는 합의를 한 지 한 달 만에, 브랜드 의약품의 새 버전을 위해서, FDA 승인 과정을 시작하였다.[68] 따라서 제품 바꿔치기가 곧 일어날 것임을 안 뒤, 1억 2백만 달러의 지급은, Endo가 제품 바꿔치기를 완수할 수 있는 기회를 얻을 때까지, 제네릭이 진입을 지연시키는 대가로, 단순한 역 지불로서의 역할을 효과적으로 하였다.[69] 제네릭이 출시될 때까지, 제품 시장의 90%는 이미 새 버전의 의약품으로 전환되었다.[70]

요약하면, Endo의 보이 스카우트 조항은 제품 바꿔치기가 본질적으로 시장 진입 지연에 대한 역 지불로서의 역할을 한, 사이드 거래를 촉발시킨 전략의 일부일 뿐이었다. 다르게 말하면, Endo가 스카우트의 명예를 너그럽게 호소한 것은, 사실 1.0 세대의 단순한 역 지불을 가장하여, 새로운 3.0 세대 전략과 2.0 세대의 거래를 결합하여 사용하는 데 대한 변명일 뿐이었다. 무기는 다를 수 있지만 - 동시에 사용될 수도 있다 - 이 게임은 여전히 동일하다.

참고문헌

1 *See* Herbert Hovenkamp et al., IP AND ANTITRUST: AN ANALYSIS OF ANTITRUST PRINCIPLES APPLIED TO INTELLECTUAL PROPERTY LAW § 12.5(1st ed. 2002) (discussing and naming the phenomenon "product hopping").

2 Of the 100 top-selling drugs in the United States in 2013, the median drug had sales exceeding $1 billion. *U.S. Pharmaceutical Sales-2013*, DRUGS.COM, www.drugs.com/stats/top100/2013/sales(last updated Feb. 2014) (reporting sales data for Lovaza and Gilenya, the 50th and 51st best-selling drugs, respectively).

3 This does assume that branded sales drop to immediately after generic introduction.

4 *See* Darren S. Tucker, *FDA Citizen Petition: A New Means of Delaying Generic Entry?* 20 ANTITRUST HEALTH CARE CHRON. 10, 11(2006) (citing Comment of the Staff of the Bureau of Competition & the Office of Policy Planning of the Fed. Trade Comm'n before the Food & Drug Admin. In the Matter of Citizen Petitions; Actions That Can Be Requested by Petition; Denials, Withdrawals, and Referrals for Other Administrative Action, FDA Docket No. 99N-2497, at *4, 6–7(Mar. 2, 2000), www.ftc.gov/sites/default/files/documents/advocacy_documents/ftc-staff-comment-food-and-drugadministration-concerning-citizen-petitions/v000005.pdf.

5 21 U.S.C. §355(q)(1)(F); Food and Drug Administration Safety and Innovation Act, Pub. L. 112–44, 126 Stat. 993(2012); *see also* U.S. Food & Drug Admin., GUIDANCE FOR INDUSTRY: CITIZEN PETITIONS AND PETITIONS FOR STAY OF ACTION SUBJECT TO SECTION 505(Q) OF THE FEDERAL FOOD, DRUG AND COSMETIC ACT 3(Nov. 2014), www.fda.gov/downloads/drugs/guidancecomplianceregulatoryinformation/guid ances/ucm079353.pdf(discussing Section 505(q)(1)(F)).

6 This calculation assumes the same $1 billion in annual sales for a top 100 drug used previously in the chapter.

7 Granted, the cost of these strategies could climb much higher as companies begin to face antitrust litigation for their actions and must expend millions on legal fees after the fact. Until these cases are regularly ending in settlements worth billions to the plaintiffs, however, these "games" are still valuable for brand-name drug companies.

8 *In re Flonase Antitrust Litig.*, 951 F. Supp. 2d 739(E.D. Pa. 2013) (approving direct purchaser settlement); *In re Flonase Antitrust Litig.*, 291 F.R.D. 93(E.D. Pa. 2013) (approving indirect purchaser settlement).

9 Tracy Staton, *GSK Reaches $150M Deal in Flonase Antitrust Case*, FIERCEPHARMA(Dec. 20, 2012), www.fiercepharma.com/story/gsk-reaches-150m-deal-flonase-antitrust-case/2012-12-20.

10 *See* Seth C. Silber, Jonathan Lutinski, & Rachel Taylon , *Abuse of the FDA Citizen Petition Process: Ripe for Antitrust Challenge?* ANTITRUST HEALTH CARE CHRON., Jan. 2012, at 26, 33–35, www.wsgr.com/PDFSearch/silber0112.pdf(describing the delay mechanisms used by GSK).

11 Carolina Bolado, *Judge Approves $150M Flonase Antitrust Accord*, LAW360(June 14, 2013 , 6:57 PM), www.law360.com/articles/450443/judge-approves-150m-flonase-antitrust-accord; Jonathan Randles, *Judge Gives Final OK to $35M GSK Flonase Settlement*, LAW360(June 19, 2013, 5:00 PM), www.law360.com/articles/451604/ udge-gives-final-ok-to-35m-gsk-flonase-settlement.

12 Michael A. Carrier & Daryl Wander, *Citizen Petitions: An Empirical Study*, 34 CARDOZO L. REV. 249, 276(2012), http://cardozolawreview.com/content/34-1/Carrier.34.1.pdf.

13 *See generally* ROBIN FELDMAN, RETHINKING PATENT LAW 170–77(2012); Michael A. Carrier, A

Real-World Analysis of Pharmaceutical Settlements: The Missing Dimension of Product Hopping, 62 FLA. L. REV. 1009(2010); Jessie Cheng, Note, *An Antitrust Analysis of Product Hopping in the Pharmaceutical Industry,* 108 COLUM. L. REV. 1471 2008); Vikram Iyengar, *Should Pharmaceutical Product Hopping Be Subject to Antitrust Scrutiny?* 97 J. PAT. & TRADEMARK OFF. SOC'Y 663(2015); Steve D. Shadowen, Keith B. Leffler, & Joseph T. Lukens, *Anticompetitive Product Changes in the Pharmaceutical Industry,* 41 RUTGERS L.J. 1(2009).

14 *Preserve Your Branded Choice,* CELLCEPT, www.cellcept.com/hcp/prescribing-branded-cellcept.

15 For some additional discussion of this issue, *see* Shadowen, Leffl er & Lukens, *Anticompetitive Product Changes, supra* note 13, at 17–21.

16 Note that these rebates are really only valuable to the insurer when you compare the price of the brand's "old drug" to the rebated/discounted price of the new drug. The cheapest option for the insurer would be to pay for a generic version of the old drug at a price cheaper than even a discounted version of a patent-protected new formulation. Further, rebates and discounts are likely to disappear or diminish once the product hop is suffi ciently completed.

17 *CellCept CoPay Card,* CELLCEPT, www.cellcept.com/hcp/patient-financial-resources/cellceptcopay-card.

18 *See* FELDMAN, RETHINKING PATENT LAW, *supra* note 13, at 175. In at least one instance, a pharmaceutical company "managed to persuade the FDA to withdraw its license" for an original branded drug right as generic competition was about to be permitted. Lars Noah, *Product Hopping 2.0: Getting the FDA to Yank Your Original License Beats Stacking Patents,* 19 MARQ. INTELL. PROP. L. REV. 161, 165(2015).

19 *See Teva Pharm. USA, Inc. v. Abbott Lab.,* 580 F. Supp. 2d 345, 355(D. Del. 2008) (featuring the case of TriCor, in which the brand-name manufacturer recoded earlier versions of TriCor as "obsolete" in the NDDF, allegedly blocking some substitution); *see also* Carrier, *A Real-World Analysis of Pharmaceutical Settlements, supra* note 13, at 1019–20(discussing TriCor and the National Drug Data File).

20 *See* FELDMAN, RETHINKING PATENT LAW, *supra* note 13, at 171.

21 *Ibid.*

22 Silas W. Smith, *Chiral Toxicology: It's The Same Thing ... Only Different,* 110 TOXICOLOGICAL SCI. 4, 16(2009), http://toxsci.oxfordjournals.org/content/110/1/4.full. Using just the right-handed molecule of thalidomide, however, would not have prevented the 1950s thalidomide crisis in Europe because conversions between the left-and right-handed forms of the molecule take place while the drug is being processed in the body. Ibid.

23 Stuart Elliott & Nat Ives, *Questions on the $3.8 Billion Drug Ad Business,* N.Y. TIMES(Oct. 12, 2004), www.nytimes.com/2004/10/12/business/media/questions-on-the-38-billion-drug-ad-business.html?_r=0.

24 *See* Gardiner Harris, *Prilosec's Maker Switchers Users to Nexium, Thwarting Generics,* WALL ST. J. (June 6, 2002), www.wsj.com/articles/SB1023326369679910840.

25 *Ibid.*

26 *Ibid.*

27 AstraZeneca, Nexium advertisement(2001), www.youtube.com/watch?v=HqUmbr-lliw(scroll to 2:30 mark of the video).

28 For example, see AstraZeneca, Prilosec OTC advertisement (2013), www.youtube.com/ watch?v=-mYP7eiz5Co. *See also* FELDMAN, RETHINKING PATENT LAW, *supra* note 13, at 171(describing the over- the-counter switch). Prescription Prilosec was not completely discontinued, but the move to over-the-counter availability created a product hop because insurers excluded Prilosec from their formularies once it became available without a prescription.

29 AstraZeneca, Nexium advertisement: The Finisher(2006), www.youtube.com/

watch?v=g0HWjr6eeMo .

30 *Ibid.*

31 Elliott & Ives, *Questions on the $3.8 Billion Drug Ad Business, supra* note 23 .

32 *AstraZeneca Holds Off Rivals as Drug Patent Dies,* USA Today(Oct. 5, 2001), http://usatoday30.usatoday.com/money/general/2001-10-05-prilosec.htm.

33 *U.S. Pharmaceutical Sales 2013, supra* note 2; Katie Thomas & Robert Pear, *Medicare Releases Detailed Data on Prescription Drug Spending,* N.Y. Times(Apr. 30, 2015), http://mobile.nytimes.com/2015/05/01/business/medicare-releases-detailed-data-on-prescription- rug-spending.html.

34 U.S. Patent No. 6,428,810(issued Aug. 6, 2002) (giving information about the patent that expires in 2020), www.google.com/patents/US6428810?dq=6428810&hl=en&sa=X&ved=0ahUKEwip3NDk79rNAhXJMyYKHQhpAZcQ6AEIHDAA; FDA, Orange Book: Approved Drug Products with Therapeutic Equivalence Evaluations, Patent and Exclusivity for: N021153 (last visited Sept. 1, 2016), www.accessdata.fda.gov/scripts/cder/ob/patent_info.cfm?Appl_type=N&Appl_No=021153&Product_No=001(listing other remaining patents for Nexium).

35 End-Payor Plaintiffs' Class Action Complaint at paras. 115–18, *Teamsters Union 25 Health Servs. & Ins. Plan v. Allergan,* PLC, No. 15-cv-12730, 2015 WL 3856331(D. Mass. June 22, 2015).

36 *Ibid.* at paras. 38–41.

37 *Ibid.* at para. 40.

38 *Ibid.* at para. 39.

39 *Ibid.*

40 *Ibid.* at paras. 52–57

41 *Ibid.* at paras. 72–75.

42 *Ibid.* at paras. 85–88.

43 *Ibid.* at paras. 84–87.

44 See the Introduction for a discussion of this FDA nonpatent exclusivity that provides marketing protection for new drugs with new active ingredients.

45 End-Payor Plaintiffs' Class Action Complaint, *supra* note 35, at para. 81.

46 *Ibid.* at paras. 80–82.

47 *Ibid.* at paras. 89–103.

48 *Ibid.* at para. 83.

49 *Ibid.* at para. 108(citing *Warner Chilcott Management Discusses Q4 2012 Results–Earnings Call Transcript,* Seeking Alpha(Feb. 22, 2013, 11:50 AM)), http://seekingalpha.com/article/1216961-warner-chilcott-management-discusses-q4-2012-results-earnings-call-transcript.

50 *Ibid.* at paras. 62–64.

51 New York *ex rel. Schneiderman v. Actavis PLC,* 787 F.3d 638(2d Cir. 2015).

52 *Ibid.* at 643.

53 *Ibid.* at 647–48.

54 *Ibid.* at 649–50.

55 *See Current Alzheimer's Treatments,* Alzheimer's Ass'n, www.alz.org/research/science/alzheimers_disease_treatments.asp(noting that memantine, the generic name for Namenda, is the only NMDA receptor antagonist treatment for Alzheimer's and was the only treatment approved for moderate-tosevere Alzheimer's at the time of the product hop). A newly introduced drug approved for moderateto-severe Alzheimer's, Namzaric, combines memantine with donepezil, a cholinesterase inhibitor that had already been approved for Alzheimer's treatment in the United States in 1996. *Ibid.* The combination drug, however, is also sold by Actavis.

56 *Actavis PLC*, 787 F.3d at 654 n.27.

57 *Ibid. at 647; New York v. Actavis PLC*, No. 14 Civ. 7473, 2014 WL 7105198, at *34 (S.D.N.Y. Dec. 11, 2014) (granting preliminary injunction).

58 *Actavis PLC*, 787 F.3d at 647–48.

59 *New York ex rel. Schneiderman v. Actavis PLC*, 787 F.3d 638, 655 & 655 n. 29(2d Cir. 2015).

60 *New York ex rel. Schneiderman v. Actavis PLC*, 787 F.3d 638, 655–56 & 656 n. 30(2d Cir. 2015).

61 *New York ex rel. Schneiderman v. Actavis PLC*, 787 F.3d 638, 655– 56(2d Cir. 2015).

62 *New York ex rel. Schneiderman v. Actavis PLC*, 787 F.3d 638, 659 (2d Cir. 2015) (citing *In re Adderall XR Antitrust Litigation* 754 F.3d 128, 133 (2d Cir. 2004)).

63 *New York ex rel. Schneiderman v. Actavis PLC*, 787 F.3d 638, 658(2d Cir. 2015).

64 See Chapter 2 for more discussion of "boy scout" clauses.

65 End-Payors Plaintiffs' Consolidated Amended Class Action Complaint at para. 2, *In re* Opana ER Antitrust Litig., No. 14 C 10150, 2015 WL 2182959 (N.D. Ill. May 4, 2015).

66 *Ibid.*

67 *Ibid.* at paras. 3, 143–52.

68 *Ibid.* at para. 3.

69 *Ibid.* at para. 149.

70 *Ibid.* at para. 158. The generic also secured a no-AG agreement with regard to Opana ER as well as other side deal considerations, allowing the company to recover some of the profi ts it lost by allowing a product hop. In the absence of the settlement, the generic may have faced competition from an Endo authorized generic when it launched. Instead, it was able to launch as the sole generic product although it faced a market that had shifted to a new version of Opana. The no-AG agreement also helped to make the deal worthwhile for the generic even in the case where Endo failed to product hop and did not trigger the $102 million payment. Ibid. at paras. 156–57.

제4장

"3.0 세대"

ii.규제 경로의 지속적인 차단

"Genertion 3.0"
Continued Obstruction of Regulatory Pathways

2.0 세대에서는 시장, 계약, 보험 전략을 포함하여 제네릭 진입을 차단하거나 지연시키는 복잡한 전략들에 대해 자세히 설명하였다. 본 장에서는 규제 승인 경로들을 왜곡시키는 새로운 형태의 차단에 대해 검토한다.

01

REMS-기반의 지연

REMS-기반의 지연은 3.0 세대 차단 도구의 또 다른 전략이다.[1] REMS(Risk Evaluation and Mitigation Strategies, 의약품 위해관리제도)는 FDA가 제약 회사에, 대부분의 의약품에 적용되는 표준 라벨링 요건 이상을 실시하도록 요구할 수 있는 위험 관리 및 안전 계획이다.[2] REMS 프로그램은 관절염 의약품 바이옥스(Vioxx)가 심장 마비와 연관이 있었던 후, 2007년에 만들어졌다. FDA는 어떠한 의약품이 심각한 부작용이 있거나, 남용의 위험성이 있다는 결정을 언제 내릴 것인지, REMS 계획을 요청한다.[3] 이러한 계획은 제약 업체가 제안하며, 이후 FDA의 승인과 지속적 검토를 받는다.[4]

REMS는 특정 의약품이나 특정 의약품 등급에 고유하다; 이들은 다음의 요소를 포함할 수 있다: 의약품에 포함되어야 하는 추가적인 의약품 첨가, 의약품 위험에 대해서, 주요 이해관계자들에게 알리기 위한 캠페인이나 "커뮤니케이션 계획", 가장 중요한 "안전한 사용을 보장하는 요소들"("ETASU").[5]

ETASU는 언제 어떻게 의약품이 사용될 수 있는지에 직접 영향을 미치기 때문에, REMS 프로그램에서 가장 제약적인 요건이다. ETASU에는 의약품을 복용하는 동안의 환자 감시나 검사, 처방자나 약사의 특별한 인증, 어떻게, 어디에서 의약품을 투약할 수 있는지에 대한 제한(ex, 병원에서만 혹은 인증을 받은 수사 부위에만)과 같은 요소들이 포함될 수 있다.[6] REMS는 추가 평가 후 수정되거나 완전히 철수될 수 있다.[7] 총 REMS 프로그램의 약 75%만 존재하지만,[8] 이들의 보급률은 증가하고 있으며, 한 산업 그룹에서는, 신약 승인의 40%가 일종의 REMS 형태로 관리를 받는다고 언급하였다.[9]

REMS 계획은 수백만 명의 환자들에게 영향을 미친다. 서복손과 같은 의약품만해도, 2012년 미국에서 9백만 건이 처방되었으며, 총 매출은 15억 달러에 달했다. 본 장에서 설명할 것이지만, 이 의약품의 남용에 관한 심각한 우려로 볼 때, 서복손은 REMS 계획이 필요한 전통적 의약품이다. 그러나 안전 계획은 환자들을 보호하는 것이다. 시장에서 경쟁을 막기 위한 술수로 사용되어서는 안 된다.

REMS 프로그램이 의약품의 매출, 유통, 마케팅에 있어서 제약을 가할 수 있다는 사실은, 브랜드 제약업체들이 제네릭이 시장 진입을 못하게 막는 전략을 찾음으로써, 이 프로그램을 충분히 남용의 위험이 있는 것으로 만들었다. 예를 들어, 일반적인 위험 요소들은, 특정 의약품의 판매를 병원이나 특별 인증을 받은 약국으로 제한한다. 그러나 이는 제네릭 인증을 원하는 기업들에게 장애물을 만드는 데에도 사용되었다. 특히, 제네릭 기업은 자사 의약품이 브랜드 의약품과 생물학적으로 등가임을 증명해야 하며,[10] 생물학적 등가성 검사를 위해, 제네릭 지원자는 제네릭 제형과의 비교로서, 브랜드 의약품을 사용해야 한다.[11] 여기에서 문제가 있다. 많은 소건에는, 브랜드 제약업체가, REMS 계획이 특정 출구로만 의약품 유통을 제한하며, 자연스럽게 제네릭 기업은 이러한 출구에 속하지 않는다는 이유로, 제네릭에 소량의 의약품을 판매하기를 거부하였다는 고발이 포함되었다. 이후에 설명될 것이지만, 일부 브랜드 기업들은, 심지어 FDA에서 이 기업이 원한다면 제네릭에 판매가 허용된다고 주장할 때조차, 이를 기각하기도 한다.

Actelion은 2012년 소송이 제기되었을 때, 이러한 문제로 처음 소송에 걸렸다.[12] Actelion의 경우, 브랜드 기업이 잠재적인 제네릭 기업에 두 가지 의약품의 샘플을 제공하기를 거부하며, 제네릭이 신청을 제출하지 못하게 막았다.[13] 브랜드 기업의 입장은 가늠해보기 어렵다. 의회는 이러한 유형의 전략을 예측하였으며, REMS를 확립하는 법안에는, 특히, ETASU가 제네릭의 승인을 차단하거나 지연시키는 데 사용될 수 없음을 언급하는 규정이 포함된다.[14] 게다가 FDA는 브랜드가 REMS 프로그램을 위반하지 않고도, 생물학적 등가성 검사를 원하는 기업에 샘플을 판매할 수 있다고 반복적으로 언급하였으며, 이 기관은 심지어 브랜드 제조업체들에게, 특별히 잠재적 제네릭에게 샘플을 제공할 것을 허용한다는 문서까지 발급해주었다.[15]

Actelion 소건에서의 법적 주장은, 제네릭 경쟁업체에 샘플 판매를 거부하는 것이, 독점금지 위반에 해당되는지에 초점을 맞추었다.[16] Actelion은 심지어 REMS의 부재 하에서도 판매를 거부할 권리가 있으며, 잠재적인 제네릭 경쟁업체에 샘플을 제공할 법적 의무가 없다고 주장하였다.[17] FTC는 이 회사의 조치가 독점 행위에 해당될 수 있다는 간략한 진술을 제출하였다.[18] 이 소건은 2014년 초반에 합의에 도달하였다.[19]

브랜드 제약업체인 Celgene에 제기된 유사한 소건에서, 제네릭은 5년간 Celgene의 탈로미드(Thalomid, 탈리도마이드)의 샘플을 얻으려 하였지만 실패하였고, 이후 또 5년간, Celgene의 레블리미드(Revlimid, 레날리도마이드)의 샘플을 얻으려 하였지만 실패하였으며, 이 두 의약품은 분명히 안전 우려가 있다고 주장하였다.[20] 고소인은, 제네릭이 "더 이상의 Celgene의 관여가 성과가 없을 것임을 인정할" 때까지, Celgene이 반복적으로 추가 정보와 FDA의 보증을 요구하였다고 주장하였다.[21] 비록 판사는 제네릭의 고소 내용의 일부 주장은 기각하였지만, 중요한 독점금지 주장들은, 기각 신청에서 제외하도록 허락하였으며, 제네릭이 Celgene이 샘플을 거부한 데 대한 "적법한 경영 상의 근거"가 없다는 충분히 자세한 사항들로 항변을 하였다고 인정하였다.[22] Celgene의 조치는 또한 기업의 행태에 대한 FTC 조사가 시작되는 빌미를 마련하였다.[23]

그러나 Celgene은 심지어 환자의 안전을 보호하는 방법에 대한 특허를 받음으로써 이를 더 끌었다. 탈리도마이드 REMS 안전 계획에 대한 특허에서는 "이 기업이 의약품 사용이 금지될 수 있는 환자들이 의약품에 접근하지 못하게 제한하면서, 환자에게 의약품을 넘겨주는" 새로운 특허에서 독점권을 갖는다고 규정한다.[24]

이것이 바로 "BM(business method, 영업방법) 특허"라고 칭하는 것이며, 이는 대법원이 최근 반복적으로 공격하였던 악명 높은, 의심스러운 특허 범주에 해당된다.[25] Alice의 일련의 소건에서, 대법원은 보통의 영업방법 특허와 소프트웨어를 통해 실시된 특허를 모두 기각하였다. 사실 대법원은 특허 자격에, 검사, 추적, 정보 제공과 같은 잘 알려진 전통적인 단계들의 결합을 넘어서, 독창적인 개념이 요구된다는 사실을 반복적으로 강조하였다.

REMS의 안전 계획에서 이러한 의심스러운 특허로 무장을 하여, Celgene은 제네릭 진입 차단을 시작하였다. 제네릭 기업이 승인 신청을 하였을 때, 기존의 의약품 제조업체인 Celgene은 어떠한 제네릭도 Celgene의 특허 받은 REMS 안전 계획을 사용할 수 없으며, 어떠한 그 밖의 계획도, 혼합 부담이나 혼동으로 환자의 안전을 위협할 수 없다는 근거를 포함하여, FDA에 신청 기각을 요구하는 탄원서를 제출하였다.[26] 다시 말해, 어떠한 제네릭이라도 나타날 수조차 없는 것이다.

FDA는 만 7년이 지난 후 Celgene의 특허를 기각하였다.[27] 그러나 피해가 있었다 - 10년 후, 탈로미드의 제네릭이 나오지 않았으며, 사면초가에 몰린 한 제네릭이 시장 진입 시도에서 모든 문제들을 겪고 난 후, 2010년 신청을 철회하였다.[28]

REMS 프로그램의 특허를 얻으려는 노력은, 특허 의심이 가는 접근법이지만, 이를 제쳐두고라도, 이론상 REMS 조작은 제네릭 경쟁에서는 특히 위험할 수 있다. REMS는 의약품의 활성 성분이나 작용 메커니즘에 있어서 특허와 관련이 없다. 그 결과 이들은 모든 특허가 만료된 후에도 무한정 지속될 수 있다 - 이들은 결국 안전 프로그램인 셈이다. 따라서 한 기업이 제한적인 REMS를 숨기고, 제네릭에게 샘플을 허용하지 않는다면, 브랜드 기업은 특허 조건이 끝난 후에도 계속해서 독점권을 유지할 수 있다. 또한 기업이 결국 샘플을 공유해야 한다 해도, 매날 지연이 되는 시간은 가치가 있을 수 있다.

게다가 제한된 유통 구조에서는 REMS이 필요하지도 않으며, 심지어는 유효한 특허가 제네릭 경쟁 차단에서 효과를 발휘할 필요도 없다. 예를 들어, Turing 제약업체, Martin Shkreli(그렇다, 그가 돌아왔다), 다라프림(Daraprim)의 소건에는, 그 밖의 Shkreli의 기업들에서 운영되는 구조와 마찬가지로, FDA에서 실시하지 않는 제한된 유통 체계가 포함되었다. 다시 말해, 이 기업은 FDA에서 규정한 REMS 플랜을 갖추고 있지 않았다; 이 기업은 단순히 자사 의약품이 특정한 유통 경로로 제한되어야 한다고 공표했을 뿐이었다.

제네릭 경쟁사가 샘플을 얻지 못하게 제한하는 기업들은 이들이 이러한 의약품과 관련을 맺는 사람들의 안전에 우려하며, 제네릭 기업이 의약품을 적절히 다룰 수 없을 것이라고 주장한다. 그러나 FDA가 제네릭에 샘플을 제공하는 데 있어서 어떠한 문제점도 관찰하지 못한다면, 이는 주장하기 힘든 내용이 된다. 기업이 실제로, 경쟁사의 안전성을 FDA보다 더 잘 판단할 수 있다고 주장할 수 있을까? 이는 경쟁자의 닭장을 보호하도록, 스스로 임무를 맡았다고 주장하는 여우와도 같다.[29] 두 사례에서, 이해관계는 다소 충돌한다.

제한된 유통 구조는, REMS 포함 여부와 관계없이, 약국의 제네릭 대체제조를 막기 위해 배치될 수 있다. 대중의 관심을 사로잡은 또 다른 이야기에서, 한 연방 검사는 (외국 기업에서 세금 바꿔치기 목적을 갖는 기업들뿐 아니라) Valeant 제약업체의 조사를 발표하였으며, 의약품을 입수하여 가격을 상당히 올린 데 대해 강력히 비판하였다.[30] 사실 대성공을 거둔 투자자들을 굉장히 멋있게 보이게 만드는 것은, 기업의 핵심적인 경영 모형인 것처럼 보였다.[31] 그러나 이러한 기소는 Valeant에 대해 밝혀진 일련의 혐의들 중 첫 번째였을 뿐이다. 며칠 후, 기자들은 Valeant가, 본질적으로 Valeant의 의약품 및 피부과 크림에 대해서만 처방약을 조제하였던, Philidor로 알려진 전문 제약업체와 깊은 관계에 있음을 밝혀냈다.[32] 이러한 조사는 결국 Valeant와 은밀하게 연관이 있었던 많은 약국 및 자회사들을 밝혀내는 계기가 되었다.[33] (이러한 모든 자회사의 이름은 체스와 관련되었으며, 영화 본드 시리즈의 빌런(Villain)과 같이 우연히 떠오르게 되었으며, 이는 진정한 자책골이라고 할 수 있다.)

Valeant와 특정한 전문 약국 사이의 관계를 통해, Valeant는 제네릭보다는 자사 브랜드 의약품을 사용하여 처방전을 작성하게 할 수 있었다. 의사들은 통신 판매 전문 약국으로 Valeant의 의약품에 대한 처방전을 제출하게 되며, 처방전은 환자들에게 전달되고, 약국은 상환을 확보하며 보험사들과 협력했을 것이다.[34] 처방전을 특정 의약품 브랜드

만을 거래하는 전문 약국으로 전달할 때, 제네릭이나 오버 더 카운터 의약품을 대신 투약하기 위해서, 대체 제조가 이뤄질 가능성은 매우 낮다.[35] 전문 약국은 단순히 아무 제품이 아닌, 브랜드 의약품과 거래를 한다. 규제 신고에서 밝혀진, 유사한 사업 모형을 사용하는 또 다른 기업과 같이, 통신 판매 처방전은 "의사가 의도한 우리 제품의 처방전을, 제네릭이나 오버 더 카운터 브랜드로 전환하는, 전통적인 약사들의 노력에 영향을 덜 받게 된다."[36] 이 기업인 Horizon은 단순히 이부프로펜과 펩시드(Pepcid)의 활성 성분을 결합한 듀엑시스(Duexis)라고 불린 의약품에 매달 1,500 달러를 청구하였다고 전해진다.[37]

이러한 구조의 비용 타격은 환자가 아닌 보험사에게 떨어지게 되며, 아마도 의도적으로 환자와 의사들은 비싼 가격에 받는 충격적인 느낌이 들지는 않게 된다. 그럼에도 불구하고, 이와 같은 게임은 분명 보험 프리미엄을 낮추는 데 도움을 주지 않는다. 게다가 보험사가 Valeant 처방의 높은 비용에 망설일 때, Philidor와 그 밖의 약국은 마치 의사가 Valeant-브랜드의 의약품의 처방에 "DAW"를 첨부하도록 구체적으로 요청한 것처럼 보이기 위해서, 처방 코드를 수정하는 등, 상환을 보장하기 위해 극단적인 조치를 취했다고 전해진다.[38] 그 결과, 이러한 구조들은 결국 제네릭 경쟁사들이 의약품 시장에 참여하지 못하게 지속적으로 막았다.

스캔들로부터 사태가 진전된 후, 의약품을 사들이고, 세금 바꿔치(inverting taxes)기를 하며, 가격을 높이는 모형을 통해 얻은 Valeant의 급작스러운 성공의 끝은 엉망이 되었다. 2015년 8월, 262달러로 높았던 주가에서, Valeant 주식은 2016년 3월 33달러가 되었으며, 여름이 되어서는 25 달러 이하로 거래가 되고 있었다 - 90%까지 급락하였다.[39] 2016년 4월, 미국 재무부는 기업이 세금 바꿔치기를 못하게 하기 위한 조치를 취했으며,[40] 이는 거대 기업 Pfizer와 Allergan 사이의 합병이 끝나게 된 원인이 되었다.[41]

전문 약국을 통해 운영되었던, 제한적인 유통 프로그램들을 제쳐두고, 그 밖의 REMS-기반의 구조들이 나타났다. REMS 프로그램에서는 종종 제약 업체들에게, 의사와 환자들에게 의약품의 위험 증가에 대해 알리기 위해, 더 자세한 의약품 가이드나 커뮤니케이션 계획을 개발하도록 요청할 것이다. 예를 들어, 다발성 경화증 재발을 치료하는 면역억제제인 길레니아(Gilenya, 핑골리모드)의 REMS 플랜에서는, FDA에서 규정한 임신 중 허용 약물 명단 뿐 아니라, 환자와 의사들을 위한 자료를 통한 커뮤니케이션 계획을 요구한다.[42]

다양한 제약업체가 있을 때 - 예를 들어, 브랜드와 제네릭 - FDA는 종종 모든 당사자들에게, 단순히 단일-공유 REMS 프로그램으로 알려진, 동일한 REMS 프로그램을 개발하고 이에 동의하도록 요구한다.[43] 특히, 제네릭 진입은 공유된 플랜에 대한 FDA의 승인을 조건으로 할 수 있다. 브랜드 기업이 제네릭 승인에 있어서 협력할 의지가 있을 것이라는 생각은, 기껏해야 겨우 낙관적인 수준으로 보인다. 브랜드 제약업체가 협력을 거부함으로써 진입을 지연시킬 수 있기 때문에, 일부는 또 다른 형태의 제네릭 지연 전략을 세워 이로부터 혜택을 취했다는 점도 놀라운 일은 아니다. 제네릭은 브랜드 기업이 협력할 때까지 의약품 승인을 받지 못하며, 브랜드 기업은 제네릭을 시장에 진입하지 못하게 하기 위해 협력을 피한다. 이는, 한 구성원이 그룹의 나머지 구성원들의 성적을 방해하기 위해서, 업무의 공정한 분배를 거부할 뿐 아니라, 프로젝트를 실패하는 데 있어서 보상을 받게 되는, 고등학교의 그룹 프로젝트와 비교될 수 있다. 또한 브랜드 기업은 이미 시장에 진출하였으며, 제네릭 기업들만 지연으로부터 피해를 입게 된다.

이 전략을 다룬 가장 두드러진 사례는, 서복손 소건이다.[44] 서복손은 헤로인, 옥시코돈과 같은 오피오이드 중독 치료에 사용된다.[45] 이 의약품은 많은 중독자들의 생명을 구했지만, 결과는 심각했다. 서복손은 그 자체로 불법 약물이 되었으며, 심각한 부작용과 금단 증상의 위험이 있었다.[46] 서복손에는 반합성 오피오이드와, 잠재적 사용자들이 약물을 정맥 주사로 처치하지 못하게 하는 유일한 목적으로 포함되었던, 오피오이드 과다복용의 영향을 완화시키는 데 사용되는 약물(불쾌한 부작용이 있음)이 모두 포함된다.[47]

서복손은 아마도 포괄적인 REMS 프로그램에서 필요로 하는 의약품의 전형적 약물일 것이다. REMS 프로그램에는 약물치료 지침, 의사들이 약물 처방 시 따라야 하는 체크리스트, 처방자들을 위한 연방의 허가, 초기의 약물 치료의 양은 얼마나 되는지에 대한 한계, 환자의 잦은 재방문을 요하는 집중 감시 프로그램 및 심지어, 남용 패턴을 자세하게 설명하기 위해서, "감시"와 "거리의 민족지학" 등이 포함될 수도 있는, 제조업체 측의 감독 등이 포함된다.[48]

서복손은 또한 2012년 15억 5천 달러 이상의 매출을 올린 대작이며, 미국에서 진통제 및 헤로인 남용이 폭발적으로 증가한 것과 관련이 있었다.[49] 따라서 2009년 서복손정의 독점권이 끝나가며, 제네릭의 진입이 수면 위로 오르게 되면서, 브랜드 기업인 Reckitt Benckiser는 서복손 프랜차이즈에서 독점권을 유지하기 위해서, 이상한 조치들을 취하게 되었다.[50] 고소인들은 또한 반-경쟁적인 제품 바꿔치기, 기망 시민 탄원서, REMS 남용을 포함한 전략들을 주장하였다.[51]

특히 서복손의 독점권이 거의 만료되면서, 고소인들은 Reckitt이 정(tablet)에서 필름 형태로, 제품 바꿔치기를 위해서, 서복손의 필름-스트립 버전을 개발하기 시작하였다고 주장하였다(광범위하게 사용되고 있는 구취를 없애주는 필름과 유사하다).[52] 그러나 정에 대한 최종 독점권이 FDA가 필름 버전을 승인하기 약 11개월 전에 만료될 예정이었기 때문에, 회사는 시기를 놓치게 되었다.[53] 그 결과 11개월의 격차는 FDA가 서복손 필름을 승인하기 전, 제네릭이 시장에 진입하여, 시장 점유율을 차지할 수 있는 좋은 기회가 될 수 있었다.

고소인들은, 제품 바꿔치기를 실시하기 위해서, 브랜드 기업이 서복손정이 안전 문제를 보였으며, 이는 서복손 필름 버전으로 완화될 수 있음을 보여주는 아이디어를 "홍보"하는 대량 판매 및 마케팅 캠페인을 실시하였다고 주장하였다.[54] 이 캠페인에서는 서복손정 용기를 통해 소아가 과다 복용할 수 있는 위험이 높으며, 필름은 개별적으로 포장되기 때문에, 필름 버전의 포장을 통해 이러한 위험이 완화될 수 있다고 주장하였다.[55] 분명, 그 당시 미국 외에, 서복손이 팔리던 모든 시장에서 개별 포장된 서복손정을 구매할 수 있었다.[56] 다시 말해, 문제는 단순하게 서복손정의 포장을 변경하여 해결할 수 있었지만, 이 기업은 미국 시장에서 이러한 해결책을 제시하는 것을 적합하다고 여기지 않았다.

게다가 반대자들은 필름이 소아 노출 시 안전 문제를 악화시킬 수도 있다고 주장하였다. 필름은 정보다 더 빨리 녹기 때문에, 아이들이 입에 넣으면 약물 작용에 노출되는 것을 막기가 어려울 수 있다. 게다가 필름의 용해성이 높아, 사용자들이 이러한 투약 행동을 더 쉽게 숨길 수 있기 때문에, 남용의 잠재성 또한 높아질 수 있다.[57] 뉴욕 타임지와의 대화에서, 휘틀리 카운티, Ky의 교도소장인 Kentucky Mobley는 다음과 같이 명확히 말했다:

필름이 너무 얇아 성경에 끼울 것이며, 성서에서 빼자 마자 잘 녹아, 먹어 치울 수 있다.[58]

캠페인에도 불구하고, 제네릭 서복손정의 진입은 Reckitt에는 계속 문제가 되었다. 따라서 이 기업은 남용과 소아 노출의 위험 때문에, REMS를 제안하는 여러 서신 및 신청서를 제출하였다.[59] 이러한 요청은 승인되었으며, FDA는 제네릭과 브랜드 서복손이 동일한 REMS를 공유해야 한다고 요구하였다.[60] 놀랄 것도 없이, Reckitt과 잠재적 제네릭 사이의 협력 노력은, 성공적이지 않았다. 결국 제네릭 기업들은 포기하였으며, 브랜드 제약업체 없이 REMS를 만드는 데 있어서 포기한다는 신청을 하게 되었다 - 이러한 권리 포기가 부여되었던 최초의 사례였다.[61]

제네릭과 브랜드 기업이 REMS에 대한 합의에 도달할 수 없었던 9

개월의 기간은, 서복손 매출을 1억 달러 높일 수 있는 가치가 있었을 것이다. 이는 의약품 그 자체에 대한 의견 충돌이 아니라, 이러한 의약품의 사용이 어떻게 감시되고, 대중들에게 위험을 어떻게 설명할 것인지에 대한 의견 불일치의 결과임을 고려할 때, 엄청난 금액이다.[62]

그 결과로 이어진 소송에서, 2014년 판사는 REMS에 관한 Reckitt의 조치가 독점금지 위반에 해당된다는 제네릭 기업의 단독적 주장을 기각하였다.[63] 그러나 서복손에 관한 대하 소설은 본 장의 파트 B에서도 계속 이어지며, 반경쟁 행동에 대한 추가적 고소가 이뤄졌다.[64] 요약하면, 비록 FDA는 모든 사람들이 "운동장에서 함께 친절하게 운동을 할 것을" 장려할 것이지만, 단지 대화로는 이러한 목표를 달성할 수 없다는 사실은 명확하다.[65] 수십억이 걸려 있다면, 게임은 바로 거칠어진다. FDA는 또 다른 REMS 소건을 인정하였으며, 이 때에는, 단순히, 두 당사자를 합의에 도달시키기 위한 효과적인 메커니즘이 부족했다.[66]

지난 몇 년에 걸쳐, 입법자들은 REMS-관련 지연 문제에 잠재적 해결책을 제공하기 시작하였다. 2015년 후반 하원에서 도입한 한 법안에서는, 두 가지 주요한 REMS 남용 형태에 대해 솔직하게 따지려 하였다 - 제네릭 검사를 위한 샘플 제공 거부와, 단일-공유 REMS에서 협력하려 하지 않음.[67] 이 법안에서는 브랜드 제약업체가 (FDA 승인을 받고 나서) 비차별적이며, 상업적으로 합리적이고, 시장-기반의 가격으로, 잠재적 제네릭 기업들에 샘플을 제공하여야 한다고 규정한다. 또한 이 법안은 제네릭 신청자들이 120일이 지나도 협상이 성공적이지 않음을 증명할 수 있다면, 단일-공유 REMS 과정으로부터 포기 각서를 받을 수 있는 과정을 나열하였다.

2016년 여름에 상원에서 도입된 또 다른 법안에서도, 또한 REMS 남용의 두 가지 주요 형태에 동일하게 초점을 맞추었다.[68] 그러나 이는 구체적인 REMS 포기 프로그램을 도입하고, 샘플 판매를 의무화할 뿐 아니라, 거부하고 있는 제약 기업들에 대해 소송을 걸 수 있는 이유를 지정해주었다는 점에서, 하원의 법안과는 달랐다.[69] 상원의 법안에서는 서로 다른 가지들에 서로 다른 역할을 배정하는 접근법을 사용한다. FDA는 안전성, 즉, REMS 플랜과 제네릭 기업이 약물을 적합하게 다룰 수 있는 능력에 대한 안전 평가에 책임이 있다; 법원은 두 당사자 사이의 분쟁 해결의 책임이 있다. 비록 과정은 더 복잡하지만, 이는 Hatch-Waxman 체제 전반에 걸쳐 나타나는 역할 배정을 반영하여 보여준다.

02

지연 vs. 시민 탄원

시민 탄원(Citizen Petition)은 제네릭 진입에 장벽을 만드는 가장 흔한 방법 중 하나이다. 이러한 탄원은 제품 바꿔치기부터 REMS 남용까지, 광범위한 지연 전략과 연결된다. 1970년 이래, FDA는 대중이, 이 기관에게 "규정을 발행, 수정, 폐지하거나, 어떠한 형태의 행정적 조치를 명령하거나, 취하거나, 혹은 금하도록" 요청할 수 있게 허용하였다.[70] 비록 이 프로그램은 FDA 관할권 하에서 모든 제품에 적용되지만, 대다수의 시민 탄원은 식품, 화장품, 의료 장비보다는, 의약품과 관련이 있다.[71]

그러나 관련 시민과 과학자들이 의약품, 식품, FDA 규정에 관한 문제를 제기하게 만들 수 있었던 메커니즘은 제약 업체들이 의약품 신청, 특히 제네릭과 관련된 신청에 이의를 제기하게 하는 장으로 변하게 되었다.

일부 탄원은 비교적 유순하다. 많은 탄원은, FDA에, 제네릭 기업이 더 이상 시장에 존재하지 않는 의약품을 참고할 수 있게 하거나, 강도(strength)나 복용 형태와 같은 특성 면에서, 브랜드 기업과 약간 다른 제네릭 의약품[72]에 대한 승인을 받을 수 있게 허용해 달라는 요청이다.[73]

그러나 많은 사례에서 탄원서에 숨은 "걱정하는 시민"은 사실, 다양한 여러 합의를 통해 제네릭 의약품의 승인을 중단하거나 지연시키길 원하는 거대 제약 업체이다: 제네릭 신청, 생물학적 동가성, 임상 데이터에 대한 직접적 공격, 안전성에 호소, 브랜드 의약품의 독점권을 보존하거나 새로 추가하려는 요청 등. 많은 이러한 탄원은 목적에 있어서 하찮거나 의심스러운 것으로 보이며, 이러한 신청은 문제를 일으킨다.[74] 앞서 설명한 바와 같이, 시민 탄원은 쉽게 성과를 올릴 수 있는 작은 투자이다. 지연의 가치는, 탄원이 재빨리 기각될 때조차 수익성이 좋을 수 있다 - 몇 달간의 추가적 지연이라도, 수억 달러의 가치가 있을 수 있다.

제 5장에서, 우리는 12년간의 시민 탄원서를 검토할 것이다; 우리는 여기에서, 이러한 조사에서 밝혀진 흥미로운 예를 제시한다. 제네릭 기업 Mutual Pharmaceuticals가 제기한 탄원 FDA-2007-P-0123은, 신청인들에게 "특정 오렌지 주스를 포함하는 제품과 의약품의 공동 관리에 대한 금지/주의를 통합하도록" 요청함으로써, 펠로디핀(felodipine)을 포함하는 의약품에 대한 그 밖의 제네릭 신청을 지연하고자 하였다.[75] Plendil이라는 상표명의 펠로디핀은 일반적인 고혈압 치료제이

다. 분명 이 약물의 대사에 세빌(Seville) 오렌지 주스 vs. "일반" 오렌지 주스가 미치는 서로 다른 효과를 보여주는 연구에 관해 우려하며, Mutual의 탄원에서는, "Plendil의 혁신 기업이, FDA에, 생체내 이용률에 어떠한 오렌지 주스가 사용되었는지 요청하고, 이러한 [신청]에 제출된 연구들을 확인하도록" 요청한다.[76]

세빌 오렌지는 작고 더 쓴 맛의 오렌지이며 종종 마말레이드나 양주를 만드는 데 사용된다. 그렇지만 우리는 이 오렌지와 일반 오렌지의 차이를 모른다.

어쨌든, 탄원에서, Mutual은 본질적으로, 브랜드와 제네릭 신청에서 사용된 서로 다른 유형의 오렌지 주스가, 의약품 신청 승인에 큰 지장이 될 수 있다고 주장하고 있다. 명확하게 해 보자 - 비록 Mutual은 이미 동일 연구를 기초로 제네릭 승인을 받았음에도 불구하고, 어떠한 유형의 오렌지 주스가 연구에 사용되었는지에 대한 또 다른 제네릭 신청 지연을 원하고 있다.

FDA는 거의 전체 탄원을 단호하게 기각하며, 다음과 같이 명확하게 밝혔다, "우리는 Malhotra의 연구 결과가 심각한 안전 문제를 보인다고 생각하지는 않는다."[77] 사실, FDA는 탄원에서 이뤄진 주장에 대해 확실히 무시한 것처럼 보인다: 당신은, 이러한 형태로 소비되는 세빌 오렌지 주스의 성분과 펠로디핀의 공동 관리와 관련된 임상적 결과가 있을 수 있다고 가정할 수도 있다. 이러한 가설을 입증할 수 있는 어떠한 데이터도 제시되지 않았다. 사실, 우리는 부작용 보고시스템(AERS) 데이터베이스를 찾아보았으며, 세빌 오렌지 혹은 더 쓴 맛의 오렌지

상품과 어떠한 의약품 사이에서 보고된 상호작용을 발견하지 못하였다.[78]

FDA 시민 탄원 기준에서 “뜨거운 이슈”가 되는, 수동-공격적 주석에서, FDA는 심지어 Mutual의 주장의 신뢰성에 의문을 제기한다: 당신은 먼저 2007년 11월 5일 제 1 탄원(ex, Malhotra 연구)을 기초로 이 정보에 대해 알게 되었다고 증명하였다. 그러나 우리는 Malhotra 연구가 2001년에 공표되었으며, Mutual의 [제네릭 신청] 승인보다 앞선다는 사실에 주목한다.[79] 따라서, 문제시 되는 연구는 Mutual의 제네릭이 승인되기 전에 발표되었다! 아, 주석 뒤에 숨겨진, 사실-기반으로 절제된 잽(jab)만한 것도 없다!

놀랄 것도 없이, Mutual은 사실, 처음으로 승인을 받은 Plendil 제네릭 신청자이며, 2004년 11월 승인이 이뤄져, 시장에서 최초 제네릭이 되었다.[80] 그 다음의 제네릭 신청은 2007년 제 1분기에 이뤄졌으며, Mutual의 시민 탄원을 제출하기로 결정하기 단 몇 달 전이었다.[81] 시민 탄원은 2008년 4월 17일에 기각되었으며 - 두 번째 신청자의 제네릭 신청이 결국 승인된 동일한 날짜 - Mutual의 소위 말하는 오렌지 주스 탄원이 최종 승인에 마지막 장벽 중 하나였음을 암시하였다.[82] 겉보기에 시시한 시민 탄원이 기각되자마자, 두 번째 제네릭이 승인된 것이다. 시민 탄원이 아니라면, 추가 제네릭 승인이 더 일찍 이뤄졌을 것이다. 오렌지 주스 유형에 관한 마지막 탄원은, 두 번째 Plendil 제네릭 승인에 지연을 가져오며, 소비자들에게 막대한 비용을 지운 셈이다.

이는 많은 시민 탄원의 수법인 것으로 보인다 - 제약업체들은 제네릭 승인이 있기 몇 달 전 시기에 맞추어 겉보기에 흥미로운 ,과학적으로 탄탄한 주장을 하게 되며, 주장은 결국 FDA에서 기각된다. 이러한 쓴 맛의 세빌 오렌지 주스는 흡수를 높이고, 결국 약물 농도를 최대화시킨다. 더 큰 문제는 이것이다: 이것이 정말 중요한가? FDA는 거의 그렇게 생각하지 않는다. Michael Carrier, Daryl Wander, Carl Minniti의 논문에서는 FDA가 2001년부터 2010년 사이의 제네릭 관련 탄원 중 81%를 기각하였으며, 2011년부터 2015년까지의 탄원 중 92%를 기각하였음을 발견하였으며, 기각 비율은 2005년 92%, 2012년 96%, 심지어 2015년에는 100%나 된다.[83] 기각률이 꽤 높을 때에는, 이러한 제약 회사가 제기하는 탄원이 적법한 문제였다고 주장하기는 어렵다. 많은 사례에서, 숨은 동기는 무시하기가 꽤 어렵다.

시민 탄원은 그 밖의 방해 전략에서도 두드러지는 역할을 하였다. 제 3장에서는 Endo의 의약품 오파나 ER의 매출이, - 예를 들어, 제품 바꿔치기를 통해 - 해당 의약품 시장이 상당히 축소될 때에만 충족될 수 있는 역치인, 일정 수준 이하로 떨어졌을 때에만, Endo Pharmaceuticals가 기업에 지불을 하는 데 동의했던 조항에 대해 설명하였다. Endo의 제품 바꿔치기에는 “오파나 ER”에서 해당 약품의 부서짐 방지 형태인, “오파나 ER CRF”로의 전환이 포함된 것으로 드러났다. 오피오이드 진통제와 같이, 오파나는 사람들이 의약품을 코로 흡입함으로써 남용되었다 - 부서짐 방지 형태는 이 문제를 해결하기 위한 것이었다. 안타깝게도 이러한 변화는 단지 남용하는 자들이 대신 약물을 주사하게 시작하는 결과를 낳았으며, NPR의 올 싱스 컨시더드(All

Things Considered)에서 다뤄진, 심각한 HIV 발병을 야기하였다.[84]

그러나 이러한 전환은 기업에 혜택을 주었을 수도 있지만 많은 의심을 야기하였다. 특히 Endo가 제네릭 경쟁에 근접해왔을 때 바로 새 제형으로의 전환이 이뤄졌으며, 이 기업은 구 버전을 완전히 없애고, 부서짐을 방지하는 신 버전이 승인을 받자마자 시장에 신 버전을 출시하였다. 이후 이 기업은 FDA에 오파나 ER의 부서짐 방지 기능이 없는 제네릭 형태들을 기각하도록 요청하며, 미래의 제네릭 인증을 차단하기 위해서, 안전 상의 이유로 오파나 ER을 시장에서 철수하도록 인증해달라고 요청하는 시민 탄원을 제기하였다.[85] 이후, 제네릭 진입이 임박한 것을 우려하며 (또한 안전-관련 주장도 제기하고 있었다) 제네릭 제조업체들이 "부서짐 방지 기능이 없는 제네릭 오파나 ER을 시장에 마구 풀어놓기" 전에, 탄원 검토의 속도를 높여 달라며, FDA에 청구하였다.[86]

FDA는 오파나 ER CRF가 오파나 ER보다 상당히 더 안전하다는 사실을 찾아내지 못했으며, 심지어는 주사를 통한 남용을 더 많이 야기할 수 있다는 우려를 표하였다. 탄원을 기각하며, FDA는 오파나 ER이 안전이나 효과를 이유로 시장에서 완전히 사라지지 않았음을 관찰하였다.[87] 이러한 판결에서는 공중 보건을 보장하는 것보다, 시장 보존에 더 관심이 있다는 이유로, 제품 바꿔치기와 시민 탄원을 통해 안전 우려를 옹호하는 기업들에 대한 그 밖의 흔한 예들로 마무리를 지었다.

REMS 남용 주장이나 창의적인 제품 바꿔치기가 특징이었던 사례인, 서복손은 다시 한 번 오피오이드와 관련된 또 다른 문제의 사례를 제공해준다. REMS-기반의 지연에 관한 본 장의 A. 항목에서 설명한 바와 같이, 제네릭은 브랜드 기업인 Reckitt의 협조를 얻을 수 없었기 때문에, REMS 포기 각서를 받아야 했다. 승인이 된다면, 제네릭이 진행을 할 수 있게 해주는, 제네릭 REMS 포기 각서 요청이 있기 직전에, Reckitt은 서복손정을 시장에서 완전히 철수할 것이라 발표하였다(그러나 즉시 그렇게 하지는 않았다).[88] 이 기업은 소아 노출과 관련된 안전 문제를 언급하였으며, 같은 날, FDA에 서복손에 대한 제네릭 신청 승인을 금지해달라고 요청하는 시민 탄원을 제출하였다.[89] 시민 탄원서에서 브랜드 기업은, 제네릭 서복손과 같은 의약품에 "소아 노출의 위험에 대한 교육 중재"와 개별 용량 포장이 포함되어야 한다며, 다시 한 번 소아 노출에 대해 언급하였다.[90]

FDA에는, FDA가 해당 의약품이 안전상의 이유로 시장에서 철수되었다고 결정한다면, 제네릭 버전의 출시 신청을 더 이상 허용하지 않게 하는 과정이 있다.[91] 시민 탄원과 함께 이뤄지는 안전 상의 문제는, 서복손이 사실 안전상의 이유로 철수되었다는 사실을 FDA가 알게 함으로써, 이러한 경로를 사용하여 제네릭을 방해하려는 의도가 있었을 수 있다.

서복손 소건에서 고소인들은 이러한 시민 탄원이 단지 제네릭 신청을 방해하려는 기망이었다고 주장하였다.[92] 특히 제네릭 서복손에 대해서 요청된 라벨링 조치는, 브랜드 서복손정에서는 결코 요구되지 않았던 것이다. 게다가 FDA는 제네릭 기업이 브랜드 의약품에서 승인을 받지 않은 라벨링을 추가하라고 요청할 능력은 없다.[93] 더 중요한 점은, 제네릭 버전에 대해서 이러한 제약을 요청하는 탄원이 이뤄진 후에도,

Reckitt가 계속해서 서복손정을 단위-용량의 포장이 없이 대용량으로 판매하였다는 점이다.[94]

FDA는 브랜드 기업의 시민 탄원을 기각하고 이후 즉각 서복손정의 두 개의 제네릭 버전을 승인하였다 - 시민 탄원 기각 직후 제네릭 승인을 받은 또 다른 예.[95] 탄원 기각에서, FDA는 Reckitt의 "조치가… 어느 정도는 이러한 안전 문제의 심각성에 관한 주장을 약화시킨다"고 언급하였다.[96] 게다가 FDA는 브랜드 기업이 시장에서 서복손을 철수하겠다는 결정이, 제네릭 경쟁 시기와 너무 가까워져, "무시될 수 없다"고 언급하며, 주석에서, 제네릭이 REMS를 만드는 데 있어서 협조를 설득하려는 노력에 있어서, 제네릭이 이러한 정보를 자원하여 제공하였기 때문에, Reckitt가 제네릭 신청의 잠재적 시기에 관한 사적인 정보에 접근성을 얻을 수 있었다고 덧붙였다.[97]

FDA는 탄원서의 기각은, 타당한 과학 및 규제 문제들을 제기하지 못해서가 아니라, 혹은 제네릭 신청의 의도적 방해 때문이 아니라, 탄원서의 안전 문제의 가치가 부족한 점에 더 초점을 맞추었다고 명확하게 말했다. 그럼에도 불구하고, 관리 당국은, 연방거래위원회에, 이러한 기업의 행위를 검토할 것을 의뢰하면서, 이러한 문제에 대해 맹비난을 하였다.[98]

모든 브랜드 기업의 주장에 대한 FDA의 완전한 반박에도 불구하고, 시민 탄원서는 탄원서가 기각될 때까지 걸리는 5개월이라는 지연 기간이라는 결과를 낳았다. 2012년 매출이 약 15억 달러였음을 감안할 때, 5개월의 지연은 아마도 브랜드 기업에게 경쟁이 제거된 상황이기 때문에 6억 달러 이상의 가치였을 것이다.[99] 이는 기업들이 이러한 유형의 전략에 가담하기에 충분한 보상이 된다. 항상 그렇듯이, 소비자들은 더 높은 건강 보험 프리미엄, 세금(메디케어 비용 상승에 따른 보완으로), 가격 등의 형태로 손해를 보게 된다.

FDA와 연방거래위원회는 1999년부터 이미, 시민 탄원 과정이 남용, 우려 표현, 수정 제안 등의 문제일 수 있음을 오래 전부터 인정하였다.[100] 의회는 2007년 FDA 규정의 새 항목을 시행함으로써 이러한 남용을 억제하려 하였으며, 이는 "제 505항(q)"이라고 알려져 있다. 제 505(q)항에서는 시민 탄원이 제네릭 승인을 지연시킬 때, 제 505(q)항 탄원으로서 특별 지정되며, FDA는 공중 보건 보호를 위해 지연이 필요하지 않는 한, 180일 이내에 탄원에 대한 최종 판결을 내려야 한다고 언급한다.[101] 2012년 통과된 식약청 안전혁신법("FDASIA")은 이러한 승인 기간을 150일로 추가 단축시켰다.[102] 근거가 없거나 전략적으로 시간을 끄는 탄원을 훨씬 더 줄이기 위해서, 탄원 신청자들은 이러한 탄원이 하찮은 것이 아니라는 인증 및 판명을 받아야 하며, 유리하고 불리한 모든 정보가 제공되어야 했으며, 이 탄원이 의도적 지연이 아님을 인정해야 하며, 신청자가 이러한 문제를 처음으로 인지한 날짜와, 탄원에 자금을 지원하는 자들의 이름 정보를 제공해야 한다.[103]

마지막으로, FDA에는 또한 탄원이 "주로 신청 승인 지연 목적으로 제출되었으며, 탄원이 표면 상으로 타당한 과학적 혹은 규제적 문제를 제기하지 않는다"고 생각되는 경우 언제라도 탄원을 기각할 수 있는 권한이 주어졌다.[104]

그러나 서복손의 경우, 규제 과정이 완전히 의도한 대로 흘러갔으며, 브랜드 기업의 탄원은 신청한 날 이후 정확히 150일 후에 기각되었다. 그럼에도 불구하고, 탄원은 5개월간의 지연이라는 결과를 낳았으며, 기업이 더 높은 가격으로 판매하며 6억 달러의 수익을 올렸다고 추산된다.[105] 따라서 의회가 의도한 대로 벨이 제 때에 울리더라도, 브랜드 기업은 여전히 지연을 위해 이러한 과정을 사용할 수 있다.

게다가 다양한 개정안들이 제네릭 지연을 요구하는 공을 세울 수 있는 시민 탄원서 제출을 단념시킨 것으로 보이지는 않는다. 회계연도 2008년과 2014년 사이 - 개정안이 실시되어 데이터를 활용할 수 있었던 기간 - 149건의 지연 탄원이 제출되었으며, 8건만이 완전히 인정되었다.[106] 이러한 탄원 중 39건은, 부분적으로 인정을 받았다. 그러나 Carrier & Wander가 언급한 바와 같이, 이러한 "혼합된 결정"은 종종 형식상의 절차이며, 두드러지는 예라고 생각된 "오렌지 주스" 탄원처럼, 탄원 신청인에게 우호적인 부분적 판결은 아니었다.[107] "부분적으로 인정된" 요청은 종종 이미 완료되었거나, 진행 중에 있거나, 심지어 시민 탄원이 부재한 상황에서 FDA가 요구할 수도 있는, 생물학적 등가성 연구에 대한 사소한 요청이다. 이는 마치 교사에게 과제를 내 달라고 요청하는 것과도 같지만 - 과제가 칠판에 써 있을 때 - 교사는 결론에 도달하기까지 수개월이 걸리며, 그 동안 교사의 총애를 받는 학생을 제외한 모든 학생들은 방과 후에 무기한으로 남아 있어야 한다.

지연을 요청하는 시민 탄원의 수는 제 505(q)항 개정안이 통과된 후 감소되지 않았다.[108] 제 5장에서 논의할 것이지만, 우리는 시민 탄원의 시기에 관한 확장적인 실증적 연구를 실시하였다. 단순히 우리의 데이터베이스를 위해 탄원서를 수집하는 데 있어서, 명확한 경향이 나타났다 - 매년 제네릭 관련 시민 탄원서의 수는 감소되지 않았다. 2003년, 12건의 제네릭 지연 관련 탄원이 제기되었다; 2010년, 이 수는 31건으로 두 배 이상이 되었다. 같은 시간 동안, 지연-관련 탄원 또한 모든 시민 탄원의 비율의 두 배가 되어, 제약회사들이 제출한 지연-관련 탄원은 2010년까지, 식품, 화장품, 의료 장비와 관련된 탄원을 포함한, 모든 시민 탄원의 20%를 차지하였다. 우리는 제 5장에서 시민 탄원에 관한 우리의 실증적 연구의 나머지 부분에 대해 다룰 것이다.

제 505(q) 항 개정안에서 가장 통렬한 규정은, 적용하기 어려운 것으로 증명되었다. 법규에 따라, 1) 주로 지연의 목적으로 제출되었으며 2) 표면 상 타당한 과학적 혹은 규제적 문제를 제기하지 않았을 때에는 FDA가 탄원을 즉결로 기각할 수 있음을 기억해보자. 이러한 요건을 동시에 증명하는 것은, 꽤 어려운 것으로 드러났으며, FDA는 이를 "부합하기 극히 어려운" 표준이라고 칭한다.[109] 사실, 회계연도 2008년에 개정안이 시행된 이래, FDA는 즉결 기각 규정을 적용한 적이 한 번도 없었다.[110]

이론 상, 피해를 입은 잠재적 제네릭은 브랜드 기업이 기망적인 시민 탄원을 제출하여, 반경쟁적 행동에 가담하였다고 주장하는 소송을 걸 수 있다. 그러나 이러한 소송은 성공할 가능성이 낮다.[111] 이러한 어려움을 설명하기 위해서, 독점금지 책임에 대한 두려움 없이, 정부에 탄원을 제출할 수 있는 일반 권리를 확립하는, 1960년대의 대법원 소건이었던, Noerr-Pennington으로 거슬러 올라간다.[112] Noerr-Pennington은 정부에 탄원을 제출한 것이, 단지 경쟁업체 방해를 의도로 하는 기망 제출로 여겨질 때, 독점금지 책임을 허용하는 예외 조항을 얻어냈다.[113] 그러나 대법원은 법적 탄원이 기망임을 증명하기 위한 기준을 매우 높게 설정하였다. 특히 탄원이 객관적으로 또한 주관적으로 근거가 없어야 하며, 객관적이라는 것은, 어떠한 합리적 탄원자도 현실적으로 판결에서 성공을 기대할 수 없음을 의미하며, 주관적이라는 것은 탄원에서 행정 과정을 통해 경쟁사를 직접적으로 방해하려는 노력을 감추려 한다는 의미이다.[114] 고소인 측의 이러한 부담은 치명적이다.

개정안에서 부과된 한계에도 불구하고, 여전히 시민 탄원 과정의 남용 사례가 존재한다. FDA에서 언급한 바와 같이, 150일이라는 시간은, 시민 탄원이 제네릭 승인을 지연시킬 수 있는 힘이 있을 때에만 적용된다.[115] 시민 탄원이, 제네릭 신청이 제출되기 전, 혹은 제네릭 신청이 Hatch-Waxman 법 하에서 승인 받을 "준비"가 되기 전에 제출된다면, 150일의 데드라인은 적용되지 않으며, FDA는 이러한 시나리오가 "매우 많다"고 언급한다.[116] 따라서 제네릭 신청이 준비가 되기 전에 제출된 시민 탄원은 또 다른 장애물로서의 역할을 할 수 있으며, 이러한 전략들은 이미 나타나고 있다.

마지막으로, 150일의 한계는 제네릭 승인이 얼마나 보류될 수 있는지에 최대 150일을 주는 것이 아니라, 각 탄원에 대해 고려할 수 있는 시간에 적용된다. 따라서 동일 탄원 제출자로부터의, 동일 의약품에 대해 다양한 탄원이 제기되는 "연쇄" 탄원의 가능성이 있다.[117] 예를 들어, FDA의 2011 보고서에서는 다음과 같이 보고되었다:

예를 들어, FDA는 국소적 안과 제품에 대한 ANDA 승인과 관련된 4번째[지연-관련] 탄원 및 도릭스(doxycycline)와 관련된 3번째[지연-관련] 탄원을 받았다. 이러한 여러 번의 제출은 각기 다른 과학적 문제를 제기하였으며, 모든 관련 주장에 대한 한 번의 포괄적 검토가 아니라, 여러 주장에 대한 일련의 검토를 필요로 한다.[118]

이질적인 사안들로 시차를 두어 개별 탄원을 제출함으로써, 브랜드 기업은 FDA가 각 탄원에 대응하여 시간을 소비하게 할 수 있으며, 따라서 잠재적으로 150일 이상의 시민 탄원을 통해 총 지연일을 늘릴 수 있다.[119]

시민 탄원에 대한 검토에서, 우리는 말라리아 예방약인 도릭스와 관련된 많은 탄원 사례들을 볼 수 있었으며, 시간차를 둔 여러 탄원이 어떻게 FDA 자원들을 소비하여 상당한 지연을 야기하는지를 알 수 있었다. 2004년에 제기된 한 탄원은, 캡슐에 "펠릿(알갱이)" 대신 "분말"이 포함되는지 제네릭이 적합성 탄원을 제출할 필요가 있음을 제안한다.[120] 부분적으로는, 많은 동일한 문제가 2008년 후반 탄원에서 제기되었으며, 동일한 사안들이 FDA의 시간을 소요하고 있었고, 이 과정을 계속하여 느리게 지연시켰기 때문에, 이 탄원에 대한 판결은 결코 이뤄지지 못했다.

2008년 여러 번 제출된 또 다른 시민 탄원에서는, 추가적인 생물학적 등가성 실험을 요구하며, 제네릭 버전의 도릭스가 Warner Chilcott

와 Mayne("Warner's")의 브랜드 약과 동일한 "스코어링(알약 가운데 선을 긋는 것)"이어야 한다고 주장한다. 그러나 이는 John Williams가 거창답게 작곡한, 영화 사운드트랙에 대한 요청이 아니며, 제네릭 알약이 더 쉽게 분리되기 위해서, 중앙에 선이 있어야 한다고 제안하는 탄원이다.[121] FDA는 이 탄원에서 혼합된 판결에 도달하였으며, 대다수의 Warner의 주장은 기각하였다. 그러나 알약에 금을 긋는 새로운 요건이 결국 제네릭에 부과되었기 때문에, 이번 판에서는 브랜드 기업이 승리한 것이다. 적어도 한 곳 이상의 제네릭이 이러한 변경 때문에 지연되었다.[122]

2009년에 제출된 세 번째 탄원에서는, 적어도 다섯 개의 다른 제네릭 신청에 대한 FDA 지연 승인을 요청한다.[123] 한 때 도릭스는 활성 성분이 1997년 이전에 승인을 받았기 때문에 Hatch-Waxman에 영향을 받지 않는 "구 버전의 항생제"로 분류되었다. 탄원에서, Warner는 새로운 법안에서 이러한 구분을 없앴으며, 따라서 30개월의 소송이 제네릭 신청에 적용되어야 한다고 주장한다. FDA는 이러한 탄원을 기각하였다.

2011년의 네 번째 탄원은 다시 한 번 스코어링 문제로 돌아가, 150mg의 지속정 도릭스정의 제네릭 버전이, 세 개의 50mg 조각으로 나누기 위해서 두 개의 금이 그어져야 한다고 요구한다.[124] 이러한 탄원은 특히 의심스러운 부분이다: Warner는 단일 스코어링 버전의 150mg 정을, 탄원을 제출하기 단 10일 전, 이중 스코어링 버전으로 변경하는 승인을 받았으며, 승인을 받은 후, 시장에서 단일 스코어링 버전을 철수하겠다고 약속하였다. 약 5개월 후, FDA는 브랜드 탄원의 모든 이면들을 기각하며, 이는 정부 기관의 격렬한 대립이라 칭해지는 구조에 대응하였다. 이는 브랜드가 만든 이중 스코어링이 제네릭 지연을 위한 변화였음을 직접 주장하는 것이었다:

이 소건의 정황과 사실을 살펴볼 때 (RLD가 제네릭 승인이 예상되는 날짜 이전에 스코어링에 변화를 주었고, 스코어링 변경 여부의 두 정을, 추가 경고 없이 동시에 판매하였다는 사실과, 이중 스코어링 정을 단일 스코어링 정으로 대체한 데서 오는 의약품 오류의 위험이 낮다는 사실을 포함하여), 우리는 당신의 탄원을 기각한다.[125]

이러한 기각은 또한 종종 사실이라고 여겨질 수 있는 사안에 대한 한 번 이상의 확인을 제공한다 - 최후 순간의 시민 탄원은 종종 제네릭 승인에 대한 최종적 방해물인 경우가 많다. 기각 당일, FDA는 제네릭 도릭스의 150mg의 단일 스코어링 정 버전을 승인하였다. 결국 Warner는 7년에 걸쳐 도릭스에 관한 네 건의 고유한 탄원을 제출하였으며, 한 건도 FDA로부터 유리한 판결을 얻어내지 못하였다.

따라서 REMS 지연과 마찬가지로, 어떠한 관행에 대한 의회의 비난에 대한 성문화는[126] 제조업체들이 제 2의 해결책을 찾아야 한다는 새로운 규칙일 뿐이며, - 예를 들어 탄원에 반응할 수 있는 데드라인 부과 - 그렇지 않으면 제조업체들은 더 많은 탄원을 신청할 것이다. 종종 새로운 규칙은 학생들이 운동장에서 서로 잘 어울려 놀도록 질책하는 것만큼이나 효과적이다.

03

“스키니 라벨” 방지: 카브-아웃 차단

3.0 세대의 게임이 진행되면서, 추가 전략들은 “스키니 라벨(skinny label)”과 관련된다. 의약품을 다룰 수 있는 여러 특허의 핵심으로 들어가기 전에, 여기, “스키니 라벨”의 일반적인 예가 있다: 한 만병 통치약이 알러지 증상과 요통 치료에 모두 사용될 수 있다고 가정해보자. 그러나 브랜드 제약업체는 요통 의약품에 대한 사용에만 특허가 있다. 이 경우, 제네릭은 의약품 사용이 특허 보호가 되지 않기 때문에, 이 의약품의 제네릭 형태를 알러지 치료에만 판매할 것이라고 선언함으로써, 시장에 진입할 수 있을 것이다. 특허 보호를 받는 사용은 제약 용어로 “카브 아웃(carve-outs)”이 되며, 알러지 증상에만 사용한다고 규정하는 “스키니 라벨”이 남게 된다.

사실, 제약업체의 많은 특허들은 물질과 화학 제형은 다루지 않으며, 약물의 특정한 사용에 관한 것이다. 그러나 Hatch-Waxman은 제네릭 신청자가, FDA 독점법이나 특허에서 보호를 받지 않는 약물의 사용만을 다루는 "스키니 라벨" 버전에 대한 신청을 원한다면 이를 허용해준다.[127] 신청자들은 또한 이러한 용어가 보호를 받는 사용과 관련이 있다면, 제네릭 라벨로부터, 브랜드 의약품의 그 밖의 라벨링 용어 중 일부를 빼도록 허락해달라는 요청을 할 수도 있다.[128] "스키니 라벨" 용어처럼, 이러한 요청은 종종 Hatch-Waxman의 한 항을 지칭하는, "제 viii항 카브 아웃"으로 알려져 있다.

예를 들어, 어떠한 약물에 대한 브랜드 기업의 유일한 특허는 "사용방법" 특허일 수 있으며, 이는 약물이 왜 투여되어야 하는지 그 이유를 지칭하는 "지시"와 함께, 약물의 특정 지시사항만을 보호한다(ex, "헬리코박터 감염 치료를 위한"). 이러한 시나리오는 약물의 화학 공식이 특허를 받았거나, 과거에 사용되었을 때 일어날 수 있으며, 이 기업은 의약품의 새로운 지시사항에 대해 더 제한적인 특허만을 받을 수 있다. 이러한 상황 하에서, 제네릭은 이미 특허를 벗어난 의약품 사용에 대한 승인 요청을 할 수 있다.[129]

"스키니 라벨"에 대한 요청은 또한 브랜드 제약회사가 희귀 약품 분류 혹은 소아과용 신규 지시사항의 사용과 같은 상황에서 활용 가능한 특별한 FDA 독점권을 받았을 때에도 적용될 수 있다. 제네릭은 보호를 받고 있는 용법에 대해서는 승인을 신청하지 않음을 암시하는 요청을 제출해야 한다.[130]

일반적으로, 이러한 카브 아웃 요청은, 제네릭이 모든 나머지, 보호

받지 않은 용도에 있어서 브랜드 의약품보다 덜 안전하거나 덜 효과적인 사용을 야기하지 않는 한, 승인된다.[131] 이러한 카브-아웃은 제네릭이, 브랜드 기업이 약물의 독점 시장 지위를 유지하려 하면서, 약물의 특허 기간이 거의 만료될 때, 추가할 수 있는 약하거나 제한적인 특허(혹은 독점권)를 피해가려 할 때 효과적인 방법일 수 있다.

그러나 모든 조치에는 동일한 반대 반응이 존재하게 되며, 이 또한 분명 카브-아웃 사례가 된다. Hatch-Waxman 하에서, 제네릭 신청이 제 viii항 카브-아웃만을 요청하며, 어떠한 Paragraph IV도 포함되지 않을 때, 이러한 신청은 소송을 야기하는 특허 침해의 인공적 행위나 30개월의 승인 보류를 야기하지 않는다. 따라서 제네릭 신청은 이론적으로 즉각적인 승인을 받기에 적격할 것이다.[132] 의심의 여지없이, 브랜드 기업은 시민 탄원을 제기할 것이며, 카브-아웃이 허용되어서는 안 된다고 주장할 것이다. 이러한 탄원에서는 일반적으로, 요청한 카브-아웃에, 약물의 안전 및 효능과 관련된 정보가 포함되어야 하며, 이러한 정보가 라벨에서 제거될 수 없다고 주장한다.[133]

제네릭은 사실, 그럼에도 불구하고 의사들이 모든 용도에 약물을 처방할 수 있음을 알리는 라벨로부터, 특정한 용도를 제거함으로써, Hatch-Waxman 소송 과정을 표리부동하게 해결하려 할 수도 있다. 의약품의 오프-라벨 용도는 제약법의 많은 이면들에 영향을 미치는 광범위한 현상이며, 한 저자는 이러한 관행에 관한 심각한 우려를 표하였다.[134] 카브-아웃 사례에서, 브랜드 제약 업체는 카브-아웃이 명목 상으로만 용도와 지시사항을 제거할 뿐이라며 우려를 표했다 - 일단 시장에 내놓으면, 브랜드 버전으로 승인을 받은 모든 용도에 제네릭이 처방되거나 "오프 라벨"이 사용될 수도 있다.[135] 그러나 FDA는 참고 약물 목록에서, 오프-라벨 사용이 약물의 안전하고 효과적인 용도에 나쁜 영향을 미칠 수 있음을 암시할 때조차도, 이를 카브-아웃을 승인하지 않는 합리적 근거로서 받아들이지 않았다.[136] 최근 시민 탄원에 대한 반응으로, FDA는 이러한 유형의 "예측 가능한 용도" 분석을 필요로 하는 것은 "의학 실무를 방해하지 않겠다는, 오랫동안 지속되어온 정책과 일치하지 않는다"고 말했으며, 순회 법원에서 이미 제네릭 승인을 금지하기 위한 이러한 주장을 기각하였다고 언급하였다.[137]

그럼에도 불구하고, 브랜드 기업이 작은 라벨링 변화를 가져오거나, 사용 방법의 강도가 약한 것에 대해 특허를 확보하여, 카브-아웃 요청이 따를 것을 방지하기 위해 시민 청원을 제출하게 되는 예도 많다.[138] 인정하건대, 이러한 경향은 더 복잡한 사례 형태로 본 서적에서 자주 볼 수 있게 된다. 우리가 지금까지 논의한 모든 것은 이 지점까지 형성되었으며, 따라서 이제 이에 대해 파고들어보자.

스켈락신(Skelaxin)의 역사는 복잡하지만, 이 분야에서 가장 두드러지는 예가 되며, 영리한 라벨링과 함께 하나 이상의 사용 방법의 특허를 추가하는 것이, 어떻게 수년간의 지연을 야기할 수 있는지를 보여준다. 스켈락신은 잘 알려진 근육 이완제인 메탁살론(metaxalone)의 상표명이며 1962년에 처음으로 승인을 받았다.[139] 이 약물은 1979년 활성 성분의 초기 특허가 만료되었지만, 30년 이상 동안 제네릭 경쟁의 위협을 겪지 않았다.[140] 그러나 2001년, 한 기업이 제네릭 스켈락신의 판매

승인 신청을 하며, 경쟁적 배경이 바뀌었다.[141]

제네릭 경쟁이 수면 위에 오르며, 브랜드 기업인 King은 의약품의 독점 시장을 확장시키는 데 힘썼다. 2001년 King은 단식 상태에서 생물학적 이용가능성과, 위장이 가득 차 있을 때 스켈락신을 복용하는 생물학적 이용가능성을 비교 측정한 연구를 실시하였다 - 약물의 어느 정도까지가, 시간이 지나면서, 실제로 바람직한 목적지까지 도달할 수 있을까?[142] 연구에서는 스켈락신의 생물학적 이용가능성이, 음식을 섭취한 상태에서 증가함을 보여주었다; 특히 생물학적 이용가능성은 "고지방 식이"를 했을 때 증가하였다.[143] 다음으로 King은 음식을 섭취함으로써 "메탁살론의 생물학적 이용가능성을 증가시키는" 방법에 관해 2002년 두 개의 특허를 요청하여 받았다 - 그렇다, 이 기업은 이 결과로 두 개의 특허를 받았다.[144] 2002년 6월, FDA는 스켈락신의 라벨링 개정을 승인하였으며, 음식 효과 연구에 관한 정보와 함께, 의약품 라벨링에 "약물동력학" 항목을 추가하였다.[145] 새로 받은 두 건의 특허가 2021년 만료가 예정되면서, 브랜드 기업은 시장에 제네릭이 진입하지 못하게 하며, 수년간 스켈락신 시장을 점유할 준비를 하였다.[146]

이제 제네릭 승인을 차단하게 된 두 가지 새로운 사용 방법 특허에 직면하여, 제네릭 기업은 2003년 1월 FDA에 시민 탄원을 제기하며, 생물학적 이용가능성 데이터 없이 이전 라벨링을 복구할 수 있도록 기관에 요청하였다. 또한 대안을 제안하였으며: 안전이나 효과성 문제로 구버전의 라벨을 철수하겠다고 선언을 하였고; 본질적으로는, 제네릭에 우호적인 결과로 인해, 제네릭이 라벨링 카브-아웃을 요청하게 만들 것이라는 결과였다.[147] 제네릭 기업이 본래의 라벨링을 복구하겠다는 시민 탄원을 기각하면서, FDA는 2004년 "신청자에게 보내는" 서신을 작성하였고, 생물학적 이용가능성 정보를 제네릭 라벨링에서 카브-아웃 시킬 수 있음을 확인해주었다.[148]

이는 FDA에게는 새로운 소건이었으며, 스켈락신에서 승인된 용도는 한 가지 뿐이었다 - "근골격 질환과 관련된 불편감 완화."[149] 따라서 제네릭 기업은 한 개 특허로 보호를 받는 용도를 단순히 카브-아웃 하겠다고 요청한 것은 아니었다; 대신 라벨링 정보를 제거하겠다고 한 것이다.[150] 그럼에도 불구하고 FDA는 데이터를 제거하는 것이, 브랜드 의약품보다 제네릭 스켈락신을 덜 안전하거나 덜 효과적으로 만드는 것은 아니며, 다시 한 번 카브-아웃 진행을 허용한다는 판결을 내렸다.[151] FDA의 반응은 이 기관이 브랜드 기업이 특허의 안전성을 보호해주는 "스카우트의 명예" 주장을 얼마나 신뢰하지 않는지를 반영하여 보여준다.

판결을 내리면서, FDA는 연구에서 라벨의 주의와 경고 혹은 복용량 지시사항에 어떠한 변화를 가져오지 않았다는 사실에 의존하였다.[152] FDA는 또한 브랜드 기업의 라벨이 특히, "이러한 효과의 임상적 관련성은 알려져 있지 않다"고 언급하며, 고지방 식이를 한 후 생물학적 이용가능성이 증가하였음을 지칭하고, 어떠한 안전 무제도 암시되지 않았다고 언급하였다.[153] ("신청자에게 보내는" 서신에서, 이러한 주장에 첨부한 주석은, 브랜드 제약업체의 주장이, 생물학적 이용가능성에 차이를 가져온 임상 효과를 증명하는, 임상 실험을 실시하였더라면 훨씬 더 유리했을 것이라는 점이었다.)[154] "신청자에게 보내는" 서신을 사용하여, 제네릭 기업은 성공적인 카브-아웃으로 가는 명확한 길을 찾은 것으로 보였다.

그러나 곧바로, King은 FDA의 "신청자에게 보내는" 서신 내용에 이의를 제기하는 여러 시민 탄원서를 제출하였다.[155] 여기에서는, 제 viii 항의 카브-아웃에 관한 새로운 싸움에 뛰어드는 대신, 제네릭 신청자는 2004년 후반, 두 개의 새로운 특허 하에서 Paragraph IV 인증을 신청하여, 더 표준적인 Hatch-Waxman 경로 하에서, 브랜드 기업에게 소송을 걸도록 자극하였다.[156] 소송이 진행 중이었지만, King은 라벨링 입지를 더 강화시키는 데 힘썼다. 이 기업은 2006년, 알려지지 않은 임상적 관련성에 관한 문장을 제거하고, 라벨의 경고 항목에 다음의 문장을 추가시킨, 새로운 라벨 승인을 받았다: "음식과 함께 스켈락신을 복용하면, 일반적 [중추신경계] 우울증을 향상시키며; 노인 환자들은 이러한 중추신경계 효과를 특히 더 많이 얻을 수 있습니다."[157]

이제, King은 경고 항목에서 약물의 안전한 사용을 암시하며, 생물학적 이용가능성에 관한 특허-보호를 받는 정보가 담긴 라벨을 승인 받았다. 게다가 이 약물은 한 가지 지시사항만 있으며, 이는 제네릭이 단순히 약물의 특정 용도와 관련된다고 해서 카브-아웃할 수 없음을 의미한다. 이는 제네릭과 FDA에게는 어려운 문제를 야기하였다. FDA가 인정한 바와 같이, "라벨의 경고 항목으로부터, 라벨에 적힌 용도와 관련된, 특허-보호를 받는 용어를 카브-아웃 하는 행위는 일반적으로 허용되지 않는다."[158]

FDA는 교착 상태에 빠져, 이 문제에 관해 도박을 하여, 브랜드 기업의 시민 탄원에 대한 어떠한 판결도 내리지 않기로 결정하였다. 대신, 결국 5년 후, 브루클린의 지방 법원이, 두 가지 생물학적 이용가능성 특허를 무효화하는 판결을 내리면서, 법원을 통해 해결이 이뤄졌다.[159] 판사는 이미 약물에 대해 알려진 바를 고려할 때, 스켈락신을 음식과 함께 복용하면 더 흡수가 잘 될 것임은 분명했다고 주장하였다.[160] 특허의 이름 하에 추정되는 혁신은, 전혀 새로울 것이 없었다. 따라서 제네릭은 Paragraph IV 이의제기에서 승소하였으며, FDA는 2010년 제네릭 신청을 승인하며, 카브-아웃에 대한 논쟁이 완전히 고려할 가치가 없게 만들었다.[161]

그러나 King이 얻어낸 지연은, 고려할 가치가 없는 것은 아니었다. FDA가 최초의 제네릭 신청을 받아들인 날부터, 승인 날짜까지, King의 전략은, 결국 새로운 특허가 무효화되었다는 사실에도 불구하고 거의 10년 동안 제네릭 스켈락신의 진입을 지연시켰다. 이러한 지연은 매출에서 30억 달러의 가치가 있었을 것이다[162] - 결국, 스켈렉신이 음식과 함께 복용할 때 더 잘 흡수된다는 아마도 새로운 결과를 주장하는 두 건의 특허와, 라벨의 한 문장을 통해서 말이다.

최근 까다로웠던 카브-아웃 문제에서는, 독점권이 카브-아웃 과정에서 어떻게 혼란을 야기할 수 있는지를 보여준다. 2004년, AstraZeneca는 인기 있는 콜레스테롤-저하 스타틴인 크레스토(Crestor)에 대해서 희귀의약품 지정 승인을 받았다.[163] 이러한 지정은, 연구에서 크레스토가 콜레스테롤 수치를 높이고 미숙아 사망을 야기할 수 있는 희귀하고 심각한 유전 질환인 소아 동질접합 가족성 고콜레스테롤혈증(“소아

HoFN") 치료에 사용될 수 있음을 발견하였기 때문에, 승인을 받았다.[164] 희귀의약품 지정 승인은, 크레스토에 추가로 7년의 마케팅 독점권을 부여하였지만, 희귀 질환 용도에 사용되는 경우에 한했다. 분명, 크레스토가 HoFN 치료에 고유한 효과가 있다는 관찰이 있었던 것은 아니었다 - AstraZeneca는 단순히 약물의 일반적 목적으로, 콜레스테롤을 낮출 수 있음을 관찰하였으며, 이것이 추후 HoFN의 영향을 완화시킬 수 있었을 것이다.[165] AstraZeneca는 본래, 콜레스테롤을 낮추는 데 사용되는 약물이 고콜레스테롤이 특징인 소아 질환 치료에 도움을 줄 수 있음을 확인하기 위해, 추가적으로 독점권을 승인 받으려 하였다. 우리는 크레스토가 소아 HoFN을 앓는 환자들에게 미칠 수 있는 실제 치료 효과를 폄하하려 하는 것은 아니지만, 이러한 결과는 특히 새로울 것은 없다 - AstraZeneca가 갑자기, 크레스토가 콜레스테롤 수치를 낮추는 것과 관련이 없는 치료 효과가 있음을 발견한 것도 아니었다. 게다가 연구는 (항상 그렇듯이) 의심스럽게도, 크레스토가 2003년 처음 승인을 받은 뒤 몇 년 동안은 시작되지 않았다.[166] 많은 논평가들은 약물을 처음 승인 받고 장기간 후에, 희귀 질환 치료에 대해서 매우 대중적인 약물을 승인을 받음으로써, 희귀 의약품법을 기만하려 하는 제약 업체들에 관해 우려를 표하였다.[167]

AstraZeneca는 소아용 의약품에 대한 완전한 마케팅 승인을 얻기 위해, 보완적인 신약 승인 신청을 제기하였으며, 2016년 5월 승인을 받았고, 이는 제네릭이 시장에 진입하기 약 1달 전에 이뤄진 일이었다.[168] 이는 개정된 라벨에 소아용 희귀의약품에 대한 정보를 포함시키도록 허용하였다. 여기에서 문제가 까다로워진다. 스켈락신의 대혼란에서 경험한 바와 같이, 약물의 안전과 효능에 관련되지 않는 한, 라벨링 정보는 일반적으로 카브-아웃 될 수 없다. 소아용 희귀의약품 사용에 관한 정보를 라벨에 추가함으로써, AstraZeneca는 시민 탄원에서, 부분적으로는, 소아용 라벨링 정보가 제거되고, 성인용 라벨링 정보만 남아 있다면, 의사들이 너무 높은 복용량을 처방함으로써 아동에게 과잉 처치를 할 수 있기 때문에, 의사들이 이러한 정보가 안전과 관련이 있었으며, 어떠한 이유로든 카브-아웃 될 수 없음을 주장하였다.[169]

AstraZeneca는 이러한 주장의 권위가 모든 제약 라벨링을 지배하는 법과, 특히 소아용 처치에 적용되는 법 사이의 고유한 상호작용에서 기인한다고 믿으며, 이 기업은 제네릭 라벨링에서, 소아용 라벨링의 어떠한 내용도 제거하지 못하게 해야 한다고 주장한다.

이 사건이 제네릭 신청 과정 동안 이러한 소아용 라벨링 문제가 발생된 최초의 사례는 아니었다. 2014년 12월, 몇 달 안에 독점권이 만료되면서, 브랜드 기업 Otsuka는 아빌리파이(Abilify)에 대한 소아용 희귀의약품 지정 승인을 받았으며, 이는 우울증, 양극성 장애, 조현병 치료에 사용되는, 거대 성공을 거둔 항정신병 치료제이다.[170] 보완적 신약 신청 승인을 받아, Otsuka는 아빌리파이를 소아 투렛 장애 치료에 사용할 수 있게 판매가 허용되었다.[171]

AstraZeneca가 1년 이후 더 많은 조치를 취한 것처럼, Otsuka는 소아용 투렛에 대한 지시사항이 라벨에서 카브-아웃되어서는 안 된다고 주장하였다. 이들의 법적 주장은, 2002 "소아의약품법"에 추가된 21

U.S.C. § 355A(o)에 기인한 것이며, 여기에서는 "이 법의 제 Section 355(j)(5)(F)항의 (iii) 혹은 (iv) 조항 하에서, 누락된 지시사항이나 그 밖의 특성이 독점권이나 특허의 보호를 받을 때, 약물의 라벨링에서 소아 사용에 관한 라벨링의 어떠한 특성이나 소아 지시사항이 누락된다면" 제네릭이 승인되어서는 안 된다고 규정한다.[172] 제 355(j)(5)(F)항의 (iii)과 (iv)조항은 Hatch-Waxman 하에서 제공되는 신약과 새로운 연구 독점권을 지칭한다 - 이는 분명 식품의약품화장품법[173]의 서로 다른 항목에 포함된, 희귀의약품 독점권에 대해서는 명확히 언급하지 않는다(참고로 이 부분은 제 360aa항~360ff항에서 찾을 수 있다.).[174] 따라서 Otsuka는 법규에서 희귀의약품법이 부재하여, FDA가 소아용 지시사항의 카브-아웃을 허용할 수 없다고 주장하였다 - 조금도 과장하지 않고, 완전히 새로운 주장이었다.[175]

Otsuka는 또한 FDA가 제네릭에 소아용 지시사항을 사용하지 못하게 하는 데 전례 없이 긴 기간을 거쳤으며, 이것이 또한 이미 복잡한 이야기를 더 복잡하게 만들었다고 주장하였다. 소건에서 Otsuka는 승인 후 몇 달 후에, FDA가 이것이 오류였다고 말했으며, 소아 환자만이 아닌, 모든 환자들의 투렛 장애를 다룰 수 있도록 희귀의약품 승인을 변경하였다고 주장하였다.[176] 희귀약품 사용은 더 이상 소아만의 용도가 아니었으며, 오히려 일반 인구에게 적용되는 지시사항이기 때문에, 이는 § 355A(o) 하에서 제네릭을 방해하는 주장을 하는 Otsuka에게는 불리하게 작용하였다.[177] Otsuka는 본래 너무 광범위한 인구를 위한 아빌리파이의 사용을 승인하도록 FDA에 요청하였으나, 이후 제네릭 차단을 위해 추가 사항으로서 소아용 지시사항을 지적한 것이기 때문에, 이는 또한 놀라운 결과였다. FDA는 이러한 변경이 이뤄져서는 안 된다고 기각하였으며, 그 반대의 어떠한 의견도 오류가 있으며, 공식적 변경은 아니었다고 전했다.[178] 그럼에도 불구하고, Otsuka는 제네릭 승인을 멈추라는 신청을 제기하였으며, 2015년 4월까지, 이러한 지지 사항이 FDA가 취했을 수도, 그렇지 않았을 수도 있는 행동에도 불구하고, 소아 투렛 장애만을 위한 것이었음은 명확해졌다.[179]

상황은 Otsuka에게 유리하게 돌아가지는 않았다. FDA는 아빌리파이의 제네릭 버전을 승인하였으며, 연방 판사는 예비 명령에 대한 Otsuka의 요청을 기각하였다.[180] 판사는 § 355A(o) 조항이 FDA가 희귀의약품법에서 소아용 지시사항 카브-아웃을 금지시킨 것은 아니었으며, 대신 FDA가 사실 Hatch-Waxman 독점과 관련된 카브-아웃을 허용할 수 있음을 명확하게 하는 것으로 보였다고 밝혔다. 이러한 법규에서는 신청이 "승인에 적격하지 않은 것으로 여겨져서는 안 된다"고 규정하며, 이는 제한하기보다는 카브-아웃에 적격한 범위를 넓힘으로써, 판사의 결과를 지지하는, 극단적으로 혼란을 가져오는 이중 부정문"이라고 언급한다. FDA는 Otsuka의 주장 기각에서 유사한 결정을 내렸으며, § 355A(o)와 관련된 Otsuka의 주장이 이 조항을 근본적으로 뒤집어 생각하게 한다고 밝혔다.[181] 대법원은 King v. Burwell에서 부담적정보험법 "거래"의 정의에 대해 솔직하게 따져놓았기 때문에, 법적 해석은 그렇게 흥미롭지는 않았다.[182]

크레스토 건으로 돌아가서, AstraZeneca는 이번에는 달랐다고 주장하며, 희귀의약품법과 소아과 라벨링에 관한 매우 유사한 주장을 하려 하였다. FDA의 판결과 연방법원이 옳지 않았다고 주장하면서, 이 기업은 자신의 소건을 Otsuka의 대 실패로 돌아간 아빌리파이 소건과 구분 지으려 하였다. 다시 한 번 심호흡을 하자. 아빌리파이는 소아 투렛 장애에 대해서만 승인을 받았으며, 따라서 라벨에서 이 부분을 카브-아웃 하는 것은 투렛 장애와 관련된 어떠한 지시사항도 남기지 않는 셈이다. 크레스토의 경우, 소아 HoFN 지정을 제거한다 해도, 여전히 라벨에는 성인 HoFN 복용량이 남겨져 있으며, AstraZeneca는 이것이 우발적으로 과다 복용한 아동에게서 잠재적 안전 문제를 야기한다고 주장하였다.[183]

2016년 7월, 몇 명의 상원의원, 대표자, 사법부가 제네릭 승인에 힘을 실어준 뒤,[184] AstraZeneca는 모든 라벨링-관련 소송에서 패하였다. FDA는 Otsuka의 이의제기를 기각한 서신과 구조가 매우 유사한 판결을 통해 시민 탄원을 기각하였으며, 성인 HoFN 복용량 정보는 카브-아웃된 소아용 HoFN 정보와 "크게 다르지 않다"고 밝히며, § 355A(o)의 해석을 되풀이하였다.[185] 연방 판사는 또한 제네릭 판매를 금지하였던 명령을 기각하였다.[186]

이는 마지막으로, 크레스토와 아빌리파이의 대하 소설의 결론을 내렸다. 이러한 두 가지 복잡한 시나리오는 브랜드 기업이 독점권과 시민 청원, 소송, 법규 해석 문제들을 혼합하여, 제약 시장 진입 지연의 3.0 세대에서 제네릭 기업을 차단하려 한 장기간의 이야기를 들려준다. 브랜드 제약 회사들이 규제 과정들을 왜곡하는 차단 및 지연 전략에 의존하게 되면서, 이들은 아마도 연구 개발 분야에 법적 자원이 배치되는 본보기가 될 것이다.

참고문헌

1 One of the authors, Feldman, discussed these REMS abuse issues in a Senate hearing in the summer of 2016. *See CREATES Act: Ending Regulatory Abuse, Protecting Consumers and Ensuring Drug Price Competition: Hearing Before S. Comm. on the Judiciary Subcomm. on Antitrust, Competition Policy, and Consumer Rights*, 114th Cong. (2016) (statement of Professor Robin Feldman, Director of the Institute for Innovation Law, University of California Hastings College of the Law).

2 REMS, which stands for "Risk Evaluation and Mitigation Strategies," is a system introduced by the FDA in 2007 as part of amendments to the FDA Act in 2007. U.S. Food & Drug Admin., FDA Basics Webinar: A Brief Overview of Risk Evaluation and Mitigation Strategies (REMS) 2 [hereinafter "FDA REMS Basics"] (Aug. 12, 2015), www.fda.gov/ downloads/ AboutFDA/ Transparency/Basics/ UCM328784.pdf (presenting risk evaluation and mitigation strategies).

3 *See Guidance for Industry: Format and Content of Proposed Risk Evaluation and Mitigation Strategies (REMS), REMS Assessments, and Proposed REMS Modifi cations,* U.S. Food & Drug Admin. (2009), *available at* www.fda.gov/downloads/Drugs/GuidanceComplianceRegulatoryInformation/Guidances/ UCM184128.pdf. A company may also voluntarily submit a proposed REMS program tothe FDA. *See Ibid.* at 2.

4 *See* FDA REMS Basics, *supra* note 2, at 4.

5 *Ibid.* at 13.

6 *Ibid.*

7 *Ibid.* at 17. *See also* Press Release, Lundbeck, U.S. FDA Approves Changes to the SABRIL®(vigabatrin) REMS Program(June 23, 2016), http://finance.yahoo.com/news/u-fda-approves-changes-sabril-183500071.html(offering an example of REMS requirements being reduced).

8 *Approved Risk Evaluation and Mitigation Strategies*(REMS), U.S. Food & Drug Admin., www.accessdata.fda.gov/scripts/cder/rems/(last visited Sept. 5, 2016).

9 Alex Brill, *Lost Prescription Drug Savings from Use of REMS Programs to Delay Generic Market Entry,* Matrix Global Advisors(July 2014), at 2, www.gphaonline.org/media/cms/REMS_Studyfinal_July2014.pdf. The study was sponsored by the Generic Pharmaceutical Association.

10 21 U.S.C. § 355(j)(2)(A)(iv) (2012).

11 21 U.S.C. § 355(j)(8) (2012).

12 *Actelion Pharm. LTD v. Apotex Inc.*, No. 12-5743, 2013 WL 5524078(D.N.J. Sept. 6, 2013); *see also* Kat Greene, *Actelion Settles Row over Giving Drugs to Generic Makers,* Law360(Feb. 28, 2014 , 7:07 PM), www.law360.com/articles/514434/actelion-settles-row-over-giving-drugs-to-generics-makers. In one other previous case filed in 2008, Lannett accused Celgene of refusing to provide it samples of Thalomid. The case ended in a settlement. Verified Complaint for Mandatory Injunctive Relief, Declaratory Relief and Money Damages, *Lannett Co., Inc. v. Celgene Corp.*, No. 08-3920, 2011 WL 1193912(E.D. Pa. Aug. 15, 2008).

13 Actelion Pharm., 2013 WL 5524078, at *1.

14 21 U.S.C. § 355-1(f)(8) (2012).

15 *See* Ctr. for Drug Evaluation & Res., U.S. Food & Drug Admin., Risk Evaluation and Mitigation Strategy(REMS) Public Meeting 270-72(July 28, 2010) (statement by Jane Axelrad, Associate Director of Policy, Ctr. for Drug Evaluation and Res.), www.fda.gov/downloads/ Drugs/NewsEvents/

UCM224950.pdf(asserting that REMS should not be a barrier to acquiring generic samples). In part, these letters came about after a citizen petition filed in 2009 by Dr. Reddy's asking the FDA to issue guidance regarding the use of REMS to block or delay generic entry. It also asked the FDA to establish a procedure by which the FDA would provide letters on behalf of generic applicants to explain that the generic will meet the REMS safe use requirements that might be implicated in bioequivalence testing. See Citizen Petition from Kumar Sekar, Senior Dir., to Div. of Dockets Mgmt., U.S. Food & Drug Admin., No. FDA-2009-P-0266-0001, at 10(June 10, 2009), www.fdalawyersblog.com/Dr_Reddys_Laboratories,_Inc_-Citizen_Petition.pdf. Dr. Reddy's was attempting to obtain samples of Celgene's Revlimid and Thalomid, which are also the subject of another ongoing REMS-based lawsuit described later in the chapter.

16 *See generally* Darren S. Tucker, Gregory F. Wells & Margaret Sheer, *REMS: The Next Pharmaceutical Enforcement Priority?* 28 Antitrust 74(2014).

17 *See* Memorandum of Law in Support of Plaintiffs' Motion for Judgment on the Pleadings and to Dismiss Counterclaims at 8, *Actelion Pharm. Ltd. v. Apotex Inc.*, Case 1:12-cv-05743-NLH-AMD(D. N.J. Mar. 18, 2013).

18 For a detailed analysis of the potential antitrust issues in restricted distribution cases, see Michael A. Carrier, Nicole L. Levidow, & Aaron S. Kesselheim, *Using Antitrust Law to Challenge Turing's Daraprim Price Increase,* 31 Berkeley Tech. L.J. (forthcoming 2016), http://ssrn.com/abstract=2724604.

19 Greene, *Actelion Settles Row, supra* note 12; Lance Duroni, *Actelion Denied Judgment in Tracleer Antitrust Suit,* Law360(Oct. 21, 2013, 8:00 PM), www.law360.com/articles/481879. Although a settlement may represent a party's rational calculation of the strength of its case and the costs of continuing to litigate, it may also represent the strategic choice to abandon a case or pay off the other side if damaging information might emerge or dangerous precedents might be set.

20 *Mylan Pharmaceuticals v. Celgene Corp.*, No. 14-cv-2094, Transcript of Oral Opinion at *4–9(D.N.J. Dec. 22, 2014) (denying in part and granting in part Celgene's motion to dismiss by oral opinion). The case later ended in a settlement.

21 *Mylan Pharmaceuticals v. Celgene Corp.*, No. 14-cv-2094, Transcript of Oral Opinion at *7 (D.N.J. Dec. 22, 2014) (denying in part and granting in part Celgene's motion to dismiss by oral opinion).

22 *Ibid.* at *17–18; *see also* Carrier, Levidow & Kesselheim, *Using Antitrust Law, supra* note 18, at *13–14(discussing this case).

23 Laura S. Shores, *Pharmaceutical Patent Life Extension Strategies: Are REMS Programs Next?* Antitrust Health Care Chron. 19, 27(March 2012) (citing Form 10-Q Quarterly Report for Celgene Corp. (fi led Nov. 2, 2011)).

24 *See* Ameet Sarpatwari, Jerry Avorn, & Aaron Kesselheim, *Using a Drug-Safety Tool to Prevent Competition,* 370(16) New England J. of Med. 1476, 1477(April 17, 2014) (describing US Patent US 7,141,018 B2 and discussing the thalidomide REMS in the context of problems within the REMS system).

25 *See Alice Corp. Pty. Ltd. v. CLS Bank Int'l,* 134 S. Ct. 2347(2014); *see also Association for Molecular Pathology v. Myriad Genetics, Inc.*, 133 S. Ct. 2107 (2013); *Mayo Collaborative Servs. v. Prometheus Laboratories, Inc.*, 132. S. Ct. 1289(2012). For a description of these cases, see Robin Feldman, *Coming of Age for the Federal Circuit,* 18 Green Bag 2D 27(2014); Robin Feldman, *A Conversation on Judicial Decision-Making,* 5 Hastings Sci & Tech. L.J. 2(2013).

26 *See* Sarpatwari, Avorn, & Kesselheim, *Using a Drug-Safety Tool, supra* note 24, at 1477(discussing Citizen Petition from Celgene Corporation to the FDA at 17–18(September 20, 2007), www.regulations.gov/document?D=FDA-2007-P-0113-0002).

27 Letter from Janet Woodcock, Dir., Ctr. for Drug Evaluation & Research, FDA, to Gary L. Vernon, Sidney Austin LLP, Re: Docket No. FDA-2007-P-0113(Sept. 30, 2014), www.regulations.gov/document?D=FDA-2007-P-0113-0028(denying the Celgene citizen petition).

28 Press Release, Celgene Corp., Celgene Announces Dismissal of Suit against Barr Laboratories Following Withdrawal of Thalidomide ANDA(May 27, 2010), http://ir.celgene.com/releasedetail.cfm?releaseid=799456(press release confirming withdrawal of the application).

29 *See* S. Comm. On the Judiciary Subcomm. on Antitrust, Competition Policy and Consumer Rights, *The CREATES ACT: Ending Regulatory Abuse, Protecting Consumers, and Ensuring Drug Price Competition*(Jun. 21, 2016), at 1:33:15, https://www.judiciary.senate.gov/meetings/the-creates-actending-regulatory-abuse-protecting-consumers-and-ensuring-drug-price-competition(using fox analogy in response to a Senator's question).

30 Jonathan D. Rockoff, *Valeant Pharmaceuticals under Investigation by Federal Prosecutors,* WALL ST. J. (Oct. 15, 2015), www.wsj.com/articles/valeant-pharmaceuticals-under-investigation-by-federal-prosecu tors-1444874710?mod=e2tw.

31 Bethany McLean, *The Valeant Meltdown and Wall Street's Major Drug Problem,* VANITY FAIR(June 5, 2016), www.vanityfair.com/news/2016/06/the-valeant-meltdown-and-wall-streets-major-drug-problem.

32 Roddy Boyd, *The King's Gambit: Valeant's Big Secret,* S. INVESTIGATIVE REPORTING FOUND. (Oct. 19, 2015), http://sirf-online.org/2015/10/19/hidden-in-plain-sight-valeants-big-crazy-sort-of-secret-story/.

33 Bertrand Marotte, *Valeant's Sales Network: Deciphering a Complex Web of Companies,* GLOBE & MAIL(Oct. 27, 2015), www.theglobeandmail.com/report-on-business/valeants-sales-network-the-firmsand-chess-terms-tied-to-it/article27009058/.

34 Andrew Pollack, *Drug Makers Sidestep Barriers on Pricin,* N.Y. TIMES(Oct. 19, 2015), www.nytimes.com/2015/10/20/business/drug-makers-sidestep-barriers-on-pricing.html?smid=pl-share.

35 *Ibid.*

36 *Ibid.*

37 *Ibid.*

38 Caroline Chen & Ben Elgin, *Philidor Said to Modify Prescriptions to Boost Valeant Sales,* BLOOMBERG(Oct. 29, 2015), www.bloomberg.com/news/articles/2015-10-29/philidor-said-to-modifyprescriptions-to-boost-valeant-sales.

39 McLean, *Valeant Meltdown and Wall Street's Major Drug Problem, supra* note 31.

40 Jeffrey Zients & Seth Hanlon, *The Corporate Tax Inversions Loophole: What You Need to Know,* WHITE HOUSE BLOG(Apr. 8, 2016 , 6:39 PM ET), www.whitehouse.gov/blog/2016/04/08/corporate-inversions-tax-loophole-what-you-need-know.

41 Kristen Hallam, Cynthia Koons, & Zachary Tracer, *Pfizer Confirms Termination of Proposed $160 Billion Allergan Merger,* BLOOMBERG(Apr. 6, 2016), www.bloomberg.com/news/articles/2016-04-06/pfizer-allergan-end-160-billion-merger-amid-new-tax-rules; Jonathan D. Rockoff, Liz Hoffman, & Richard Rubin, *Pfizer Walks Away from Allergan Deal,* WALL ST. J. (Apr. 6, 2016), www.wsj.com/articles/pfizer-walks-away-from-allergan-deal-1459939739.

42 *See Approved Risk Evaluation and Mitigation Strategies(REMS): Gilenya (fi ngolimod),* U.S. FOOD & DRUG ADMIN. (May 14, 2015), www.accessdata.fda.gov/scripts/cder/rems/index.cfm?event=IndvRemsDetails.page&REMS=22 .

43 *In re Suboxone*(Buprenorphine Hydrochloride and Naloxone) Antitrust Litig., 64 F. Supp. 3d 665, 675(E.D. Pa. Dec. 3, 2014) (granting dismissal of some counts and in part denying some counts).

44 *Ibid.*

45 SUBOXONE, www.suboxone.com .

46 *See* Deborah Sontag, *Addiction Treatment with a Dark Side,* N.Y. TIMES(Nov. 16, 2013), www.nytimes.com/2013/11/17/health/in-demand-in-clinics-and-on-the-street-bupe-can-be-savior-or-menace.html; Risk Evaluation and Mitigation Strategy for Suboxone, Indivior, www.suboxonefi lmrems.com.

47 *See* Sontag, *Addiction Treatment, supra* note 46 .

48 U.S. Food & Drug Admin., Risk Evaluation and Mitigation Strategy for Suboxone, Reckitt Benckiser Pharmaceuticals, Inc., NDA 20–733(Dec. 2011), www.accessdata.fda.gov/drugsatfda_docs/rems/Suboxone%20sublingual%20tablets_2011-12-22_REMS%20DOCUMENT.pdf(approving initial Risk Evaluation and Mitigation Strategy); *see* Sontag, *Addiction Treatment, supra* note 46; *see also* Phelps Hyman & PC McNamara, *Risk Evaluation and Mitigation Strategy Tracker,* FDA Law Blog(last visited Sept. 5, 2016), www.fdalawblog.net/fda_law_blog_hyman_phelps/files/REMS_Tracker.xls(providing extensive tracking of REMS approvals).

49 Sontag, *Addiction Treatment, supra* note 46.

50 Suboxone is now sold and distributed by Invidior, a specialty pharmaceutical company that Reckitt Benckiser spun off from its core business in 2014. Ashley Armstrong, *Reckitt Benckiser to Spin-Off Drug Unit into New Listing,* Telegraph(Nov. 17, 2014), www.telegraph.co.uk/finance/newsbysector/epic/rbdot/11235616/Reckitt-Benckiser-to-spin-off-drug-unit-into-new-listing.html.

51 End-Payor Plaintiffs' Consolidated Amended Class Action Complaint at paras. 3–5, *In re Suboxone*(Buprenorphine Hydrochloride and Naloxone) Antitrust Litig., No. 13-md-02445, 2013 WL 5467390(E.D. Pa. Aug. 15, 2013).

52 *Ibid.* at para. 15.

53 *In re Suboxone*(Buprenorphine Hydrochloride and Naloxone) Antitrust Litig., 64 F. Supp. 3d 665, 674 (E.D. Pa. Dec. 3, 2014).

54 *Ibid.*

55 End-Payor Plaintiffs' Consolidated Amended Class Action Complaint, *supra* note 51, at paras. 23–26; *see also* U.S. Food and Drug Admin., NDA 20–733, Suboxone Risk Evaluation and Mitigation Strategy(Dec. 2011), www.accessdata.fda.gov/drugsatfda_docs/rems/Suboxone%20sublingual%20tablets_2011-12-22_REMS%20DOCUMENT.pdf(approving initial Risk Evaluation and Mitigation Strategy).

56 End-Payor Plaintiffs' Consolidated Amended Class Action Complaint, *supra* note 51, at paras. 21, 28.

57 *In re Suboxone,* 64 F. Supp. 3d at 674.

58 *See* Sontag, *Addiction Treatment, supra* note 46.

59 Letter from Judith A. Racoosin, Deputy Dir. for Safety, Ctr. for Drug Evaluation & Research, FDA, to John Song, Manager, NA Regulatory Affairs Operations, Reckitt Benckiser, at 1 (Dec. 22, 2011), www.accessdata.fda.gov/drugsatfda_docs/appletter/2011/020733s007,s008ltr.pdf(approving Risk Evaluation and Mitigation Strategy).

60 *In re Suboxone,* 64 F. Supp. 3d at 675. This requirement is detailed in 21 U.S.C. § 355(i)(1) (2012).

61 *In re Suboxone,* 64 F. Supp. 3d at 675–76; *see also* Kurt R. Karst, *In Case You Missed It ... We Did! Prometheus Takes Action against FDA over Generic LOTRONEX Approval and REMS Waiver, and Then Promptly Drops Case,* FDA L. Blog(June 24, 2015), www.fdalawblog.net/fda_law_blog_hyman_phelps/2015/06/in-case-you-missed-it-we-did-prometheus-takes-action-against-fda-overgeneric-lotronex-approval-and-.html(noting that the Suboxone REMS waiver was the first granted by the FDA); *see also Prometheus Lab. Inc. v. Burwell,* No. 15-cv-00742(D.D.C. fi led May 18, 2015) (D.D.C. denied motion for temporary restraining order May 21, 2015. Prometheus dropped suit June 11, 2015 where a brand-name company filed suit against the FDA for granting a second REMS waiver in 2014.). The FDA responded by noting, in part, that the brand-name company "dragg[ed] its feet for more than three years rather than collaborate with [the generic]." *See* Federal Defendants' Opposition to Plaintiff's Motion for a Temporary Restraining Order And/Or Preliminary Injunction at 6, *Prometheus Lab. Inc. v. Burwell,* No. 15-cv-00742(D.D.C. May 28, 2015), www.fdalawblog.net/LOTRONEX%20-%20Roxane%20TRO-PI%20Opp.pdf. Less than a month later, Prometheus completely dropped its suit. *See* Karst, *supra.*

62 Assuming $1.55 billion in sales of Suboxone in 2012. This assumes that the REMS delay was the

only issue standing in the way of generic approval, which is not a fully unreasonable assumption. As will be discussed in the next section, immediately before the generics applied for a REMS waiver, Reckitt announced a withdrawal of Suboxone tablets from the market and filed a citizen petition asking for the generic application not to be approved. Immediately after the citizen petition was dismissed in early 2013, the generic applications were approved. Thus, it is possible that generic entry could have been approved immediately after the REMS waiver was approved had Reckitt not taken further action.

63 *In re Suboxone*, 64 F. Supp. 3d at 688.

64 *See* the next section for more details.

65 *See* Ctr. for Drug Evaluation & Res., *supra* note 59, at 272(statement by Jane Axelrad, Associate Director of Policy, Center for Drug Evaluation and Research) (discussing diffi culties of getting parties to work together to set up a joint REMS).

66 Federal Defendants' Opposition to Plaintiff's Motion for a Temporary Restraining Order and/or Preliminary Injunction, *Prometheus Lab. Inc. v. Burwell*, No. 15-cv-00742, at 15(D.D.C. May 28, 2015), www.fdalawblog.net/LOTRONEX%20-%20Roxane%20TRO-PI%20Opp.pdf.

67 *See* Fair Access for Safe and Timely Generics Act of 2015, H.R. 2841, 114th Cong. (2015).

68 *See* CREATES Act, S. 3056, 114th Cong. (2016).

69 For commentary on the Senate bill by one of the authors, *see CREATES Act: Ending Regulatory Abuse, Protecting Consumers and Ensuring Drug Price Competition: Hearing before S. Comm. on the Judiciary Subcomm. on Antitrust, Competition Policy, and Consumer Rights*, 114th Cong. (2016).

70 21 C.F.R. § 10.30 (1979).

71 Hyman, Phelps & McNamara PC, *FDA Citizen Petition Tracker*, FDA L. Blog(last visited Sept. 5, 2016), www.fdalawblog.net/fda_law_blog_hyman_phelps/files/CPTracker.xls.

72 These are known as "ANDA suitability petitions." Kurt R. Karst, *FDA Rejects Requests to Initiate Rulemaking for(505)(b)(2) NDA Therapeutic Equivalence Rating Decisions*, FDA L. Blog(July 28, 2014), www.fdalawblog.net/fda_law_blog_hyman_phelps/2014/07/fda-rejects-requests-to-initiate-ulemakingfor-505b2-nda-therapeutic-equivalence-rating-decisions.html.

73 *See ibid.*

74 *See* Michael A. Carrier & Daryl Wander, *Citizen Petitions: An Empirical Study*, 34 Cardozo L. Rev. 249 , 261 (2012) .

75 Citizen Petition from United Research Laboratories, Inc., Mutual Pharmaceutical Company, Inc., to Div. of Dockets Mgmt., U.S. Food and Drug Admin, No. FDA-2007-P-0123, at 1(Nov. 29, 2007), www.regulations.gov/#!documentDetail;D=FDA-2007-P-0123-0002.

76 *Ibid.* at 2.

77 Letter from Janet Woodcock, Dir., Ctr. for Drug Evaluation & Research, U.S. Food & Drug Admin., to Robert Dettery, Vice President, Reg. Aff., Mutual Pharmaceutical Company, Inc., Re: No. FDA-2007-P-0123, at 4(Apr. 17, 2008) [hereinafter "FDA Response to Mutual"], www.regulations.gov/#!documentDetail;D=FDA-2007-P-0123-0009(granting in part and denying in part Mutual's petitions). The FDA did grant Mutual's request that a portion of the brand-name Plendil labeling stating that "orange juice does not appear to modify the kinetics of Plendil" be qualifi ed to not imply that orange juice has no effects on the kinetics of Plendil, even though the minimal effect does not appear to impact the safety or efficacy of the drug. *Ibid.*

78 *Ibid.*

79 *Ibid.* at 3 n.3.

80 *Drugs@FDA: Felodipine*, U.S. Food & Drug Admin., www.accessdata.fda.gov/scripts/cder/drugsatfda/(last visited Sept. 5, 2016) (Enter "felodipine" in search bar, submit, and click "felodipine" in list of results. The first generic [ANDA No. 75896] listed is one from Sun Pharmaceuticals, a subsidiary of Mutual. Clicking that generic application reveals that it was approved in November

2004.)

81 Database, ANDAs and Submission Dates, ANDA No. 78855 (estimating an application filing date in the first quarter of 2007) (on file with authors).

82 FDA Response to Mutual, *supra* note 77, at 1; *Drugs@FDA: ANDA No. 78755,* U.S. Food & Drug Admin., www.accessdata.fda.gov/scripts/cder/drugsatfda/(Enter "78855" in search bar and click submit. The database shows that the generic application was approved on April 17, 2008).

83 Carrier & Wander, *supra* note 74, at 274(2012) (examining petitions fi led between 2001 and 2010); Michael A. Carrier & Carl Minniti, *Citizen Petitions: Long, Late-Filed, and At-Last Denied,* 66 Am. U. L. Rev. 305, 333(2016) http://ssrn.com/abstract=2832319(examining petitions fi led between 2011 and 2015). "Generic-related petitions" excludes "suitability petitions" filed by generics in the 2001–2010 paper, and it also excludes any petition not designated by the FDA as a "505(q)" petition in the 2011–2015 period.

84 Tom Dreisbach, *How a Painkiller Designed to Deter Abuse Helped Spark an HIV Outbreak,* NPR: All Things Considered(Apr. 1, 2016), www.npr.org/sections/health-shots/ 2016/04/01/472538272/how-a-painkiller-designed-to-deter-abuse-helped-spark-an-hiv-outbreak.

85 Citizen Petition from Endo Pharm., Inc., to Div. of Dockets Mgmt., U.S. Food and Drug Admin., No. FDA-2012-P-0895(Aug. 10, 2012), www.regulations.gov/document?D=FDA-2012-P-0895-0001.

86 Complaint for Mandatory, Declaratory, and Injunctive Relief, *Endo Pharm. Inc. v. U.S. Food & Drug Admin.,* No. 1:12-cv-01936(D.D.C. Nov. 30, 2012), www.documentcloud.org/documents/2083598-opana-er-endo-complaint.html; *see also* Dreisbach, *How A Painkiller Designed to Deter Abuse Helped Spark an HIV Outbreak, supra* note 84 .

87 Letter from Janet Woodcock, Dir., Ctr. for Drug Evaluation & Research, U.S. Food & Drug Admin., to Robert Barto, Vice President, Reg. Aff., Endo Pharma., Inc., Re: No. FDA-2012-P-0895(May 10, 2013) www.regulations.gov/document?D=FDA-2012-P-0895-0014(denying Endo's citizen petition and finding that Opana ER was not withdrawn for reasons of safety or effectiveness); *see also FDA Statement: Original Opana ER Relisting Determination,* U.S. Food & Drug Admin. (May 10, 2013), www.fda.gov/Drugs/DrugSafety/ucm351357.htm.

88 *In re Suboxone*(Buprenorphine Hydrochloride and Naloxone) Antitrust Litig., 64 F. Supp. 3d 665, 675– 76 (E.D. Pa. Dec. 3, 2014).

89 *Ibid.; see* Citizen Petition from Reckitt Benckiser Pharm., Inc. to Div. of Dockets Mgmt., U.S. Food and Drug Admin., No. FDA-2012-P-1028(Sept. 5, 2012) [hereinafter Citizen Petition from Reckitt Benckiser], www.naabt.org/documents/Reckitt_Benckiser_Pharmaceuticals_Inc_2012_FDA_Citizen_Petition.pdf.

90 *Ibid.*

91 21 C.F.R. § 314.161 (2015). A generic can file a citizen petition asking for an official determination of whether the reference drug was "withdrawn for safety or effectiveness reasons." If it is determined that the drug was not withdrawn for those reasons, the drug will be relisted for the purposes of ANDA submissions.

92 *In re Suboxone,* 64 F. Supp. 3d at 676.

93 *Ibid.*

94 *Ibid.* at 676–77.

95 *Ibid.* at 676.

96 Letter from Janet Woodcock, Dir., Ctr. for Drug Evaluation & Research, U.S. Food & Drug Admin., to Tim Baxter, Glob. Medical Dir., Reckitt Benckiser Pharm., Inc. No. FDA-2012-P-1028, at 15 (Feb. 22, 2013) [hereinafter FDA Response to Reckitt Benckiser], www.regulations.gov/#!documentDetail;D=FDA-2012-P-1028-0011; Letter from Robert L. West, Deputy Dir., Offi ce of Generic Drugs, U.S. Food & Drug Admin., to Janak Jadeja, Dir., Regulatory Affairs, Actavis

Elizabeth LLC (Feb. 22, 2013), www.accessdata.fda.gov/drugsatfda_docs/appletter/2013/091422Orig1s000ltr. pdf (approving generic Suboxone tablets on the same day the citizen petition was denied); Letter from Robert L. West, Deputy Dir., Office of Generic Drugs, U.S. Food & Drug Admin., to Candice Edwards, Senior Vice President, Regulatory & Clinical Affairs, Amneal Pharm. (Feb. 22, 2013), www.accessdata.fda.gov/drugsatfda_docs/appletter/2013/203136Orig1s000ltr.pdf(approving generic Suboxone tablets on the same day the citizen petition was denied).

97 FDA Response to Reckitt Benckiser, *supra* note 96 , at 15 & n.53.

98 FDA Response to Reckitt Benckiser, *supra* note 96 , at 16. FTC proceedings were initiated against Reckitt Benckiser. *See FTC v. Reckitt Benckiser Pharm., Inc.* No. 14- MC- 005, 2014 WL 4792175 (E.D. Va. Sept. 24, 2014) (court proceedings over release of documents for the FTC's investigation).

99 *Suboxone Sales* Data, DRUGS.COM(Feb. 2014), www.drugs.com/stats/suboxone. As with all calculations of the value of delay in this book, the assumption is made for the sake of ease that, without the delay, generic competition would immediately drop Reckitt's revenues on Suboxone to zero.

100 *See* Darren S. Tucker, *FDA Citizen Petition: A New Means of Delaying Generic Entry?* 20 *ANTITRUST HEALTH CARE CHRON.* 10, 11(2006); Citizen Petitions; Actions That Can be Requested by Petition; Denials, Withdrawals, and Referrals for Other Administrative Action, 64 Fed. Reg. 66822-01 (proposed Nov. 30, 1999) (to be codified at 21 C.F.R. pt. 10) (withdrawn); *Comment Letter on Citizen Petition; Actions That Can be Requested by Petition; Denials, Withdrawals, and Referrals for Other Administrative Action* FED. TRADE COMM'N(Mar. 2, 2000), www.ftc.gov/sites/default/fi les/documents/advocacy_documents/ftc-staff-comment-food-and-drug-administration- concerning-citizen-petitions/v000005.pdf.

101 Codified at 21 U.S.C. § 355(q) (2012), amended by Improving Regulatory Transparency for New Medical Therapies Act, Pub. L. No. 114–89, 129 Stat. 698(2015); 21 U.S.C. § 355(q)(1)(A)(ii) (2012) (establishing the public health exception); *see also* Kurt R. Karst, *The Coming 505(q) Citizen Petition Cliff and Some Interesting Petition Strategies,* FDA L. Blog(Sept. 4, 2012), www.fdalawblog.net/fda_law_blog_hyman_phelps/2012/09/the-coming-505q-citizen-petition-cliff-and-some-interestingpetition-strategies.html(presenting more details about the 2007 and FDASIA changes).

102 21 U.S.C. § 355(q)(2)(A) (2012) (establishing the 150-day deadline for agency action).

103 21 U.S.C. §355(q)(1)(H)-(I) (2012).

104 21 U.S.C. § 355(q)(1)(E) (2012).

105 *See Suboxone Sales Data, supra* note 99(listing Suboxone sales as $1.5 billion in 2012, or $600 million over five months).

106 U.S. FOOD & DRUG ADMIN., SIXTH ANNUAL REPORT TO CONGRESS ON DELAYS IN APPROVALS OF APPLICATIONS RELATED TO CITIZEN PETITIONS AND PETITIONS FOR STAY OF AGENCY ACTION FOR FISCAL YEAR 2013, at 6–7(2014) [hereinafter FDA Sixth Annual Report for FY 2013], www.fda.gov/down loads/AboutFDA/CentersOffices/OfficeofMedicalProductsandTobacco/CDER/ReportsBudgets/UCM423291.pdf. Carrier & Wander, supra note 74, at 266–68.

107 Carrier & Wander, *supra* note 74 , at 266–68.

108 FDA SIXTH ANNUAL REPORT FOR FY 2013, *supra* note 106, at 5; *see generally* Carrier & Wander, *supra* note 74 .

109 U.S. FOOD & DRUG ADMIN., SEVENTH ANNUAL REPORT TO CONGRESS ON DELAYS IN APPROVALS OF APPLICATIONS RELATED TO CITIZEN PETITIONS AND PETITIONS FOR STAY OF AGENCY ACTION FOR FISCAL YEAR 2014, at 9 (2015) [hereinafter FDA Seventh Annual Report for FY 2014].

110 FDA SIXTH ANNUAL REPORT FOR FY 2013, *supra* note 106, at 7. *See generally* Seth C. Silber, Jonathan Lutinski & Rachel Taylon, *Abuse of the FDA Citizen Petition Process: Ripe for Antitrust Challenge?* 25 ANTITRUST HEALTH CARE CHRON. 26(2012).

111 *See* Silber, Lutinski & Taylor, *Abuse of the FDA Citizen Petition Process, supra* note 110, at 30.

112 For a detailed description of the development of *Noerr-Pennington,* see generally Robin Feldman, *Federalism, First Amendment, and Patents: The Fraud Fallacy,* 17 COLUM. SCI. & TECH. L. REV. 30(2015).

113 *United Mine Workers v. Pennington,* 381 U.S. 657, 669–72(1965); *E. R.R. Presidents Conf. v. Noerr Motor Freight, Inc.,* 365 U.S. 127, 144(1961); *see also* Silber, Lutinski & Taylon, *supra* note 110, at 30; ROBIN FELDMAN, RETHINKING PATENT LAW 166(2012); Robin Feldman, *Intellectual Property Wrongs,* 18 STAN. J.L. BUS. & FIN. 250, 301–05(2013) (suggesting that there may be a pathway for proving sham litigation, at least with actions that demonstrate multiplicity).

114 *Professional Real Estate Inv'rs. v. Columbia Pictures Indus.,* 508 U.S. 49, 60–61(1993); *see also* Silber, Lutinski & Taylon, *Abuse of the FDA Citizen Petition Process, supra* note 110, at 30–31; FELDMAN, RETHINKING PATENT LAW, *supra* note 113, at 166–67.

115 FDA SIXTH ANNUAL REPORT FOR FY 2013, *supra* note 106, at 6.

116 Wilson Sonsini Goodrich & Rosati, CITIZEN PETITIONS AIMED AT DELAYING GENERIC COMPETITION REMAIN A CONCERN 1(2015), www.wsgr.com/publications/PDFSearch/wsgralertcitizen-petitions.pdf; *see also* FDA SIXTH ANNUAL REPORT FOR FY 2013, *supra* note 106, at 6–7.

117 FDA SIXTH ANNUAL REPORT FOR FY 201 3, *supra* note 106, at 7.

118 U.S. Food & Drug Admin., FOURTH ANNUAL REPORT TO CONGRESS ON DELAYS IN APPROVALS OF APPLICATIONS RELATED TO CITIZEN PETITIONS AND PETITIONS FOR STAY OF AGENCY ACTION FOR FISCAL YEAR 2011, at 6(2012), www.fda.gov/downloads/AboutFDA/CentersOffices/OfficeofMedicalProductsandTobacco/CDER/ReportsBudgets/UCM369782.pdf.

119 *Ibid.;* WILSON SONSINI GOODRICH & ROSATI, CITIZEN PETITIONS AIMED AT DELAYING GENERIC COMPETITION REMAIN A CONCERN, *supra* note 116, at 2.

120 Letter from Lyle D. Jaffe, Div. of Dockets Mgmt., U.S. Food & Drug Admin., to Anthony Bruno, Warner Chilcott, Re: No. FDA-2004-P-0150(Sept. 14, 2004), www.regulations.gov/docket?D=FDA-2004-P-0150(describing Warner's 2004 petition).

121 Citizen Petition from Mayne Pharma International Pty Ltd & Warner Chilcott to Div. of Dockets Mgmt., U.S. Food & Drug Admin., No. FDA-2008-P-0374(Jun. 25, 2008) [hereinafter "2008 Mayne & Warner Citizen Petition"], www.regulations.gov/document?D=FDA-2008-P-0374-0001(representing one version of the petition; Letter from Janet Woodcock, Dir., Ctr. for Drug Evaluation & Research, U.S. Food & Drug Admin., to Michael Halstead, Assoc. Gen. Counsel, Warner Chilcott, Re: No. FDA-2008-P-0586(May 1, 2009), www.regulations.gov/document?D=FDA-2008-P-0586-0005(denying in part and granting in part one of Warner's petitions).

122 Letter from Keith Webber, Dep. Dir., Off. of Pharm. Sci., U.S. Food & Drug Admin., to Michelle P. Wong, Sen. Dir., Reg. Aff., Impax Lab, Inc., Re: ANDA 90505, at 3 n. 3(Dec. 28, 2010), www.accessdata.fda.gov/drugsatfda_docs/appletter/2010/090505s000ltr.pdf(announcing that Impax was able to maintain its exclusivity although it missed the 30-month deadline). The generic missed its 30-month deadline for its generic application to be approved, which would usually mean that the generic would forfeit its 180-day exclusivity. An exception was made in this case because a change was made to the FDA review requirements while the application was pending–that is, approval was delayed because of the newly scored brand-name tablet.

123 Citizen Petition from Covington & Burling LLP on behalf of Mayne Pharma Int'l Pty Ltd & Warner Chilcott to Div. of Dockets Mgmt., U.S. Food & Drug Admin., No. FDA-2009-P-0038(Jan. 29, 2009), www.regulations.gov/document?D=FDA-2009-P-0038-0001.

124 Citizen Petition from Warner Chilcott & Mayne Pharma Int'l Pty Ltd to Div. of Dockets Mgmt., U.S. Food & Drug Admin., No. FDA-2011-P-0702(Sept. 23, 2011), www.regulations.gov/document?D=FDA-2011-P-0702-0001.

125 Letter from Janet Woodcock, Dir., Ctr. for Drug Evaluation & Research, U.S. Food & Drug

Admin., to Izumi Hara, Sen. Vice President & Gen. Counsel, Warner Chilcott, Re: No. FDA-2011-P-0702, at 8(Feb. 8, 2012), www.regulations.gov/document?D=FDA-2011-P-0702-0003(denying Warner & Mylan's petition).

126 Referring to the REMS statute passed by Congress clarifying that a REMS cannot be used to block an ANDA and Section 505(q) for citizen petitions.

127 21 U.S.C. § 355(j)(2)(A)(viii) (2012).

128 21 C.F.R. § 314.127(a)(7) (2015).

129 Remember how there are still active Nexium patents, some of which grant exclusivity that does not expire until 2020? One of those patents protects a specific use of the drug. While Nexium made its name on acid reflux treatment, the patent is associated with the example use of the drug named in the previous paragraph–"for treatment of *Helicobacter infections*"–referring to bacterial infections often associated with stomach ulcers and cancer. The patent was fi led more than 10 years after Nexium first received FDA approval. *See* Patent and Exclusivity Search Results from *Orange Book: Approved Drug Products with Therapeutic Equivalence Evaluations*, U.S. Food & Drug Admin., https://perma.cc/TJ9B-HUWL(last updated Mar. 2016) (patent no. 8,466,175 at the bottom of the list); U.S. Patent No. 8,466,175(filed Nov. 17, 2011).

130 21 C.F.R. § 314.127(a)(7) (2015).

131 *Ibid.*

132 Lisa Barons Pensabene & Dennis Gregory(on behalf of Fitzpatrick, Cella, Harper, and Scinto), *Hatch-Waxman Act: Overview*, Practical L. Co. 4 (2013), www.fitzpatrickcella.com/DB6EDC/assets/files/News/Hatch-Waxman%20Act%20Overview%20lpensabene_dgregory.pdf. There are also scenarios where an ANDA filer uses a Paragraph III or IV certifi cation for some patents and carves out other patents via a section viii statement.

133 *See, e.g.*, Citizen Petition from Ernest Lengle, Exec. Dir. Regulatory Affairs, Watson Labs., Inc., to Div. of Dockets Mgmt., U.S. Food & Drug Admin., No. FDA-2008-P-0069-0001, at 2(Jan. 29, 2008), www.regulations.gov/#!documentDetail;D=FDA-2008-P-0069-0001(requesting that the FDA refrain from allowing a carve-out for irinotecan hydrochloride on grounds that it would render the generic less safe or effective than the listed drug).

134 *See* Robin Feldman, *Regulatory Property: The New IP*, 40 Columbia J.L. & Arts 53(2016). For example, pharmaceutical companies have enjoyed considerable success in recent years in convincing courts that FDA restrictions on truthful statements about off-label uses of drugs may violate free speech. *See generally United States v. Caronia*, 703 F.3d. 149(2d Cir. 2012); *Amarin Pharm., Inc. v. U.S. Food & Drug Admin*, 119 F. Supp. 3d 196(S.D.N.Y. 2015). For a discussion of the widespread off-label uses of drugs, see *Amarin*, 119 F. Supp. 3d at 200–01.

135 *See* Citizen Petition from Robert Church & David Fox, Hogan Lovells US LLP on behalf of Spectrum Pharmaceuticals, Inc., to Div. of Dockets Mgmt., U.S. Food & Drug Admin., No. FDA-2014- P- 1649, at 12 (Sept. 30, 2014), www.regulations.gov/#!documentDetail;D=FDA-2014-P-1649-0001.

136 *See* Letter from Janet Woodcock, Dir., Ctr. for Drug Evaluation & Research, U.S. Food & Drug Admin., to Robert Church & David Fox, Hogan Lovells US LLP, No. FDA-2014-P-1649, at 13–14(Feb. 24, 2015), www.regulations.gov/#!documentDetail;D=FDA-2014-P-1649-0005.

137 *See ibid.* at 14 n.27(citing *Sigma-Tau Pharm., Inc. v. Schwetz*, 288 F.3d 141(4th Cir. 2002)).

138 Brand-name companies also have sought to block carve-outs by modifying the "use codes" associated with a given patent in the Orange Book. Use codes provide a brief description of what use of the drug is covered by the listed patent, and brand-name companies have been accused of trying to broaden the scope of use codes to prevent a Section viii carve-out. Like the patents listed in the Orange Book, use code information is not verified by the FDA. In *Caraco v. Novo Nordisk*, 132 S. Ct. 1670 (2012), however, the Supreme Court found that generic manufacturers can file a statutory counterclaim seeking correction of an inaccurate use code.

139 *FDA Approved Drug Products*, U.S. Food & Drug Admin., www.accessdata.fda.gov/scripts/cder/drug satfda/index.cfm?fuseaction=Search.Label_ApprovalHistory#apphist(Enter drug name [Skelaxin] in search bar and click "submit.").

140 Consolidated Class Action Complaint and Jury Demand at 10, *United Food & Commercial Workers Union & Midwest Health Benefi ts Fund v. King Pharm., Inc.*, No. 12-cv-00085(E.D. Tenn. Mar. 8, 2012), ECF No. 1, *consolidated into* Skelaxin(Metaxalone) Antitrust Litig., No. 12-md-02343(E.D. Tenn. June 14, 2012), *class certification denied* 299 F.R.D. 555(2014).

141 Ctr. for Drug Evaluation & Research, U.S. Food & Drug Admin., Application No. ANDA 40–445, Approval Package for Abbreviated New Drug Application Approval 211(Mar. 31, 2010) [hereinafter ANDA 40–455 Approval Package], www.accessdata.fda.gov/drugsatfda_docs/anda/2010/040445Orig1s000.pdf(indicating, in the "Factual Background" of a 2010 Memorandum from Martin Shimer to the Dep't of Health & Human Servs., that ANDA 040445 was submitted on September 5, 2001). Although all relevant patents had expired at the time of filing, the generic did not receive immediate approval because of chemistry and bioequivalence problems that caused at least two years of delay before the relevant saga begins. *Ibid.*

142 Letter from Gary J. Buehler, Dir., Office of Generic Drugs, to Applicant, King Pharm. Inc., at 3(Mar. 9, 2004) [hereinafter Dear Applicant Letter from Gary J. Buehler], www.fda.gov/ohrms/dockets/dailys/04/mar04/031904/04p-0140-cp00001-07-Tab-06-vol1.pdf.

143 *Ibid.*

144 U.S. Patent No. 6,407,128(filed Dec. 3, 2001); U.S. Patent No. 6,683,102(filed Mar. 25, 2002).

145 Letter from Lawrence Goldkind, Deputy Dir., Div. of Anti-Inflammatory, Analgesic, & Ophthalmic Drug Prods., U.S. Food & Drug Admin., to Linda B. Fischer, Dir. Regulatory Affairs, Elan Pharm., Inc. (June 20, 2002), www.accessdata.fda.gov/drugsatfda_docs/appletter/2002/13217s044ltr_2.pdf(approving new labeling); *see also* U.S. Food & Drug Admin., Approved Label For Skelaxin(2002), www.accessdata.fda.gov/drugsatfda_docs/label/2002/13217s036lbl.pdf.

146 In 2004, the brand-name drug company complicated matters by withdrawing the 400-mg form of Skelaxin and replacing it with a newly approved 800-mg version. While another way in which generic competition was frustrated, it is outside the scope of this current discussion(and, as discussed later, eventually became moot in the generic approval discussion).

147 ANDA 40–455 Approval Package, *supra* note 141, at 213(indicating in row 3 of the table in "Factual Background" of a 2010 Memorandum from Martin Shimer to the Dep't of Health & Human Servs. that there was a citizen petition in January 2003 requesting that the original label of Skelaxin be restored).

148 Dear Applicant Letter from Gary J. Buehler, *supra* note 142, at 1.

149 *Ibid.* at 1.

150 *Ibid.* at 3.

151 *Ibid.* at 1– 5.

152 *Ibid.* at 3.

153 *Ibid.* at 3.

154 *Ibid.* at 3 n.3.

155 ANDA 40–455 Approval Package, *supra* note 141, at 213; *see, e.g.*, Citizen Petition from Peter Mathers, Stacy Ehrlich & Jennifer Davidson, Kleinfeld, Kaplan and Becker, LLP on behalf of King Pharm., Inc. to Div. of Dockets Mgmt., U.S. Food & Drug Admin. (Mar. 18, 2004), www.fda.gov/ohrms/dockets/dailys/04/mar04/031904/04p-0140-cp00001-01-vol1.pdf.

156 ANDA 40–455 Approval Package, *supra* note 141 , at 212.

157 U.S. Food & Drug Admin., Approved Label for Skelaxin(2006), www.accessdata.fda.gov/drugsatfda_docs/label/2006/013217s046lbl.pdf(including the new sentence in the precautions section); *see also* Letter from Bob Rappaport, Div. of Anesthesia, Analgesia & Rheumatology, U.S.

Food & Drug Admin., to Douglas Dewar, Senior Dir., Regulatory Affairs, King Pharm., Inc. (Nov. 4, 2006), www.accessdata.fda.gov/drugsatfda_docs/appletter/2006/013217s046ltr.pdf(noting that the only label change was to the pharmacokinetics information).

158 ANDA 40–455 Approval Package, *supra* note 141 , at 217.

159 *King Pharm., Inc. et al. v. Eon Labs, Inc.*, 593 F. Supp. 2d 501(E.D.N.Y. 2009).

160 *See ibid.*

161 ANDA 40–455 Approval Package, *supra* note 141, at 227.

162 The figure of $3 billion was calculated as follows: First, 2002 sales figures of $238 million and 2009 sales of $476 million for Skelaxin were averaged to produce an estimate of average yearly Skelaxin sales of $357 million. The first full year in which Skelaxin faced a pending generic application was 2002, while 2009 was the last full year before generic approval. Then, $357 million was multiplied by 9, representing approximately nine years of delay, to reach a total value of $3.2 billion. Press Release, King Pharm., King Pharmaceuticals Acquires Primary Care Business Unit from Elan(Jan. 30, 2003), www.sec.gov/Archives/edgar/data/1047699/000095014403000944/g80411exv99w1.txt(noting 2002 sales of $238 million); Press Release, Sandoz, Sandoz Announces Launch of First Generic Version of Leading Muscle Relaxant Skelaxin(May 20, 2010), www.fiercepharma.com/press-releases/sandozannounces-launch-first-generic-version-leading-muscle-relaxant skelaxin anda-e(noting 2009 sales of $476 million).

163 Citizen Petition from AstraZeneca Pharm. LP to Div. of Dockets Mgmt., U.S. Food and Drug Admin., No. FDA-2016-P-1485, at 1(May 31, 2016) [hereinafter "AstraZeneca Petition"], www.regulations.gov/document?D=FDA-2016-P-1485-0001.

164 Ed Silverman, *AstraZeneca Sues FDA to Prevent Generic Versions of Crestor*, STAT(Jun. 28, 2016), www.statnews.com/pharmalot/2016/06/28/astrazeneca-fda-crestor/.

165 AstraZeneca Petition, *supra* note 163 , at 1.

166 *Ibid.* at 3.

167 *See, e.g.*, Feldman, *Regulatory Property: The New IP*, *supra* note 134.

168 Silverman, *AstraZeneca Sues FDA to Prevent Generic Versions of Crestor*, *supra* note 164.

169 AstraZeneca Petition, *supra* note 163, at 13–14. In a twist that makes this even more confusing, AstraZeneca also argued that pediatric HoFN patients could be *undertreated* using a generic because Crestor is also approved for the treatment of another pediatric disorder, *HeFN*. That labeling information, however, is not exclusivity-protected, but it suggests a lower dose than would be needed for pediatric *HoFN*. Thus, AstraZeneca presented the concern that physicians could become confused, which, given those head-spinning sentences, may be true. *Ibid.*

170 Ed Silverman, *FDA is Sued by Otsuka for 'Unlawfully' Widening the Market for Abilify*, Wall St. J. (Mar. 26, 2015), http://blogs.wsj.com/pharmalot/2015/03/26/fda-is-sued-by-otsuka-for-unlawfullywidening-the-market-for-ability/.

171 Federal Defendants' Opposition to Plaintiffs' Motion for a Temporary Restraining Order and/or Preliminary Injunction, *Otsuka Pharmaceutical Co., Ltd., et al. v. Burwell et al.*, No. 8:15-cv-00852, at 7–8(D. Md. Apr. 20, 2015), www.pharmamedtechbi.com/-/media/Supporting%20Documents/The%20Pink%20Sheet%20DAILY/2015/April/Otsuka%20v%20Burwell%20FDA%20opposition%20to%20TRO%20PI%2004201 5.pdf.

172 21 U.S.C. § 355A(o).

173 21 U.S.C. § 355(j)(5)(F)(iii)–(iv).

174 21 U.S.C. § 360aa–ff.

175 Amended Complaint, *Otsuka Pharm Co., Ltd., et al. v. Burwell et al.*, No. 8:15-cv-00852, at 11(D. Md. Apr. 15, 2015), http://assets.fiercemarkets.net/public/lifesciences/complaint76-1.pdf.

176 *Ibid.* at 13–14.

177 Silverman, *FDA Is Sued by Otsuka for 'Unlawfully' Widening the Market for Abilify, supra* note 170.

178 Federal Defendants' Opposition to Plaintiffs' Motion, *supra* note 171, at 8–10.

179 *Ibid.* at 9; Amended Complaint, supra note 175, at 14(both referring to April 2015 letter).

180 *Otsuka Pharm Co., Ltd., et al. v. Burwell et al.*, No. 8:15-cv-00852, at 13–14(D. Md. Apr. 29, 2015) (memorandum opinion) (denying Otsuka's motion for temporary restaining order or preliminary injunction).

181 Letter from John R. Peters, Acting Dir., Off. of Generic Drugs, U.S. Food & Drug Admin., to Ralph S. Tyler, Venable LLP, at 9–12, 15(Apr. 28, 2015), www.fda.gov/downloads/Drugs/DevelopmentApprovalProcess/HowDrugsareDevelopedandApproved/ApprovalApplications/AbbreviatedNewDrugApplicationANDAGenerics/UCM444858.pdf(discussing Otsuka's arguments regarding Abilify generics).

182 *King v. Burwell*, 135 S. Ct. 2480(2015).

183 AstraZeneca Petition, *supra* note 163, at 11–12.

184 Ed Silverman, Sanders, *Other Lawmakers Urge FDA Approval of Generic Crestor*, STAT(Jul. 7, 2016), www.statnews.com/pharmalot/2016/07/07/bernie-sanders-fda-generics-cholesterol/.

185 Letter from Janet Woodcock, Dir., Ctr. for Drug Evaluation & Research, U.S. Food & Drug Admin., to Joseph A. Cash, Jr., AstraZeneca Pharm., Re: No. FDA-2016-P-1485, at 15(Jul. 19, 2016), www.regulations.gov/document?D=FDA-2016-P-1485-0007(denying AstraZeneca's citizen petition).

186 Ed Silverman, *AstraZeneca Loses Court Battle to Prevent Generic Versions of Crestor, STAT*(Jul. 20, 2016), www.statnews.com/pharmalot/2016/07/20/astrazeneca-generics-crestor-fda/.

제5장

사라진 시민의 경로에 대한 실증적 증거

Empirical Evidence of a Citizen's Pathway Gone Astray

제 4장에서는 FDA에서 시민 탄원 과정을 둘러싼 우려와 일화 등을 설명하였다. FDA의 시민 탄원 과정과 그 밖의 기관의 유사한 프로그램들은 1970년에 만들어졌다. 이러한 움직임은 더 참여적인 체제를 만들기 위한 노력의 일환이었으며, 여기에서 보통 시민들은 규제 기관이 내린 결정에 의견을 제시할 수 있다.[1] 바라는 것은, 이러한 참여 구조를 통해 규제 기관들이, 이들이 감시하려 하는 산업에 의해 사로잡히지 않게끔 하는 것이었다. 그러나 증거에서는 FDA의 시민 탄원 과정이 다른 국면으로 접어들 수 있음을 보여준다.

높은 목표와는 대조적으로, 시민, 과학자들이 식품, 의약품, FDA 규정에 관한 우려를 제기하도록 설계된 이 메커니즘은 제약 업체들이 특히 임박한 제네릭 신청과 관련된, 의약품 신청에 이의를 제기할 수 있는 장으로 변하였다. 많은 사례에서, 탄원에 속하는 "우려하는 시민"은 사실, 다양한 수단을 통해 제네릭 의약품의 중단 및 승인 지연을 원하는 거대한 제약 업체였다. 여기에는 제네릭 신청에 반하는 직접적 공격과 생물학적 등가성 혹은 임상 데이터, 안전에 대한 호소, 브랜드 의약품에 대한 독점을 보존하거나 새 독점권을 추가하려는 요청 등이 포함된다. 일부 탄원서는 중요하며 필요한 문제를 제기하기도 한다; 그러나 대다수는 하찮으며 목적이 의심되는 것으로 보인다.

본 장에서, 우리는 실증적 분석을 실시하기 위해서, 사례 및 일화 그 이상을 관찰하며, 시스템 전반에 걸쳐 어떠한 일이 벌어지고 있는지를 검토한다. (요즈음은 수치가 유행이다!) 특히 우리는 한 연구 결과를 제시하며, 이 연구에서 우리는 제약 기업들이 제네릭 경쟁사들의 승인을 지연시키기 위해서 체계적으로 시민 탄원 제도를 사용하고 있는지를 검토하였다. 우리는 이러한 탄원이, 절대적으로 가능하다는 전제 하에, 제네릭 진입을 지연시키려는 최후의 저항 노력으로 사용되고 있다고 가설화하였다.

이러한 정보를 조합하는 것은, 적어도 어렵다고 말할 수 있다. 의약품 가격 책정에서 전략적 행동에 관한 모든 정보와 마찬가지로, 분산된, 불완전한 공공 기록들을 통해, 조각 조각의 정보를 공들여 수집해야 한다. 본 장에서는 지연 전략으로서 제약 회사가 사용하고 있는 시민의 경로에 대한 그림을 조합해주는, 우리의 확장적인 연구 결과와 핵심적 이면들을 설명한다. 사실 이는 매우 놀라운 그림이기도 하다.

다음은 연구로부터의 핵심 결과이다:

- FDA의 시민 탄원 과정은 현대의 제네릭 의약품 지연 세대에 포함된 주요 경로 중 하나이며, 다양한 게임 플레잉 전략에서 중요한 역할을 한다.
- 경쟁업체로부터의 시민 탄원은 - 경쟁사를 지연시키려 하는 브랜드와 제네릭 기업 - 본질적으로 2003년 이후 두 배가 되었다.
- 제네릭 진입을 지연할 가능성을 지닌 시민 탄원은, 최근의 과정 중 상당한 양을 차지하고 있다. FDA의 모든 시민 탄원 중(담배, 식품, 식이 보충제, 의료 장비 등에 관한 탄원 포함), 거의 15%는 잠재적으로 제네릭을 지연시키기 위한 것이며, 몇 년 내 20%까지 오를 것이다.
- 경쟁 업체로부터의 많은 시민 탄원은 제네릭 경쟁을 보류시키기 위한 최후의 노력인 것으로 보인다. 사실 지연-관련 탄원의 가장 일반적인 범주는 제네릭 승인 후 6개월 이내에 제기된 것이다. 시민 탄원 중 압도적인 대다수가 기각된다는 점으로 볼 때, 이는 특히 언급할 가치가 있다.[2]
- 요약하면, 결과에서는 성공적이지 못하더라도, 경쟁사를 약간 더 지연시키기 위한 최후의 노력으로서, 많은 경쟁사의 탄원서가 게임에서 늦게 제출된다는 점을 암시한다.
- 2007년에 시행된 의회 개혁도 흐름을 저지하지 못했다.

연구에서는, 지연을 위한 지불 경로가 점점 덜 유망해지는 것으로 보이기 때문에, FDA에의 시민 탄원이 제네릭 경쟁 진입을 지연시키기 위해 제약 업체들이 취하는 전략적 행동의 새로운 초점이 되었다는 실증적 증거를 제공한다. 또한 제 4장에서 설명된 바와 같이, 시민 탄원을 통해 얻은 지연은, 궁극적으로 실패하더라도, 제약 업체에 수억 달러의 수익 가치가 있을 수 있다.

01

방법론

개요

앞서 설명한 바와 같이, 수년간 일화적 증거들이 떠올랐으며, 이들은 제약 업체들이 제네릭이 시장에 진입하지 못하게 하는 지연 전략으로서 시민 탄원 과정을 남용하고 있음을 암시한다.[3] 우리는 정량적 관점을 취할 것이다.

질문에 접근하기 위해서, 우리는 제네릭 의약품 승인 과정 동안 시민 탄원이 제기된 시기와, 특정한 탄원 - 지연 가능성이 있는 내용 - 이 신청되는 빈도수를 분석하였다. 우리는 이러한 탄원이, 제네릭 의약품의 성공적인 승인 경로에서 하나 이상의 장애물을 놓기 위해서, 승인 과정 끝 무렵에 제기될 것이라고 가설화하였다.

FDA가 발표한 자료들로부터 정보를 조합하는 일은 매우 어렵다. FDA는 웹사이트에 많은 정보를 발표하며, 문서 형태로 더 많은 정보를 발표하지만, 많은 중요한 정보가 누락되고 있다. 필요한 정보는 종종 조합하여 추론해야 한다; 어떤 경우, 단순히 찾을 수 없기도 하다.

이러한 일부 격차는 완전히 곤혹스럽기도 하다. 예를 들어, FDA는 항상 제네릭 신청이 제기된 날짜를 공개적으로 발표하지 않는다. 우리는 파일에서 수천 장의 PDF 서신을 읽으면서, 날짜들을 추적하였으며, 날짜가 언급된 위치들을 찾아보았다. 그러나, 그 외의 경우, FDA의 복잡한 파일 번호 체계 때문에 신청이 역행되어 제기된 사례 중 1/4 정도를 추려내는 방법을 개발해야 했다. 일반 대중이 기초 정보를 얻는 것이 그렇게 어려워서는 안 된다.

FDA 파일은 또한 항상, 어떠한 특정 제네릭 신청이 시민 탄원과 관련되는지, 특정 의약품의 신청 과정과 관련된 시민 탄원의 시기를 추적하기 위해 중요한 정보 등과 연결되거나 이를 가리키는 것은 아니다.

게다가 2007년 이전, FDA 파일은 시민 탄원이 언제 제네릭 신청에 표적을 맞추었는지를 명확하게 표시하지 않았다.

이러한 어려움에도 불구하고, 우리는 관련된 제네릭 신청과 시기 데이터와의 연결과 함께, 제네릭 신청을 지연시킬 가능성이 있는 시민 탄원의 데이터 세트를 조합하는 일에 착수했다. 이러한 모든 정보는 시민 탄원서와 다양한 제네릭 신청 파일로부터 정보를 엮어, 손수 조합해야 했다.

이러한 접근법을 통해, 우리는 몇 가지 데이터 세트를 조합하여, 제네릭 의약품 승인 과정 동안 시민 탄원이 언제 제기되었는지의 시기를 분석할 있었다. 또한 이를 통해 우리는 지연 가능성이 있는 탄원이 제기된 빈도수를 살펴볼 수 있었다.[4] 공들여 정보를 엮는 데 사용했던 방법에 대해 설명한 바와 같이, 이러한 방법과 함께 우리는 흥미로운 소식, 식견 등을 포함시키려 최선을 다할 것이다. (우리는 어쨌든 당신을 즐겁게 해주어야 하니까)

2000년부터 2012년까지의 모든 시민 탄원서 편찬

우리 분석을 시작하기 위해서, 우리는 공개적으로 사용 가능한 FDA 데이터베이스를 사용하여, 2000년 초부터 2012년 말까지 FDA에 제기된 시민 탄원서와 관련된 모든 문서를 편찬하였다. 테스트 분석에서는, 시민 탄원이, 그 시기 이후, 아직 승인을 받지 않은 의약품과 관련하여 자주 제기되었음을 보여주었기 때문에, 우리는 2013년 이전에 시민 탄원이 제기된 데이터로 제한을 두었다. 최종 승인 파일 없이는, 분석에 필요한 많은 정보를 찾을 수 없다. 또한 승인 과정이 여전히 진행 중인 경우, 승인 과정 중에 있는 사건들의 시기는 알아낼 수 없었다.

2000년부터 2012년 기간 동안 우리는 19,520 건의 문서를 입수하였다. 그러나 여러 문서가 하나의 시민 탄원에 해당할 수도 있다. 예를 들어, 보충 데이터, 추천서, FDA의 실제 반응 등은, 목록에 개별적으로 있을 수 있는 여러 유형의 문서이지만, 하나의 시민 탄원에 해당하는 경우도 있다. 19,520 건의 문서는 2000년부터 2012년까지 제출되어 온라인으로 저장된 총 1,790 건의 시민 탄원과 연관된다.

제네릭 경쟁을 지연시킬 수 있는 시민 탄원서 식별

전체 시민 탄원서 데이터 세트를 확보하고, 우리는 제네릭 신청이 임박한 사례를 지연시킬 가능성을 가진 시민 탄원서들을 식별하는 데 힘썼다. 이러한 과정에는 관련 없는 탄원을 제외시키는 두 단계가 포함되었다: 1) 제목이나 범주가 제네릭 경쟁의 지연과 관련이 없음을 암시한 탄원서 제거, 2) 탄원서의 내용과, 관련된 문서를 전체적으로 살펴봄으로써, 관련 없는 탄원서 제거.

우리 연구와 관련이 없었던 시민 탄원서를 제외시킨 후, 나머지 시민 탄원서는 곧 제네릭 경쟁자가 될 기업들을 지연시킬 가능성이 있는 사례들이었다. 데이터 세트에 시민 탄원을 포함시키는 결정은, 탄원서의 주제만을 근거로 하였으며, 탄원서에서 제기된 문제들의 장점을 판단하려는 시도는 이뤄지지 않았다.

최종적으로 남은 많은 시민 탄원서들은, 구체적으로 FDA에 제네릭 신청 승인을 보류하거나 지연시키길 요청하는 것들이다. 이들은 보통 특히 일반적인 주제에 대한 생물학적 동등성 검사와 함께, 임상 검사나 안전성 혹은 불완전한 생물학적 동등성에 관한 문제를 제기한다. 이러한 많은 탄원서에서는 FDA에, 제네릭 신청자가 FDA에서 이미 요구한 증거를 제시할 때까지, 제네릭 의약품의 승인을 보류하도록 요청한다. 이러한 유형의 탄원서에서는 본질적으로, FDA에 사실, 검사가 이미 요구되었음에도 불구하고, 특정한 유형의 검사가 요구된다는 불필요한 판결을 내리도록 요구하는 것이다. 이러한 불필요한 탄원서는, 사실 제네릭 신청자에 어떠한 새로운 요구도 하지 않으면서, 특허를 부여하게 되는 많은 FDA 판결 결과를 낳는다. 그 결과 탄원서는 부분적으로 인정되거나 부분적으로 기각되게 되며, 인정을 받은 부분도, 실용적 중요성이 부족하여 형식적인 절차 이상의 의미를 갖지 못한다.[5]

혈액 응고를 막아주는 의약품, 아르가트로반(Argatroban)의 제네릭 버전의 승인 보류를 요청한 시민 탄원서에 대한 FDA의 반응을 생각해 보자. 이러한 반응에서, FDA는 탄원서에서 승인을 받은 조치가, 단지 FDA 정책 하에서 이미 요구된 것임을 인정하며, "우리의 현재 정책과 일치하기 때문에, 우리는 당신의 요청을 인정한다"고 언급한다.[6] 쉬운 말로 하면 다음과 같다: 우리는 이미 이를 요구하였기 때문에 마지못해 당신의 의견에 동의한다.

수집한 데이터의 나머지 시민 탄원서들은, FDA가 제네릭 신청자에게, ANDA (기존 의약품을 참고하는 제네릭 신청 범주)에서 505(b)(2) (기존 의약품을 참조하지만, 제형, 복용량, 처치 지시사항 등에서 약간 차이가 나는 제네릭 신청 범주 등)로 변경하는 등, 다른 형태로 신청을 다시 제기할 것을 지시하도록 요구하는 내용이다. 제네릭 신청자가 추가 특허 내용을 포함하도록 신청을 수정할 것을 요구하는 탄원서도 있다. 이러한 모든 요청은 제네릭 신청자가 따라야 하는 부담을 추가시킨다. 따라서 이들은 제네릭을 지연시킬 수 있는 가능성이 있는 특허로 분류하는 것이 가장 적합하다.

또 다른 탄원서 범주는, 제네릭 승인을 지연시키는 것과는 직접적 연관성이 덜하다. 때로, 제약 업체들은 특정한 제네릭 신청을 다루지 않거나, 심지어는 시민 탄원서에서 제네릭 승인 주제를 다루지도 않는다. 오히려, 브랜드 기업이, 이러한 의약품이 FDA로부터 추가 독점권을 받거나, 위협 하에서 기업이 보존해야 하는 독점권을 유지시킬 것을 요구한다.[7] 우리는 이러한 탄원서를, 독점권을 얻는 것이, 제네릭 진입을 지연시키기 때문에, 제네릭 지연과 잠재적으로 관련이 있는 것으로 범주화하기로 결정을 내렸다. 흥미롭게도, 제약 회사가 제기한 한 특허에서는 심지어, 시장 진입을 시도하는 제네릭 경쟁업체의 지연과 독점권 요구 사이의 관계를 확인하기도 한다.[8]

제네릭 의약품의 진입을 지연시킬 가능성이 있는 시민 탄원서의 최종 데이터는 2000년과 2012년 사이에 제기된 249 건의 시민 탄원서로 구성되었다. 이러한 수치는, 이 기간 동안 FDA에 제기된 시민 탄원서 중 상당 비율을 차지한다. 사실 우리의 데이터세트에서, 어떤 식으로든 의약품과 관련이 있던 시민 탄원의 22%와[9] 어떠한 주제로 FDA에 제출된 모든 시민 탄원의 14% - 식품, 의료 장비, 담배, (모든 사람들이 선호하는) 식이 보충제와 관련된 주제 포함 - 는 제네릭의 진입 지연 가능성이 있었다.[10] 따라서 FDA는 제네릭 진입 지연 목적이 있는 시민 탄원서에 대응하는 데 지나치게 많은 시간을 소비한다.

249 건의 각각의 시민 탄원서에서, 우리는 탄원과 가장 관련이 있던 제네릭 신청과 탄원 사이의 시기 관련성에 관한 정보를 수집하려 하였다. 즉, 우리는 관련 제네릭 신청이 제출된 때와, 시민 탄원서가 제출된 시기 사이에 얼마나 시간이 흘렀는지를 알고 싶었다. 우리는 또한 시민 탄원서가 제출된 때와, 제네릭 신청이 승인된 시기 사이에 얼마나 시간이 흘렀는지를 알고 싶었다.

이러한 통계 계산에는, 제네릭 신청이 제기되고 승인된 시기에 관한 정보가 필요했다. 비록 이러한 정보가 이미 FDA의 공개 정보에 있을 것이라고 기대할 수도 있지만, 사실은 그렇지 않다.

제네릭 신청을 제출한 날짜

FDA에서 찾을 수 있는 데이터베이스에는 대부분의 제네릭 의약품의 승인 날짜에 관한, 월과 일이 표기된 쉽게 활용 가능한 정보들이 포함된다. 그러나 신청 날짜는 그렇게 투명하지 않다.[11] 제네릭 신청이 언제 제출되었는지에 관한 정보를 조합하기 위해서는, 그 밖의 의약품 신청으로부터 알 수 있는 정보를 기초로 추정하며, 제네릭 의약품에 대한 공개 파일의 다양한 서신들을 조사해야 한다. 이 과정을 통해 우리는 신청이 제출된 시기가, 우리의 자료에서 제네릭 신청의 거의 3/4가 해당되는 분기를 합리적으로 결정할 수 있었다.

특히, 제네릭 신청에 사건 번호가 배정되는 방법을 통해, 신청 날짜를 포함하는 승인서를 공개하지 않는 제네릭 신청에 대한 신청 날짜를 추정할 수 있었다. 그러나 이를 위해서는, 2006년 초부터 2015년 말까지 FDA에서 승인된 제네릭 신청의 전체 데이터 세트를 살펴볼 필요가 있었으며, 총 4,222 건이었다.[12] 2006년이라는 기준은, 이 해 전에 승인을 받은 의약품 중, 2000년부터 2012년 사이 제출된 시민 탄원서 데이터와 관련이 있었던 건은 매우 적었다고 결정하였기 때문에, 출발점이 되었다. 2015년은, 우리가 관련 정보를 수집하기 시작했던 때 제네릭 승인 데이터를 사용할 수 있었던 마지막 해였기 때문에 끝점으로 사용되었다.[13]

2006년부터 2015년 사이에 승인을 받은 4,222 건의 제네릭 신청 중, 980 건은 승인서를 통해 정확한 신청일을 알 수 있었으며, 이는 전체 중 23%에 해당된다. 추가로 2,108 건의 신청일은, 위에서 설명된 과정을 사용하여 추정되었다. 통틀어, 제네릭 신청이 제출된 분기-년도는, 3,088 건의 제네릭 신청에서 관찰되거나 추정되었으며, 성공률은 73%였다.

시민 탄원서와 관련된 (제네릭) 신청을 연결

제네릭 신청의 신청일과 승인 일자의 데이터 세트를 구성한 뒤, 우리는 약 249 건의 시민 탄원서와, 이러한 탄원과 관련된 제네릭 신청에 관한 데이터 세트를 연결시켰다. 다시 말해, 제네릭 신청에 가장 영향을 받고, 이러한 특정한 시민 탄원 신청을 통해 잠재적으로 지연이 된 사례는 무엇이었을까?

때로, "문제가 되는" 제네릭 신청은 시민 탄원서에 명확하게 명칭이 기재되어 있다.[14] 그러나 대부분의 경우, 시민 탄원서의 고소 표적은 명확하지 않았으며, 이는 아마도 제약 업체가 기존의 약물과 관련된 모든 잠재적 제네릭 신청에 대해 광범위하게 분산시키길 원했기 때문일 것이다. 예를 들어, 많은 시민 탄원서와 유사하게, 특허 FDA-2009-P-0364에서는, "Graceway는, 신청 내용에 [생물학적 동등성 연구]의 결과가 포함되지 않는 한, FDA가 Aldara(알다라)의 이전 FDA 승인에 의존하려 하는, 제네릭 이미퀴모드(imiquimod) 크림 제품에 대한 어떠한 ANDA 승인도 기각할 것을 정중하게 요청한다"고 진술한다.[15]

구체적인 제네릭 신청이 확인되지 않았을 때, 우리는 탄원 신청자의 의약품을 참조하여 제기된 최초의 제네릭 신청을 찾기 위해, 우리의 제네릭 신청 제이터 세트를 사용하였다.[16] 첫 번째 신청자는 많은 이유로 중요하다 - 제네릭 경쟁의 수문을 열어주며, 가격과 시장 점유율이 처음으로 떨어지게 만들 뿐 아니라, 이후 다른 제네릭이 진입하면서 더욱더 하락하게 만든다. 따라서 최초 제네릭 신청은 브랜드 기업이 지연 혹은 차단하게 만드는 가장 수익성이 높은 중요한 단계가 된다.

우리는 일반적으로, 시민 탄원의 적절한 참고점으로써, 최초로 제기된 제네릭 신청을 찾아보았지만, 일부 예에서, 최초 신청자는, 최초 신청자가 시민 탄원이 제기되기도 전에, 승인을 받았던 경우와 같이, 시민 탄원의 대상이 될 수 없었다. 이러한 경우, 가장 관련이 있는 제네릭 신청을 확인하기 위해서 적절한 조치를 취하였다.

이러한 과정 끝에, 본래 확인된 249건 중 164건의 시민 탄원이, 데이터를 사용할 수 있는 제네릭 신청과 연결되었다 - 신청 일자, 승인 날짜 혹은 둘 모두.[17] 제네릭 진입 지연 가능성을 가진 것으로 확인된 시민 탄원 중, 성공률은 거의 2/3 혹은 65.9%이다. 이러한 164건의 탄원 중, 152건(총 249건 중 61%)이 신청일과 승인 일자가 모두 포함된 제네릭 신청과 연결되었다.[18] 요약하면, 제네릭 진입을 지연시킬 가능성이 있는 249건의 시민 탄원 중, 우리는 거의 2/3의 제네릭 신청에서 적어도 부분적인 연대표(타임라인)와 61%에서는 전체 연대표를 만들 수 있었다.

핵심 지표 확립

시기 정보에 관해, 관련 제네릭 신청과 쌍을 이룬 164건의 시민 탄원의 최종 데이터 세트를 사용하여, 우리는 도움이 되는 지표 세트를 만들 수 있었다. 우리가 확립한 지표에는 다음이 포함되었다:

- 제네릭 신청을 제기했을 때와 시민 탄원이 제출된 시기 사이의 분기 수("제네릭 신청 후 분기 수");
- 시민 탄원이 제출된 때와, 관련 제네릭 의약품의 최종 승인 사이의 개월 수("승인 후 개월수");
- 시작부터 끝까지 제네릭 의약품이 승인을 얻는 데 걸린 총 시간("총 승인 시간").[19]

우리는 "제네릭 신청 후 분기 수"와 "총 승인 시간"의 표준 측정 기준으로서, 분기-년수를 사용하였는데, 이러한 지표들이 대부분 추정해야 하는, 제네릭 신청 일자를 필요로 하였기 때문이다. 제네릭 신청 일자를 추정하기 위해서는 유용한 식견을 얻는 데 있어서 1년 이란 기간은 충분히 구체적이지는 않았으며, 우리는 월별 증가 시간을 측정할 수 있는, 충분한 정보가 없었다. 한 편, 우리는 제네릭 신청 정보와는 달리, 시민 탄원 신청과 제네릭 승인 모두에서, 월과 일의 정확한 구체적 정보를 사용할 수 있었기 때문에, "승인 전 개월수" 지표를 위해 분기 수보다는, 개월 수를 사용할 수 있었다.

이러한 핵심 지표들을 검토하는 것은 제네릭 승인 과정과 시민 탄원 시가 어떠한 상호작용이 있는지에 대한 경향을 보여줄 것이다.

02

결과

서론에서 설명한 바와 같이, 연구 결과에서는 FDA의 시민 탄원 과정이 제네릭 경쟁 진입을 지연시키기 위한 제약 업체들의 전략적 행동을 위한 핵심적인 장이 되었다는 실증적 증거를 제공한다. 다음 항목에서는 핵심 결과들을 설명한다.[20]

지연 가능성이 있는 시민 탄원서의 급증

먼저, 아래 표 5.1에서 보여준 바와 같이, 얼마나 많은 시민 탄원서가, 제네릭 진입 지연의 가능성을 갖는 것으로 보이는지를 살펴보는 것은 중요하다. 이 주제에 관해 FDA에 제기된 시민 탄원의 총 수를 살펴볼 때, 14%가 제네릭 의약품 신청 지연 가능성이 있으며, 몇 해 안에 이 수치는 20%까지 가파르게 올라간다. 이는 FDA로 신청하는 모든 시민 탄원서 중 1/5가 - 의약품과 관련된 것뿐 아니라 - 이 기간 동안 제네릭 경쟁 지연의 잠재성이 있음을 의미한다.

표 5.1 지연과 관련된 모든 탄원서, 연도별

연도	지연과 관련된 탄원서의 수	연간 총 탄원의 비율
2000	2	2/47 = 4.3%
2001	4	4/63 = 6.3%
2002	5	5/106 = 4.7%
2003	12	12/20 = 10.0%
2004	26	26/178 = 14.6%
2005	15	15/148 = 10.1%
2006	24	24/184 = 13.0%
2007	25	25/160 = 15.6%
2008	23	23/166 = 13.9%
2009	32	32/171 = 18.7%
2010	31	31/149 = 20.8%
2011	22	22/157 = 14.0%
2012	28	28/141 = 19.9%
총계	249	249/1,790 = 13.9%

이 표에서는 또한 2003년부터 2004년까지 제네릭에 관해 문제를 제

기하거나, 제네릭을 지연시키는 방법으로서 탄원서의 인기가 올라갔음을 보여준다. 시민 탄원서의 수가 2002년 이후 두드러지게 증가하였을 뿐 아니라, 지연-관련 특허의 수도, 모든 탄원서의 수에 비례하여 급격하게 증가하였다.

최종 승인과 관련하여 시민 탄원서는 언제 제출되는가?

우리는 이제 경쟁업체들이 시민 탄원서를 제출하는 시기와, 이 시기의 함의에 대해 알아본다. 우리가 아래에서 설명하는 결과에서는 많은 제약 업체들이 제네릭 승인이 이뤄지기 단 몇 달 전, 최후의 저항으로 시민 탄원을 제출한다는 사실을 보여준다. 게다가 이러한 많은 시민 탄원서는 최종 제네릭 승인 과정에서 이뤄지는 가장 마지막 장애물일 수 있다.

이러한 함의는, 우리가 시민 탄원이 제기된 시기와, 제네릭 승인이 인정되었던 시기에 대해 그래프를 그리면서 알 수 있었다. 우리의 본래 가설은, 시민 탄원이 제네릭 승인을 지연시키기 위해 체계적으로 사용되고 있다면, 제네릭 승인 주기가 끝나갈 무렵 이러한 목적을 위해, 시민 탄원이 가장 효과적으로 사용될 수 있다는 것이었다. 그보다 더 빨리 탄원 신청을 한다면, 시민 탄원은 단지, 나머지 제네릭 승인 과정이 진행되면서 동시에 탄원 검토 과정이 이뤄질 뿐이다.

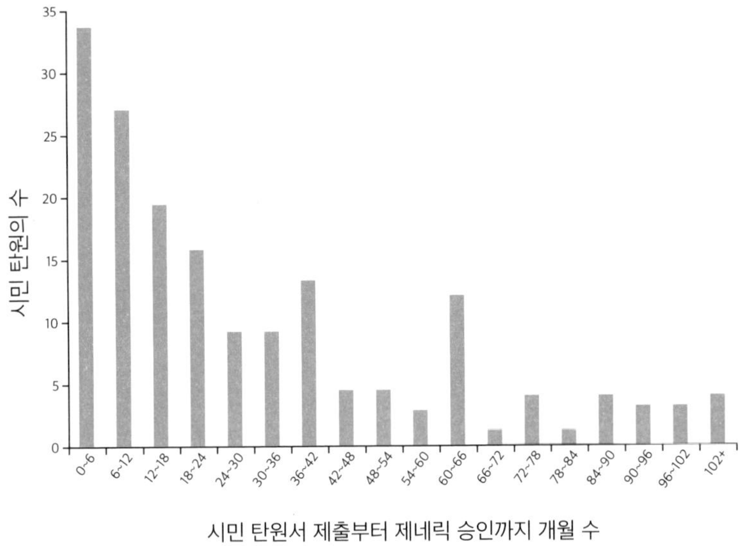

그림 5.1 시민 탄원서 제출부터 제네릭 승인까지의 개월 수, 2000-2012

그림 5.1에서는 이러한 시기 분석의 결과를 보여준다. 먼저 우리는 시민 탄원이 제출된 시기와, 제네릭 승인이 이뤄진 시기 사이에 흐른 개월 수 분포를 그래프로 만들었다.

FDA에서 제네릭 승인을 하기 직전에, 시민 탄원서가 제출되는 경향이 있음이 명확하게 보인다. 거의 절반은 제네릭 승인 1년 반 전에 제출되었다.[21] 사실, 가장 일반적인 범주는 33개 탄원서에서 "0-6개월"이었으며, 총 건수 중 21%가,[22] FDA가 제네릭 승인을 하기 전에 6개월 이하의 기간 동안 탄원 신청을 하였다. 제네릭 신청부터 승인까지 평균 시간이 약 4년이었음을 고려할 때, 이러한 범주는 승인 과정의 마지막 여정에서 일어나는 셈이다.

다시 말해, 최종 승인 일자가 가까워오면서 탄원의 수가 늘어나는 경향이 있는 것이다. 따라서 이러한 히스토그램은 지연-관련 시민 탄원서가 과정 초기나 중간보다는, 최후의 순간에 문제를 제기하기 위해서, 제네릭 승인의 최종 단계에서 제기된다는 점을 보여준다. 이러한 패턴은 잠재적으로 제네릭 신청 승인 과정의 길이를 연장시키며, 따라서 제네릭 경쟁사의 시장 진입을 지연시킨다.

2007 개정안은 시민 탄원의 시기에 어떠한 영향을 미쳤을까?

많은 FDA 사안들에 관한 수년간의 공청회와 논쟁 후, 의회는 2007년 대규모 개정안 패키지를 통과시켰다. 2007 개정안에는 탄원 프로그램의 3년의 역사 중, 시민 탄원 과정의 가장 큰 개혁이 포함되었다.[23] 이러한 변화에서는 늘어나는 탄원 잔여 업무부터, 이 과정이 부적절하게 사용되고 있었다는 신호에 이르기까지, FDA에 대한 시민 탄원의 문제들을 다루려 하였다.[24]

특히, 2007 개정안에서는 제네릭 신청 관련 법령의 대부분이 이미 포함된 법규 항목에, 세부 항목 "(q)"를 추가하였다. 이러한 새 조항은 일반적으로, 학계 및 규제 논의에서는 "505(q)"라고 불리며, 여기에 속하는 탄원은 "505(q) 탄원"이라 불린다.

추가된 항목은 FDA에 임박한 제네릭 신청과 관련한 조치를 요구하는 모든 시민 탄원서에, 새로운 규정을 적용한다.[25] 이 항목에서는 FDA

가 180일 안에 이러한 모든 탄원서에 대응하도록 요구하며, 이 기간은 2012년 150일로 축소되었다.[26] 가장 중요한 점은, 505(q) 항목에, 제네릭 경쟁을 지연시키기 위해 시민 탄원을 제출하는 자들을 금지시키려는 의도를 가진 조항들이 포함된다는 점이다. 제네릭 신청과 관련된 시민 탄원이 505(q)에 속하면, 탄원을 제출하는 자는 이러한 탄원이 사소한 것이 아니며, 유리하거나 불리한 모든 정보가 제공되었고, 탄원 신청자가 의도적으로 탄원 신청을 지연시키지 않았음을 증명해야 한다. 시민 탄원서에서는 또한 최초 신청자가 탄원에 자금을 지원한 자들의 이름과, 이러한 문제에 대해서 알게 된 날짜를 제공하여야 한다.[27]

마지막으로 505(q)에서는 FDA에게, 탄원이 "표면상 타당한 과학적 혹은 규제적 문제를 제기하지 않는다면" 제네릭 신청을 지연시킬 "주요 목적"을 갖고 제출한 것이라고 생각되는 어떠한 탄원이라도 약식으로 기각할 수 있는 권한을 부여한다.[28] 종합할 때, 505(q) 항목의 규정은 제약 업체들의 시민 탄원 남용을 끝내려 한 것으로 보였다.

2007년에 시작된 시민 탄원 과정의 주요한 변화들은, 우리 데이터에서 자연스럽게 중단점 역할을 하게 되며, 우리가 시간이 지나면서 경향 변화와 함께 이 법령의 효과를 관찰할 수 있게 해준다. 게다가 2007 개정안에서 의무화한 일부 데이터 보고서에서는 우리의 분석을 위한 흥미로운 정보를 제공해주었다.

그림 5.2는 2007 개정안 이전 기간을 구체적으로 살펴본다. 이 기간에 탄원의 41%는 승인이 이뤄지기 1년 반 안에 제출되었다.[29]

2007 개정안 이후 기간 동안, 이러한 경향은 심지어 급격하게 늘었

다(그림 5.3 참조). 탄원의 56%는 승인 신청이 이뤄지기 1년 반 안에 제출되었다.[30] 사실 46%나 되는 놀라운 비율이(41건의 탄원) 제네릭 승인 전 1년 안에 이뤄졌다. "0-6개월"과 "6-12개월" 범주가 가장 많이 사용되었으며, 각각 총 24%와 22%를 차지했다.[31]

2000년부터 2007년 중반까지의 히스토그램(그림 5.2)과 2007년 중반부터 2012년까지의 히스토그램(그림 5.3)에서 가장 큰 외인성 변화는 물론, 2007 개정안 시행이었다. 가장 두드러지는 변화 - FDA가 180일 내에 시민 탄원에 대한 답을 내려야 하는 것 - 가, 2007년 이후의 그래프(그림 5.3)가 왜 시민 탄원 시기의 이러한 극적인 그림을 만들어냈는지를 설명해줄 수 있다.

다음과 같은 사항이 관찰된다: 시민 탄원에 대응해야 하는 FDA의 180일 시간 제한은, 6개월에 해당되며, 이는 정확히 우리의 범주 중 가장 작은 범위인 0-6개월과 일치한다. 이러한 관점으로 볼 때, 2007년 이후 제출된 시민 탄원에서 놀라운 비율이 보인 것이, 관련된 제네릭의 승인이, FDA가 시민 탄원에 응답해야 하는 시기와 근접하여 일어나고 있는 것임을 알 수 있다. 특히, 2007년 중반부터 2012년까지, 우리는 최종 제네릭 승인 6개월 이전에 시민 탄원의 대다수가 제출되었음을 관찰할 수 있다.

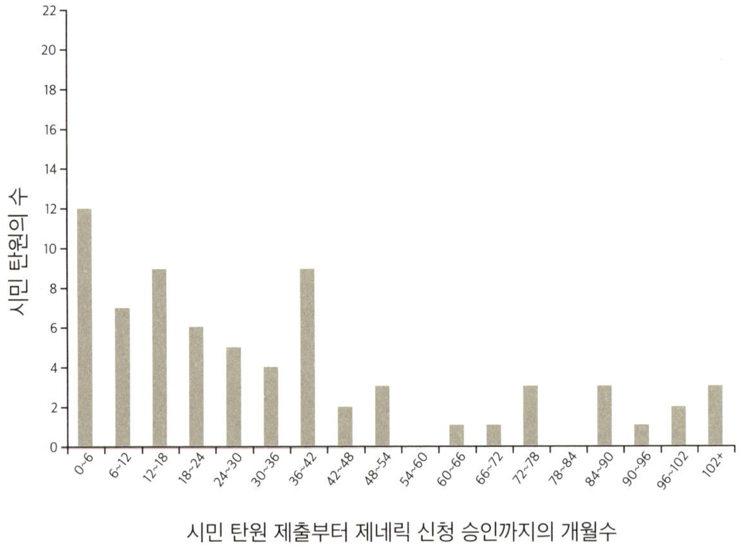

그림 5.2 시민 탄원 제출부터 제네릭 승인까지의 개월수, 2000-2007

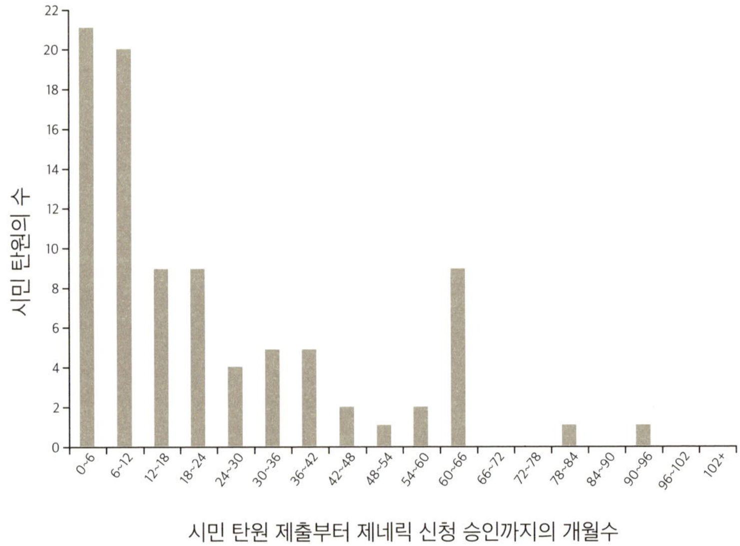

그림 5.3 시민 탄원 제출부터 제네릭 승인까지의 개월수, 2007-2012

이는 두 가지 함의를 갖는다: 먼저, 많은 제약 업체들은 제네릭 승인 전 단 몇 달 안에, 최후의 저항으로서 시민 탄원서를 제출하고 있다; 둘째, 많은 이러한 시민 탄원서는 제네릭 최종 승인 과정에서 마지막 장애물일 수 있다. 일화로, 이는 제 3장에서 다뤘던 일부 탄원서에 해당되는 이야기였다.

다르게 말하자면, 많은 제네릭 신청이, 시민 탄원이 제출되는 시기의 6개월 안에 승인되며 - 180일 기간 - FDA가 시민 탄원에 180일 안에 답을 주어야 할 때, 이 관계는 단순한 우연의 일치로 보이지는 않는다. 이는 또한 왜 최후의 시민 탄원에 대한 경향이, 2007 개정안 이전 기간 동안에는 두드러지지 않는지를 설명해줄 수 있다: 시민 탄원이 여전히 제네릭 신청에 대한 FDA의 고려의 최후 단계 동안 제출되고 있을 수 있지만, FDA가 시민 탄원에 답을 해야 하는 구체적 데드라인이 없었기 때문에, 장기간의 탄원 검토가 최종 제네릭 승인을 6개월 이상으로 지연시켰을 수도 있다. FDA의 180일 데드라인과, 제네릭 신청 180일 이내에 신청된 다수의 시민 탄원서 사이의 이러한 놀라운 상관관계를 조사하는 것은, 추후 연구해볼 흥미로운 분야가 될 수 있다.

2007 개정안은 효과가 있었는가?

앞서 설명한 바와 같이, 2007 개정안에서는, FDA가 180일 내에 (2012년에 150일로 축소됨) 제네릭 신청과 관련된 시민 탄원에 답변을 하고; 이러한 탄원 신청에서는, 탄원이 의도적으로 지연시키는 것이 아님을 증명하고, 신청자가 이 사안에 대해서 알게 된 날짜를 제공하도록 요구하며; FDA에게 특정 상황에서는 약식으로 탄원을 기각할 권한을 부여한다. 우리 연구에서는 2007 개정안이 제네릭 진입을 지연시킬 의도의 시민 탄원서들의 흐름을 끊는 데에는 실패하였음을 보여준다.

FDA가 답변을 하도록 180일이라는 데드라인을 부과한 것은, 지연 길이는 감소시켰을 수도 있지만, 이러한 행동을 중단시키지는 못하였다. 위에 설명한 바와 같이, 많은 경쟁업체의 탄원서들은 계속해서 이 게임에서 늦게 신청을 하며, 비록 성공의 가능성은 낮지만, 경쟁 지연을 위한 최초의 시도가 약간 늦어졌을 뿐이다. FDA의 데드라인을 150일로 축소한 2012 개정안에서도 마찬가지이다. 시간은 약간 더 짧아졌지만, 보상은 여전히 그대로다.[32]

특히, FDA가 사소한 탄원서에 대해서 약식으로 기각할 수 있는 권력은 거의 권력이 없다고 해도 무방하다. 연간 보고서에서, FDA는 제네릭을 지연시키고, 타당한 과학적 혹은 규제적 문제를 제기하지 않는 탄원의 의도를 증명하는 것이, "부합하기 매우 힘든" 기준임을 수 차례 언급하였다.[33] 사실 회계연도 2014년 부로, FDA는 이 조항 하에서 탄원서를 기각한 적이 한 번도 없다.[34]

FDA는 "연쇄 특허 신청" 문제에 대해서도 호소하였으며, 여기에서 FDA는 동일 약물에 대해서 순차적으로 제출된 여러 특허에 답을 해야 하고, 이는 FDA가 150일 이내에 각 특허에 답변해야 하지만, 상당 시간 동안 승인을 지연시킬 수 있는 전략이다.[35] 우리는 제 4장 도릭스

(Doryx) 건에서 극단적인 예를 검토하였으며, 여기에서 브랜드 기업은 수년에 걸쳐 적어도 네 번 이상의 시민 탄원서를 제출하였다. 유사하게, 2017년 초반, 연방거래위원회(FTC)는 Shire ViroPharma가 위장약 반코신(Vancocin)의 제네릭 경쟁을 지연시키기 위해서, FDA에 43번 제출을 함으로써 규제 과정들을 남용하였다고 주장하며, 이 기업을 상대로 독점금지 고소를 하였다.[36] 고소인에 따르면, 이 행동은 환자와 그 밖의 구매자들에게 수억 달러의 비용이라는 결과를 낳았다.[37]

연간 보고서에서 FDA는 얼마나 많은 제네릭 신청이 시민 탄원서 때문에 지연되었는지를 보여주어야 한다.[38] 표면상 그림은 꽤 희망적으로 보인다. FDA가 7년간 보고에서(2008-2014) 해결한 관련 시민 탄원 건수 중, 6건의 탄원만이 FDA 정의 하에서 엄격하게 지연이라는 결과를 가져왔다.[39] 그러나 문제는, 시민 탄원 때문에 지연된 제네릭 신청에 대한 FDA의 정의에 있다. 먼저, 관련된 제네릭 신청이 제출되거나 임박하기 전에 제출된 시민 탄원서는 505(q) 조항에 속하지 않는다.[40] 둘째, 제네릭 신청이 150일의 답변 데드라인에서 즉각 승인될 준비가 되어 있지 않다면, FDA는 어떠한 지연도 보고하지 않는다.[41] 따라서 FDA는 탄원에 대한 답변이 신청 승인으로부터 초점을 전환시켜 과정을 지연한다 해도, 어떠한 지연 증거를 찾지 못한다. 추가적으로 중요한 탄원의 범주들은, 505(q) 조항에 속하지 않으며, 여기에는 최초 제네릭 신청자의 6개월 독점권과 관련된 탄원이나, 자신의 신청에 관한 탄원이 포함된다.[42] 이런 식으로 그려볼 때, 시민 탄원서의 그림은 그렇게 희망적으로 보이지는 않는다.

요약하면, 우리가 관찰한 모든 경향들은, 2007년 개정안 이후 기간만을 검토할 때, 훨씬 더 강했다. 이러한 차이의 일부는 아마도 2007 개정안에서 시행된 180일의 답변 데드라인이, 일부 탄원은 더 빨리 해결된다는 점을 의미한다는 사실 때문이다. 따라서 시민 탄원 제출부터 제네릭 승인까지의 기간은 2007년 개정 전과 마찬가지로 탄원을 통해 그렇게 연장되지는 않는다. 그러나 우리가 또한 제네릭 승인 신청과 승인 날짜 사이의 시기가, 2007 개정안 이후 감소하지 않았음을 관찰했다는 점을 고려할 때 - 실제 증가했을 수도 있다 - 이러한 개정안이 제네릭 신청부터 시장 판매까지의 기간 연장을 체계적으로 감소시키지 못한 것으로 보인다. 물론 지연을 막는 것이, 2007 개정안의 목표였다. 마지막으로, 우리 분석과, FDA의 약간 다른 분류 결과에 따르면, 지연-관련 탄원서의 수는 시간이 지나도 감소하지 않았다.[43]

이러한 결과는 2007년에 시행된 변화가 완전히 효과가 없었음을 의미하는 것은 아니다. 180일(이후 150일)의 답변 데드라인은 분명, 어떤 시민 탄원서라도 상당 시간 제네릭 승인 과정을 연장하지 못하도록 해주며, 이는 탄원서가 수년 동안 계류 중인 경우에 상당한 개선 효과를 준다.[44] 그럼에도 불구하고, 잠재적인 남용의 정도는 제한적일 수 있지만, 남용이 일어난 정도는 감소한 것으로 보이지는 않는다. 많은 탄원은 여전히 승인 과정의 후반부에 제기되고 있으며, 탄원의 수도 감소하지 않았고, 2007 개정안이 통과된 후 조차, 탄원이 승인 과정 후반부에 제기되고 있다는 증거도 있다. 180일의 지연일(혹은 150일의 지연일 조차) 혜택이 수억 달러의 가치가 있는 한, 기업들은 이러한 경로를 따르도록 유혹될 것이며, 소비자들은 계속해서 그 가격을 지불할 것이다. 다른 접근법이 필요하다.

03

아직 먼 길

결과에서 증명하듯이, 시민 탄원 과정은 제약회사들이 제네릭 승인을 망치려는 방법으로 이용하였다. 우리는 많은 시민 탄원이, 의약품에 관한 잠재적으로 우려가 되는 정보가 발견되자 마자 제출된 것이 아니라, 대신 제네릭 승인 과정 후반 단계에 근접하여 제출되었다는 증거를 관찰하였다. 2000년과 2012년 사이, 잠재적으로 지연과 관련된 시민 탄원의 거의 절반은, 승인이 되기 1년 반 안에 제출되었으며, 데이터가 2007년 개정안 이후 기간으로 제한될 때 이 수치는 심지어 더 높았다. 사실 2007년 개정안 이후 시민 탄원의 46%는 제네릭 의약품 최종 승인 1년 전에 제출되었으며, 24%는 6개월 안에 제출되었다. 이러한 결과에서는 시민 탄원이 일부 제네릭 승인에서 최후의 장애물이었음을 보여준다.

또한 문제가 되는 것은, 시민 탄원서가 다양한 그 밖의 방해 지연 전략들을 시도하기 위한 중요한 촉매제나 기반인 것으로 보인다는 점이다. 제 4장에서 나열한 이러한 많은 지연 전략들은, 시민 탄원 과정을 통해 이뤄진다. 따라서 시민 탄원은 이제 제약회사들이 제네릭 승인을 막거나 지연시키기 위해, 변화를 꾀하거나 문제를 제기하는(종종 거짓된 문제) 중요한 창구가 된다. 지금은, FDA가 이를 막을 수 있는 힘이 없는 것으로 보이지만, 어떠한 경로가 더 효과적일까?

이러한 문제의 특성을 살펴보면, 제네릭 진입 지연을 위한 시민 탄원 신청 행동을 억제하기 위한 세 가지 접근법을 상상할 수 있다. 여기에는 다음이 포함된다: (1) 이러한 유형의 탄원에서 대표하는 대부분의 행동이 부적합하다는 결론을 내렸다면, 제네릭 진입과 관련된 시민 탄원을 제출하는 경쟁업체들에 대한 단순한 금지 규정; (2) 이러한 행동이 차선의 결과를 만들어낼 수 없도록 하기 위한 절차 상의 방해; (3) 억제시키기 위한 처벌 조치. 다음 항목에서는 이러한 각각의 접근법을 설명하고, 목표를 달성할 수 있는 메커니즘을 마련한다. 그러나 메커니즘의 세부 사항들보다는, 경로를 선택하고, 적절한 보상 구조와 최적의 제도적 행위자들을 가려내는 것이 더 중요하다.

단순 금지규정

시민 탄원 과정의 남용을 억제하는 가장 단순한 접근법은, 경쟁업체들이 제네릭 신청과 관련된 시민 탄원 신청을 하지 못하게 하는 일일 것이다.

이는 그 자체로 독점금지 규정과 같다. 특정 범주 내의 대다수의 행위가 부적합하다고 결론을 내린다면, 각각의 사례에 비중을 두기보다는, 해당 범주가 그 자체로 금지 규정이라고 선언함으로써, 사회적 자원을 더 잘 사용할 수 있게 된다.

이러한 접근법은 FDA가 경쟁업체들이 시장에 진입한다고 믿는지 여부에 대한 논평을 할 때, 기업들이 사회의 최고 이익을 고려할 가능성에 대한 냉소적 태도를 취한다. 이 접근법은 이러한 상황에서, 경쟁업체들이 마치 닭장을 지켜준다고 하는 여우와 같다고 생각할 수 있음을 암시한다.[45] 보상은 바람직한 결과와 잘 일치하지 않는다.

비록 경쟁업체들이 시민 탄원을 제출하지 못하게 하는 것은 단순한 접근법이지만 또한 지나치게 단순하기도 하다. 제약 업체들은 해당 의약품에 가장 익숙한 이 분야의 행위자로서, 문제가 떠오를 때, 위급함을 알릴 수 있는 가장 좋은 위치에 있다고 주장할 것이다. 이러한 접근법은 완전히 효과적인 것도 아니다. 기업들은 여전히 제네릭 신청 전에 일반화된 시민 탄원서를 제출할 수 있다. 이들은 또한 지연을 구체적으로 요청하지 않고도, 진입 지연 효과를 보이는 탄원서를 제출할 수도 있다 - 예를 들어, FDA에 의약품과 관련된 모든 라벨링을 고려해달라고 요청함으로써.

한 가지 대안적인 접근법에는, 차선의 결과보다는, 긍정적 결과로, 행동을 유도하기 위해서, 절차상의 차단을 시행하는 일이 포함된다. 다시 말해, 경쟁업체들이 제출한 시민 탄원서가 제네릭 진입을 지연시키지 않음을 확실히 하면서, 경쟁업체를 포함한 모두에게 시민 탄원 과정을 유지시킬 수 있다.

예를 들어, 경쟁업체들이 제출한 시민 탄원서는 제네릭 기업이 신청서를 제출한 1년 내에 제출되어야 한다고 규정할 수 있다.[46] 제네릭 신청에서 승인 신청으로 이어지는 평균 기간이 약 4년임을 고려할 때, 제네릭 신청이 이뤄진 지 1년 이내에 제출된 시민 탄원서는 최종 승인을 지연시킬 가능성이 낮다.

유사하게, 경쟁업체들이 일반적으로 해당 의약품과 관련된 문제들을 제기할 때, 제네릭 신청은 시민 탄원과 관련이 없는 일정으로 진행된다고 규정할 수도 있다. 다시 말해, 제네릭은 FDA가 해당 의약품이 기관의 기준에 부합하며, 제기된 어떠한 문제라도 이러한 승인 이후 해결될 수 있다고 결정을 내리면 승인을 받을 수 있는 것이다. 결국 브랜드 의약품은 의약품에 대한 특정한 요건 하에 시장에 남아있게 되며, 이는 적어도 일부 사례에서, 시민 탄원서에 제출된 문제들이 해당 의약품이 대중에게 제공될 수 없는 정도는 아님을 암시하는 것이다. 따라서 해결되어야 하는 어떠한 문제든, 제네릭 승인과 관련 없는 일정으로 모든 형태의 의약품 - 제네릭과 브랜드 의약품 - 에 관해 해결되어야 하는 것이다. 이를 "브랜드는 계속하여 판매된다(brand plays on)"는 규칙으로 칭할 수도 있을 것이다. 제네릭이 생물학적으로 동등한지, FDA의 요건을 충족시키는지와 관련된 문제라도, 다시 한 번, FDA가 일반적으로 이에 대해 가장 잘 판단을 한다고 결론을 내릴 수 있다 - 적어도 승인이 기각되어야 할 정도로 너무 심각한 문제라면.

한 가지 문제는, 비록 대부분의 시민 탄원이 기각되어도, 일부는 인정된다는 것이다. 이는 가끔 법적 문제들이 위험에 처하며, 안전성이 여전히 FDA의 주요 초점이 되어야 함을 의미한다. 문제를 다른 방향으로 바라보면, "브랜드는 계속해서 판매된다"는 말은 사회적 자원을 낭비하는 일일 수 있다. FDA는 제기된 각각의 우려에 답변을 하는 데 시간을 보내야 한다. 유사하게, 브랜드 제약업체들은 여전히 경쟁사의 비용을 높이기 위해서 시민 탄원서 제출 전략을 사용할 수 있다.[47] 다시 말해, 제네릭 경쟁업체들은 제기된 비논리적인 사안들에 답변을 하느라 시간과 돈을 써야 할 수 있다. 그럼에도 불구하고, 진입 지연의 가능성이 없어진다면, 이러한 절차 상의 차단은, 이 행동에 참여한 데 대한 브랜드 기업의 보상을 상당히 감소시킬 수 있다. 여기에서 논의된 선택지 중, 사실 이 방법이 가장 효과적일 것이다.

징벌적 억제

세 번째 접근법은 FDA나 법원을 통해 시민 탄원 과정의 남용을 억제하도록 설계된 일종의처벌 조치를 사용하는 것이다. 따라서 이러한 행위에 관여하거나, 시민 탄원을 통해 제네릭의 진입을 차단 혹은 지연시키려 하는 당사자들은 처벌을 받을 수 있으며, 이는 애초에 이 행동에 가담하지 못하도록 억제시킬 수 있다.

이러한 접근법을 고려해볼 때, 먼저 문제는, 이 행동이 범위를 넘어서는지 결정을 하는, 적절한 심사 기관의 결정이 포함된다는 것이다. 이론 상, FDA가 적절한 심사 기관이라고 주장할 수도 잇다. 결국 FDA는 시민 탄원서에서 제기된 문제들이 비논리적인지, 근거가 합당한지를 평가하는 가장 전문적인 지식을 갖고 있다.

그러나 FDA는 당사자의 행동보다 환자의 안전을 평가하는 데 더 효과적인 것으로 증명되었다. 2007년 이래, 이 기관은 탄원서가 타당한 과학적 혹은 규제적 문제를 제기하지 않는다면, 제네릭 승인 지연의 주요한 목적으로 제출된 어떠한 탄원서라도 약식으로 기각할 수 있는 권한이 있었다.[48] 앞서 언급한 바와 같이, FAD는 회계연도 2014년부터 한 번도 이 규정을 사용하지 않았다. 서로 다른 뜻이 있는 당국이 이 기관으로부터 더 많은 활동을 촉진시켰을 수도 있지만, FDA가 이러한 역할에는 적합하지 않을 수 있다고 주장할 수도 있다. FDA는 경쟁과 관련된 나쁜 행동이 아니라, 과학과 관련된 나쁜 행동을 평가하는 데 더 적합할 수도 있다.

한 가지 대안은 경쟁 당국(연방거래위원회(FTC)나 사법부(DOJ)) 혹은 제 3자(피해를 입고 있는 경쟁업체들)에게, 시민 탄원서를 포함한 반-경쟁 행동을 금지할 수 있는 더 큰 권한을 제공하는 것이다. 그러나 독점금지 조치는 느리며 비용이 높다.[49] 게다가 법원에서 이러한 행동을 천천히 제한할 때까지 지연을 위한 지불 합의에 대한 경험이 지침이 된다면, 제약 업체들은 전략을 바꿀 것이다. 독점금지법은 단지, 충분히 빠르지 않을 수 있다.

더 중요한 점은, 시민 탄원에 이의를 제기할 수 있는 효과적인 독점금지 방법을 제공하는 것이, 독점금지 및 규제 당국과 관련된 정책에서 당당한 변화를 필요로 할 수 있다는 점이다. 제 4장에서 설명한 바와 같이, 1960년대로 돌아가, Noerr-Pennington의 일련의 소견은, 독점금지 책임의 두려움 없이, 정부에 탄원을 제출할 권리가 있다는 일반 원칙을 확립하였다. 정부에 대한 탄원이 "기망"으로 판단된다면, 독점금지 책임은 여전히 지게 되지만, 기망 탄원임을 확립할 수 있는 기준은 너무 높다.[50]

특정 유형의 시민 탄원 조치는 독점금지 법 하에서 공격하기에 훨씬 더 까다로울 수도 있다. 예를 들어, 시민 탄원이, 제네릭이 브랜드 제품의 샘플을 받지 못하도록 사용된다면, - 해당 의약품이 생물학적으로 동등함을 보여주기 위해 제네릭이 요구하는 샘플 - 이 행동에 이의를 제기하려 하는 독점금지 행위자들은 또한 Trinko 사례에 반하게 된다.[51] Trinko 견해에서, 대법원은 한 당사자의 경쟁업체가 부적절하게 판매를 거부하였다고 주장하는 독점금지 조치를 받아들이지 않았을 뿐이다. 일반적으로, 경쟁업체들은 서로 판매를 할 필요가 없으며, 사법부에서 주장한 바와 같이, 거래 거부나 "강제 공유"는 장기적으로도 소비자들에게 거의 도움이 되지 않는다.[52] 비록 제네릭 승인을 위한 샘플 제공은 이 규정에서는 드문 예외일 수 있지만, Trinko를 통과하는 일은 매우 까다롭다.

요약하면, 의회 혹은 사법부는 독점금지 행위자들이 소송을 성공으로 이끌기에 충분하도록, 독점금지 정책을 변경할 의향이 있어야 한다 - 물론, 이 과정에서 막대한 자금을 들이지 않고. 이행하는 데 막대한 비용이 드는 처벌적 조치는, 억제 효과가 매우 작을 것이다.

투명성

어떠한 접근법도 완벽하거나 영구적인 해결책일 수 없다. 시민 탄원 경로의 남용을 바로잡으려면, 이러한 여러 접근법을 합해야 할 수도 있다. 게다가 본 서적에서는 법 체계가 한 경로를 차단하면, 제약업체들이 다른 방법을 찾는다는 점을 보여준다. 따라서 시민 탄원 남용을 억제하기 위해 어떠한 접근법이나 경로가 선택되든, 규제자, 입법자, 법원이 새로운 기법이 나타날 때 이를 알아낼 것임을 확실히 하는 것이 중요하다. 작은 햇살이 먼 길을 갈 수 있다.

특히 FDA의 투명성이 올라가면, 신약 가격 구조를 초기에 노출시키는 데 매우 효과적일 수 있다. FDA는 많은 정보를 공개하고 있지만, 시스템에서는 상당한 격차가 있다. 예를 들어, A 항목에서 설명한 것처럼, 제네릭 신청이 제출된 날짜를 찾을 수 있는 체계적인 방법이 없다. 모든 제네릭 신청은 제출되었을 때 제출 날짜와 함께 게시되어야 하며,

대중은 제네릭이 승인이 될 때까지, 해당 정보를 찾으려고 기다릴 필요가 없어야 한다. 이제 알 수 있듯이, 제약 업체가 제네릭 경쟁을 차단하는 데 더 효과적일수록, FDA 외의 외부인이, 어떠한 일이 벌어지고 있는지를 알게 되기까지, 시간이 더 오래 걸리게 된다.

그러나 아무리 못해도, 일단 제네릭 신청이 승인되면, 대중은 신청이 제기된 날짜를 쉽게 알아볼 수 있어야 한다. 특히 모든 신청서는 FDA 웹사이트에 공개되어야 하며, FDA 웹사이트는 항상 모든 제네릭의 세출 및 승인 날짜를 게시해야 한다.

안타깝게도, FDA는 반대 방향으로 투명성을 낮추고 있는 것처럼 보인다. 우리 연구에서, 우리는 FDA가 게시한 승인서 일부로부터 신청일자를 추출하고, FDA 승인서에 신청일자를 언급하지 않았을 때에는 추산 기법으로 다른 날짜들을 알아낼 수 있었다. 그러나 FDA는 최근 프로토콜을 바꾸었으며, 따라서 대중은 더 이상 이렇게 할 수도 없을 것이다. 한 보고서에 따르면, FDA는 새 프로토콜을 시작하였으며, 여기에서는 본래의 제네릭 신청의 신청 일자를 언급하는 승인서들은 제외시킬 예정이다.[53]

시민 탄원에 대한 더 완전한 라벨링과, 제네릭 신청 수 및 이들이 어떻게 배정되는지에 대한 완전한 정보를 포함하여, 그 밖의 기본 정보 또한, 투명성을 높일 수 있다. 마지막으로, FDA의 거대한 정보공개법(FOIA) 업무 또한, 부적절한 행위를 숨겨주고 있다. 우리 연구를 위해 질의를 하였을 때, FDA 직원들은 매우 도움이 되었지만, FOIA 요청이 판결을 내리는 데 약 2년이 걸린다고 답하였다. 제네릭 신청에 대한 완전한 데이터를 빠르고 명확하게 만들어 대중에게 알리는 일은, 부적절한 행동을 억제하는 데 필수적이다. 특히 FDA가 경쟁을 감시하는 업무에 완전히 할당되지 않는다면, 그 밖의 행위자들 - 주와 연방 규제자, 입법가, 학계 연구자, 대중의 이해관계 집단, 제네릭 기업들을 포함 - 은 관련 정보에 쉽게 접근할 수 있어야 한다. 시민 탄원을 통해 제네릭 경쟁을 지연시키려는 노력을 억제시킬 수 있는, 여기에서 설명된 유형의 접근법들과 함께, 이와 같은 투명성 노력은 문제 해결에서 매우 중요하다. 이러한 노력 없이는 가능한 제네릭 진입을 지연시키기 위한 제약 회사들의 게임에 시민 탄원서가 중요한 역할을 하는 모습을 계속해서 지켜보게 될 것이다. 물론 소비자들이 이 비용을 부담하게 된다. 결론에서 우리는 일반적으로 의약품 지연의 더 큰 문제를 다루도록, 구체적인 시민 탄원 권고 사항들을 조정할 것이다. 다시 말해, 여기에서 우리는 어디로 가야할까?

참고문헌

1 The following germinal texts describe the movement and debate its consequences. Christopher Edley Jr., Administrative Law: Rethinking Judicial Control of Bureaucracy(Yale 1990); Antonin Scalia, *Vermont Yankee: The APA, the D.C. Circuit, and the Supreme Court*, 1978 Sup. Ct. Rev. 345(1978); Clark Byse, *Vermont Yankee and the Evolution of Administrative Procedure*, 91 Harv. L. Rev. 1823(1978); *see also* Sidney Shapiro & Richard Murphy, *Eight Things Americans Can't Figure Out about Controlling Power*, 61 Admin. L. Rev. 5(2008); Paul Verkuil, *The Wait Is Over: Chevron as the Stealth Vermont Yankee II*, 75 Geo Wash. L. Rev. 921(2007); Reuel Schiller, *Rulemaking's Promise: Administrative Law and Legal Culture in the 1960s and 1970s*, 53 Admin. L. Rev. 1139(2001).

2 *See* Michael A. Carrier & Carl Minniti, *Citizen Petitions: Long, Late-Filed, and At-Last Denied*, 66 Am. U. L. Rev. 305, 333 tbl. 4(2016) http://ssrn.com/abstract-2832319(finding that between 2011 and 2015, the FDA denied 92 percent of section 505(q) citizen petitions, the type most often employed to oppose generic entry); Michael A. Carrier & Daryl Wander, *Citizen Petitions: An Empirical Study*, 34 Cardozo L. Rev. 249, 274 (2012) (finding that the FDA denied 81 percent of all citizen petitions filed by competitors against drug companies between 2001 and 2010).

3 *See, e.g.*, Ameet Sarpatwari, Jerry Avorn, & Aaron S. Kesselheim, *Using a Drug-Safety Tool to Prevent Competition*, 370 New Eng. J. of Med. 1476, 1476-77(2014) (discussing, as an aside, a citizen petition from Celgene Corporation to the FDA 17-18(September 20, 2007)), www.regulations.gov/document?D=FDA-2007-P-0113-0002). Most important, Carrier and Wander, who documented a rise in citizen petitions in general, suggested that the rise might be a sign of delay behavior. *See* Carrier & Wander, *Citizen Petitions, supra* note 2, at 269-270, 283-286(documenting empirically a rise in citizen petitions and detailing two anecdotal examples of petitions that resulted in delay, one related to the depression drug Wellbutrin and one related to the insomnia drug Ambien).

4 For an in-depth discussion of the methodology, see Robin Feldman, Evan Frondorf, Andrew K. Cordova, & Connie Wang, *Empirical Evidence of Drug Pricing Games–A Citizen's Pathway Gone Astray* Stan. Tech. L. Rev. (forthcoming 2017), http://ssrn.com/abstract=2833151. In simplified form, the process can be described as follows: (1) We compiled all citizen petitions and related documents fi led between 2000 and 2012; (2) We identified citizen petitions related to pharmaceuticals, with a particular focus on generic drugs; (3) We read each remaining citizen petition and determined which of these petitions were related to generic drugs or had the power to delay generic approval, regardless of the merits or circumstances of the petition; (4) We constructed a data set of all generic applications approved between 2006 and 2015, recording the approval date for each application; (5) We compiled filing dates for the generic applications, pulling them when available from PDFs of letters within the FDA's databases. When filing information was not publicly available, we were able to estimate a filing date down to the quarter-year for most drugs; (6) We matched each citizen petition with the generic application most relevant to the requests made in the petition; (7) Using these citizen petition–generic application pairs, we constructed metrics with the goal of isolating the timing of petitions during the generic drug approval process.

5 *See* Carrier & Wander, *Citizen Petitions, supra* note 2, at 261, 266; *see also ibid.* at 261(noting that the FDA's director of the Office of Generic Drugs has made a similar observation, saying, "when petitions are granted, in whole or in part, it is often because the FDA already has the proposed scientific or legal standard in place or is already planning to take the action that the petition requests").

6 Letter from Janet Woodcock, Dir., Ctr. for Drug Evaluation & Research, U.S. Food & Drug Admin., to Richard D. Kelly, Oblon Spivak, on behalf of Mitsubishi Tanabe Pharma Corp., Re:

No. FDA-2009-P-0115, at 8–9(Aug. 19, 2009), www.regulations.gov/#!documentDetail;D=FDA-2009-P-0115-0006.

7 For example, Petition No. FDA-2010-P-0188 asks the FDA to "confirm," among other related requests, that the "FDA will grant 180-day marketing exclusivity to Actavis' ANDA No. 77-302." *See* Citizen Petition from Axinn, Veltrop & Harkrider LLP, on behalf of Actavis Elizabeth LLC, to Div. of Dockets Mgmt., U.S. Food & Drug Admin., No. FDA-2010-P-0188, at 2(Apr. 6, 2010), www.regulations.gov/#!documentDetail;D=FDA-2010-P-0188-0001.

8 *See* Petition for Stay of Action from Arnold & Porter LLP, on behalf of Medicis, to Div. of Dockets Mgmt., U.S. Food & Drug Admin., No. FDA-2007-P-0295, at 1(Apr. 20, 2007) (stating that "the requested stay would … prevent the approval of any ANDA or Section 505(b)(2) application referencing the Ziana™ NDA during the 3-year[*sic*] of market exclusivity that would be earned by the Ziana™ application if[the petitioner's other] citizen petition is granted") www.regulations.gov/#!documentDetail;D=FDA-2007-P-0295-0003.

9 That is, 249 of 1,158 citizen petitions filed were related in any way to pharmaceuticals; 65 percent of all petitions(1,158 of 1,790) were related to pharmaceuticals.

10 That is, 249 of 1,790 citizen petitions filed on any topic at the FDA.

11 Approval dates are, for the most part, readily available through the FDA's searchable database of approved drugs, known as Drugs@FDA. For example, anyone can search Drugs@FDA for information on ANDA No. 90153(a generic version of Ambien CR), and the page clearly denotes an approval date of March 25, 2013. But *filing* dates are not so transparent. The FDA does not have a standard data field in Drugs@FDA for ANDA filing date–clicking the "Approval Date(s) and History, Letters, Labels, Reviews" link on the page for ANDA No. 90153 results in no history, letters, or documents whatsoever other than a table displaying the approval date for the drug. This was the case for the majority of generic applications we explored in the Drugs@FDA database. The only way we were able to obtain filing dates was through rarely posted approval documents on a drug's "Approval Date(s) and History, Letters, Labels, Reviews" page. For example, the Approval History table for ANDA No. 202958(a generic version of Keppra XR, an antiepileptic) stores PDFs of the final approval letter and approved label for the generic. In the first line of the approval letter from the FDA to generic manufacturer Apotex, it references ANDA letter dated March 31, 2011, indicating the generic filing date. *See* Letter from William P. Rickman, Office of Generic Drugs, U.S. Food & Drug Admin., to Kiran Krishnan, Vice Pres., Reg. Aff., Apotex Corp., Re: ANDA 202958(Feb. 25, 2015), www.accessdata.fda.gov/drugsatfda_docs/appletter/2015/202958Orig1s000ltr.pdf. This–a brief mention in a PDF-only approval letter–appears to be the only way that filing dates have been made available to the public. We note that even that date may be slightly off. *See, e.g.*, Citizen Petition from Foley Hoag LLP, on behalf of Fresenius Medical Care North Am., to Div. of Dockets Mgmt., U.S. Food & Drug Admin., No. FDA-2012-P-0184, at 2(Feb. 21, 2012), http://www.regulations.gov/#!documentDetail;D=FDA-2012-P-0184-0001(date stamp one day later than the date of the letter). Other sources agree that this is the only location for filing dates. In late March of 2016, however, FDA commentators began to notice that the FDA had started to remove *all* filing dates from approval letters, eliminating the only public source of approval dates. (This also means that our study range cannot be extended past 2015.) *See* Bob Pollock, *Do You Notice Something Missing? What the Heck!* LACHMAN CONSULTANTS.COM(Mar. 31, 2016), www.lachmanconsultants.com/2016/03/do-you-notice-something-missing-what-the-heck/.

12 We also matched the generic applications to the brand-name drug that was listed as the reference drug using the FDA's Orange Book data.

13 In rare exceptions, we discovered a citizen petition in our data set related to a generic application that was approved prior to 2006. We were able to use the same techniques described in this section to fill in filing dates for the relevant generic application. Similarly, the FDA database of generic applications does not include approved 505(b)(2) applications. Thus, those applications were added as well, when necessary, for the 249 citizen petitions.

14 For example, Petition FDA-2012-P-0184 specifi cally asks that the FDA "refuse to accept Cypress

ANDA No. 20–2820 for filing(or fi nd ANDA No. 20–2820 not approvable if already accepted for fi ling)." *See* Citizen Petition from Foley Hoag LLP, on behalf of Fresenius Medical Care North Am., to Div. of Dockets Mgmt., U.S. Food & Drug Admin., No. FDA-2012-P-0184, at 2(Feb. 21, 2012), www.regulations.gov/#!documentDetail;D=FDA-2012-P-0184-0001.

15 *See* Citizen Petition from Graceway Pharm. LLC to Div. of Dockets Mgmt., U.S. Food & Drug Admin., No. FDA-2009-P-0364, at 2(Jul. 30, 2009), www.regulations.gov/#!document Detail;D=FDA-2009-P-0364-0001.

16 If multiple ANDAs were explicitly named in a petition, we identified the first-filed petition of those mentioned.

17 In rare circumstances, a filing date was available but not an approval date. This occurred when a drug had only been tentatively approved but was still posted on the FDA's website with an attached letter noting the filing date.

18 There were a total of 157 delay-related citizen petitions with filing information(including those with only a filing date and those with both a filing and approval date) and 159 delay-related citizen petitions with approval information(including those with only an approval date and those with both a filing and approval date).

19 As an example, Petition FDA-2007-P-0418 was filed on November 9, 2007, the fourth quarter of 2007. We estimated that its relevant generic application, ANDA No. 78441, was filed in the third quarter of 2006. It was approved on May 14, 2009, the second quarter of 2009. Between the third quarter of 2006(generic application filing) and the fourth quarter of 2007(citizen petition filing), five quarter-years had passed, so the value of "Quarters Since Generic Filing" for this citizen petition is "5." Eighteen months and five days passed between November 9, 2007(citizen petition filing) and May 14, 2009(generic approval), so "Months Before Approval" for this petition is "18." Its "Total Approval Time," from the third quarter of 2006 to the second quarter of 2009, is eleven quarter-years.

20 For a full reporting of the results, *see* Feldman, Frondorf, Cordova, & Wang, *supra* note 4 .

21 To clarify, we noted above that we had 164 citizen petitions with at least partial time line information. Of these, we had approval dates for 158 and thus could measure the time between filing of the citizen petition and approval of the generic. Of the 158 petitions, 78 petitions(or 49 percent) were filed within eighteen months of generic drug approval.

22 The number of citizen petitions filed six months before generic drug approval was 33 out of a total of 158 petitions(21 percent).

23 FDA Amendments Act of 2007, Pub. L. No. 110-85, 121 Stat. 823(2007) (codifi ed as amended in scattered sections of 21 U.S.C.).

24 *See* Carrier & Wander, *Citizen Petitions*, *supra* note 2, at 263(quoting 153 Cong. Rec. 25,047 (2007)) (discussing testimony of Senator Edward Kennedy that "[t] he citizen petition provision is designed to address attempts to derail generic drug approvals. Those attempts, when successful, hurt consumers and the public health").

25 Section 505(q) covers citizen petitions related to two categories of FDA approval applications. These are abbreviated new drug applications(ANDAs) and other forms of applications that rely on investigations not performed by or for the applicant. The latter form is referred to as 505(b)(2) applications. *See* CTR. FOR DRUG EVALUATION & RESEARCH, FDA, GUIDANCE FOR INDUSTRY: APPLICATIONS COVERED BY SECTION 505(b)(2) (Oct. 1999), http://www.fda.gov/downloads/Drugs/.../Guidances/ucm079345.pdf.

26 21 U.S.C. § 355(q)(1)(f) (2015); Food and Drug Administration Safety and Innovation Act, Pub. L. No. 112-144, 126 Stat. 993(2012) (codifi ed as amended in scattered sections of 21 U.S.C.).

27 *Ibid.*

28 *Ibid.*

29 A total of 69 citizen petitions were filed in the period before the 2007 Amendments. Twenty-eight of

them(41 percent) were filed within eighteen months of generic drug approval.

30 In the post-2007 Amendments period, we measured a total of 89 citizen petitions relating to generic drug applications with approval dates available. Of those 89 petitions, 50 were filed(56 percent) within eighteen months of generic drug approval.

31 In the post-2007 Amendments period, the number of citizen petitions filed within six months of generic approval was 21 out of a total of 89 petitions(24 percent). The number of citizen petitions filed between six and twelve months of generic approval was 20 out of a total of 89 petitions(22 percent). Our fi ndings are consistent with another study using a different methodology. In their examination of generic-related citizen petitions fi led between 2011 and 2015, Carrier and Minniti found that 39 percent of drugs named in petitions were subject to a citizen petition within six months of a brand-name drug's "exclusionary date"–the date when a brand-name patent or FDA exclusivity would expire. Carrier & Minniti, *Citizen Petitions, supra* note 2, at 338, 339 tbl.8; 98 percent of these "late-filed" petitions were denied. *Ibid.* at 341 & tbl.8. The choice of sample in this study was slightly different–Carrier and Minniti focused only on petitions given a "505(q)" designation by the FDA.

32 We cannot draw conclusions about the effects of the 2012 Amendments because our citizen petition data set only goes up to 2012. As discussed in Section A.2. above, we limited our data set to citizen petitions filed prior to 2013 when test analyses indicated that citizen petitions filed after that time frequently related to drugs that had not yet been approved.

33 U.S. Food & Drug Admin., *Seventh Annual Report to Congress on Delays in Approvals of Applications Related to Citizen Petitions and Petitions for Stay of Agency Action for Fiscal Year* 2014, at 10(2015) [hereinafter "FDA Seventh Annual Report for FY 2014"].

34 *Ibid.*

35 *Ibid.* at 10.

36 Complaint for Injunctive and Other Equitable Relief, Fed. Trade Comm'n v. Shire ViroPharma, Inc., Case 1:17CV00131(D. Del Feb. 7, 2017), https://www.ftc.gov/system/files/documents/cases/viropharma_file-stamped_redacted_complaint.pdf [hereinafter FTC Complaint]; *see also* Citizen Petition from ViroPharma, Inc., to Div. of Dockets Mgmt., U.S. Food & Drug Admin., No. FDA-2006-P-0007(Mar. 17, 2006), https://www.regulations.gov/docket?D=FDA-2006-P-0007(key citizen petition cited in the FTC's complaint).

37 FTC Complaint, *supra* note 36, at 2.

38 21 U.S.C. §355(q)(3)(B).

39 FDA Seventh Annual Report for FY 2014, *supra* note 33, at 9.

40 Wilson Sonsini Goodrich & Rosati, *Citizen Petitions Aimed at Delaying Generic Competition Remain a Concern*, at 1(Feb. 11, 2015), www.wsgr.com/publications/PDFSearch/wsgralert-citizen-petitions.pdf.

41 FDA Seventh Annual Report for FY 2014, *supra* note 33, at 9.

42 *See Guidance for Industry: Citizen Petitions and Protests for Stay of Action Subject to 505(q) of the Federal Food, Drug, and Cosmetic Act*, U.S. Food & Drug Admin., at 4(2014); *see also* 21 U.S.C. § 355(q)(4).

43 In November 2016, the FDA promulgated a new rule on citizen petitions, strengthening some of the language and requirements, as well as ever so slightly widening the number of petitions that must make certifications by requiring certifications on petitions that "may" be subject to section 505(q). See U.S. Food & Drug Admin., Amendments to Regulations on Citizen Petitions, Petitions for Stay of Action, and Submission of Documents to Dockets(Nov. 8, 2016), http://www.federalregister.gov/documents/2016/11/08/2016-26912/amendments-to-regulations-on-citizen-petitions-petitions-for-stayof-action-and-submission-of. The language follows the same general approach, however, without changing the incentive structure or enhancing the deterrent. Thus, it is unclear that the changes will lead to the desired effect.

44 *See* Carrier & Wander, *Citizen Petitions, supra* note 2, at 285–86(detailing a citizen petition that delayed the introduction of a generic version of the insomnia drug Ambien for more than three years at a cost of $3.1 billion).

45 *See The CREATES ACT: Ending Regulatory Abuse, Protecting Consumers, and Ensuring Drug Price Competition: Hearing Before the S. Comm. On the Judiciary Subcomm. on Antitrust, Competition Policy and Consumer Rights*, 114 th Cong. 58(2016) (transcript of statement of Robin Feldman, using fox analogy in response to a senator's question) (transcript on file with author).

46 This would require that the FDA make all generic applications public and easily searchable when they are filed.

47 *See, generally*, Thomas G. Krattenmaker & Steven C. Salop, *Anticompetitive Exclusion: Raising Rivals' Costs to Achieve Power over Price*, 96 Yale L.J. 209(1986) (seminal work identifying ability of competitors to impose costs on rivals without similarly incurring such costs).

48 See 21 U.S.C. §355(q)(1)(F) (2012).

49 *See generally* Robin Feldman, *Ending Patent Exceptionalism and Structuring the Rule of Reason: The Supreme Court Opens the Door for Both*, 15 Minn. J.L. Sci. & Tech 61(2014).

50 For a detailed discussion of the history of the *Noerr-Pennington* doctrine and its operation in practice, see Robin Feldman, *Federalism, First Amendment & Patents: The Fraud Fallacy*, 17 Colum. Sci. & Tech. L. Rev. 30(2015).

51 *See Verizon Comm. Inc. v. Law Offi ces of Curtis V. Trinko LLP*, 540 U.S. 398 (2004).

52 *See* U.S. Dep't of Justice, *Competition and Monopoly: Single-Firm Conduct Under Section 2 of the Sherman Act*, Ch. 7, Unilateral, Unconditional Refusals to Deal with Rivals(2008), www.justice.gov/atr/competition-and-monopoly-single-firm-conduct-under-section-2-sherman-act-chapter-7; *see also* Geoffrey Manne, *Senator Lee's Prescription for Regulatory Failure in the Generic Drug Market*(June 14, 2016), https://truthonthemarket.com/2016/06/14/senator-lees-prescription-for-regulatoryfailure-in-the-generic-drug-market(describing Trinko as an impediment to antitrust cases regarding refusals to provide samples to generic applicants).

53 Pollock, Do You Notice Something Missing? supra note 11.

결론

체계적 개혁에 대한 요청

Conclusion
A Call for Systematic Reform

Hatch-Waxman 체제의 30년은, 제네릭 의약품 진입에서 놀라운 변혁을 가져왔다. 그러나 그 과정에 저항이 없었던 것은 아니다. 본 서적 전반에 걸쳐 자세히 설명한 바와 같이, 제약 업체들은 가능한 제네릭 경쟁을 지연시키기 위한 세 가지 행동에 가담하였다. 첫 번째 세대에는 제네릭 기업이 시장 진입을 늦춘 데 대해 돈을 지불하는 것이었다 - 즉 경쟁 지연에 대한 합의로 제네릭에, 독점권 수익의 일부를 제공하는 것. 이러한 행동의 독점금지 조사가 수면으로 떠오르며, 제약 업체들은 여러 사이드 거래에 중점을 둔 2 세대 조치를 개발하였으며, 여기에서 기업들은 일단 많은 사례들에 대해 합의를 하거나, 진입 지연의 대가로 일어나는 금전 이전의 가치를 위장하기 위한 방법으로서, 서로에게 과도하거나 과소한 가치의 서비스를 제공하는 데 동의한다. 이러한 각각의 접근법은 행동의 특성을 애매하게 만드는 영리한 방법이다. 마지막으로 3.0 세대의 게임에서는 더 이상 제네릭 경쟁업체들과 공모하는 데 초점을 두지 않는다; 대신 게임은 제네릭 기업에 대한 소소한 장애물에 의존한다. 여기에는 행정적 과정 활용, Hatch-Waxman과 연결되는 규제 구조, 제네릭의 시장 진입을 차단하기 위한 약물 변경 등이 포함된다. 게다가 이들은 종종 다양성 효과를 만들어내기 위해 이러한 많은 전략을 혼합한다. 물론 방해 행동들을 개발하고, 이에 가담하지 않겠다고 약속함으로써, 보이 스카우트 조항이라 불리는 방법을 사용하여, 2.0 세대와 3.0 세대도 혼합할 수 있다.

이러한 모든 접근법 중, 보이 스카우트 조항이 아마도 가장 부정적일 것이다. 여기에서, 브랜드 기업은 경쟁을 막기 위해 방해 행동에 가담하며, 명예로운 행동이라고 주장하며, 공격 그 자체로부터 보호를 하려 한다. 보이 스카우트 조항도 특히 부정적일 수 있지만, 3.0 세대의 접근법은 의회, 법원, 규제 기관이 통제하기 까다로울 수 있는 새로운 유형의 행동들을 위협한다.

01

사회적 피해

Hatch-Waxman 하에서의 전략적 행동은 특허와 독점금지법의 이론적 가치로 따질 때 문제가 된다. 특허 문제는 모든 특허법을 구성하는 헌법 규정으로 거슬러 올라간다. 모두에게 공개되어야 하고, 혼자서만 누릴 수 없는 활동들로부터, 특허 시스템은 이러한 배제가 사회의 이익에 이바지할 것이라는 이론을 근거로, 제한된 기간 동안, 독점적인 혁신의 사용에 전념하기로 결정을 내린다.[1] 그러나 이러한 합의는 무한정 지속되는 것은 아니다. 특허가 만료되면, 모든 사람들이 이러한 활동에 자유롭게 가담할 수 있어야 하며, 경쟁 환경으로 돌아오는 것이다. Hatch-Waxman은 특허 기간 만료 시 즉각 경쟁적 환경으로 돌아갈 것을 보장할 뿐 아니라, 경쟁자들을 부적절하게 특정한 혁신적 공간에 들어오지 못하게 하는 빈약한 특허 주장을 제거한 데 대한 보상을 만들어내려는 의도였다. 경쟁을 지연시키게 하는 제약 업체의 행동은 특히 Hatch-Waxman과 일반적인 특허 합의에 반하는 일이다.

본 서적에 설명된 행동들은 또한 독점금지 우려도 낳지만, 이러한 우려는 약간 다른 각도로 바라볼 수 있다.[2] 독점금지 정책에서 일반적 문제로서, 큰 것이 항상 나쁜 것은 아니다; 이는 당신이 중요하게 생각하는, 규모에 대해서도 적용된다.[3] 따라서 엄청난 성공을 거둔 의약품으로 시장에서 독점권을 얻은 브랜드 기업은, 부적절하게 경쟁을 억제시키거나, 경쟁업체들을 방해함으로써, 독점권을 연장시키려 할 때에만 독점금지 문제의 표적이 된다. 저자 중 한 명이 실시한 학계 연구와 그 밖의 연구에서도 언급한 바와 같이, 경쟁하지 않겠다는 합의와, 경쟁업체들을 방해하기 위해 규제 과정을 남용하는 행동은, 독점금지 문제를 낳게 된다.[4] 따라서 제약 업체들이 제네릭 경쟁의 진입을 부적절하게 지연시키거나 방해할 때, 이러한 행동은 독점금지법이 원하는 개방적이고 경쟁적인 시장 환경에 어긋나게 된다.

이론적 문제는 또한 실질적인 사회적 피해로 옮겨간다. 특허를 통해, 법 체계는 결과로 나타날 수 있는 혁신 효과에 대해서 어느 정도의 사회적 손실을 용인하기로 선택한다. 그러나 브랜드 기업이 특허가 만료된 후에도 독점권을 연장한다면, 사회에는 더 높은 가격이라는 형태로, 예상치 못한 무거운 손실이 있게 된다. 의회가 특허 체계의 최적의 요소들을 선택하였는지 여부는 개별적 문제이다. 일단 요소들이 설정되면, 추가적으로 사회에 무거운 손실을 야기하는 행동들은, 이러한 체계의 보상 구조와도 어긋나며, 사회에 대한 피해는 용인되어서는 안 된다. Hatch-Waxman의 조작은 또한 기업이나 기관들에게 낭비적인 활동의 형태로 사회에 피해를 입힌다. 법원, FDA, FTC, 특허/상표국이 가담해야 하는 숨바꼭질 게임은 모두에게 낭비가 된다. 게임은 특히, 이제 새로운 특허 소송의 주요한 요소로서, 특허 괴물 소송이 새로이 합류하고 있는 제네릭 경쟁에 관한 의약품 소송으로, 사법 체계에 부담이 되고 있다.[5] 안타깝게도 많은 돈이 걸려있다는 점을 고려할 때, 이러한 행동은 법 체계에서 보상을 변경하거나 충분한 처벌을 만들어내는 방법을 찾지 않는다면, 계속될 것이다. 이는 이러한 과정이 무시되었음을 뜻하는 것은 아니다. 단순한 지연을 위한 지불 합의에서 사이드 거래로의 전환, 그리고 작은 방해 작전들로의 전환은, 규제 기관들이 법원에서 성과를 올리기 시작했다는 발전을 의미한다. 게다가 작은 방해 작전들이 경쟁에서 가치 있는 지연을 만들어낼 순 있지만, 이러한 성과를 올리기는 더 어려우며, 지연을 위한 지불보다 더 장기적인 일이다.

그럼에도 불구하고, 이러한 형태의 행동이 바뀌었을 수는 있지만, 여전히 남아 있다. 게다가 Actavis에서의 대법원 판결과 의회의 다양한 개정안과 같은 변화도 중요했지만, 변화가 시행되고 시장은 그 이상으로 바뀌었다. 문제는 다음에 무엇이 일어날 것 인가이다.

다음의 논의에서는 Hatch-Waxman 체계에서 초래한, 게임을 자신에게 유리하게 이끄는 능력을 완화시키기 위한 지속적인 노력에 있어서, 사법 체계의 새로운 방향에 대해 탐구한다. 이러한 논의는 구체적인 정책 규정의 설명이나, 입법에 대한 청사진 제공을 목적으로 하는

드림위즈

것은 아니다. 오히려 새로운 접근법들이 어떻게 구조화될 수 있는지 윤곽을 그려보고, 이러한 접근법 변화에 대해 토론하려는 노력이다.

02

체계, 간소화, 선샤인(Sunshine), 그리고 표준-기반의 정책

지금까지 이뤄졌던 접근법에 더하여, Hatch-Waxman 게임의 진화를 관리하기 위해서는 체계 접근법이 필요하다. 의료 분야와 같은 방법을 사용할 수도 있다.[6] 암 치료에 대한 구 접근법 하에서, 의사들은 암에 영양을 공급한 것으로 보이는 물질들의 크기를 줄이거나 억제시키려 하며 암을 공격하였다. 그러나 현대 의학 연구에서는 체계 접근법을 사용할 때 암 치료가 훨씬 더 효과적일 수 있음을 보여주었다. 특히 암은 서로 얽히거나 체계적인 방식으로 작용하는 것으로 보인다. 한 쪽의 접근만을 차단한다면, 암은 다른 해결책을 만들어내며, 새로운 접근은 본래의 경로보다 훨씬 더 위험하고 피해를 입힐 수 있다. 따라서 문제가 발생하고 있을 때 이를 완화시키며 문제를 공격하는 것은, 의약품이 포함될 수도 있는 치료에서와 같이, 의약품 특허와 승인에서도 한 물

간 접근법일 수 있다.[7]

시스템 접근법을 취함으로써, 우리는 저자 중 한 명이 팅커링(tinkering, 어설프게 손보다)으로 인한 사망이라 칭한 것으로부터, 벗어날 수 있다 - 특허 체계 전반에 걸쳐 고질적인 문제.[8] 이러한 문제적 접근법에서, 법적 행위자들은 법 분야의 전체 범위를 위한 포괄적 논리를 개발하지 않고, 여기에서 조금, 저기에서 조금, 정책을 조정함으로써, 까다로운 문제를 다룬다. 결국 전체 정책 기반은 그 자체의 무게로 붕괴될 위험에 처한다.

연방 순회 법원에서, 특허를 받을 수 있는 주제로서 어떠한 유형의 중재가 자격이 있는지를 결정해야 하는 규칙을 만드는 데 실패한 것도, 고전적인 팅커링으로 인한 사망의 예이다. 수년간, 법원은 악명 높은, "기계 혹은 변형" 검사에만 집착하여,[9] 불편한 결과를 막기 위한 노력으로 계속해서 구분을 정교화시켰다. 결국 이 검사에서는 상당한 속임수가 필요했으며, 논리적 불일치를 간과했다는 상당한 불신을 밀쳐 두어야 했다.[10] 이러한 사례들이 인해 연방 순회 법원에서, 작업 검사를 개발하도록 계속해서 장려한 후, 대법원은 결국 포기하고 검사를 제공하였다.[11]

제약 환경에서, 시스템 접근법의 첫 번째 단계에서는, 다양한 시스템이 과정에서 상호작용하는 정도에 초점을 맞추어야 한다. 여기에는 특허 승인 체계뿐 아니라, 특허 소송 체계[12], FDA 승인 체계 - 오렌지북, REMS, 시민 특허, 그 밖의 FDA 과정 포함 - 와 이 분야에 적용되는 독점금지 정책도 포함된다. 이를 위해서는 또한, 제네릭 승인 체계의 특허-기반의 이면들이, 소아 실험, 새로운 화학 물질, 희귀의약품 등과 같은 주제에 대해 제약 업체가 사용할 수 있는 수십 가지의 비-특허 독점권들과 어떻게 상호작용하는지에 대해 생각해볼 필요가 있다.[13] 효과적인 발전을 위해서는, 한 분야가 다른 분야의 방해로 이어지게 하는 조정을 최소화하며, 동시에 이러한 모든 체계들이 함께 작용될 필요가 있다. 30년의 Hatch-Waxman 경험과 함께, 이제 모든 체계의 상호작용에 대해 더 광범위하게 바라보며, 제네릭 승인을 위한 체계의 포괄적인 점검을 고려할 때이다.

두 번째 단계는 무자비하게 간소화시키는 것이다. 복잡성에 가치를 두는 사람들에게, Hatch-Waxman 체계는 쾌락의 동산과도 같다. 그러나 복잡성은 기회를 낳게 되고, Hatch-Waxman 사례에서 행위의 복잡성은 조작의 기회를 낳기도 하였다. 동일하거나 더 큰 복잡성을 낳았던 Hatch-Waxman 체계에 대한 점검은, 변호사들을 위한 완전 고용법 이외에는 큰 목적을 달성하지 못했다. 반대로, 간소화된, 축소된 체계는 영리하게 게임을 유리하게 만들 수 있는 기회를 줄일 수 있을 것이며, 또한 전체 체계에서 자원을 더 적게 흡수하는 결과를 낳을 것이다.

이러한 관점으로부터, 2009 바이오의약품 가격경쟁 및 혁신법("BPCIA," 또한 일반적으로 "바이오시밀러법(Biosimilars Act)"으로 알려짐)은 고무적이지는 않다. 이 제정법은 Hatch-Waxman이 평범한 제네릭 의약품에 더 빠른 경로를 제공했던 것처럼, 제네릭 바이오 의약품이라 불릴 수 있는 의약품, 혹은 바이오시밀러의 빠른 승인 경로를 제공하는 것을 목적으로 한다. 생물학적 치료제(biologics)는 복잡한 세포-유래 의약품이다. 이들은 아스피린과 같은 더 익숙한 화학 의약품과는 다르며, 여기에는 자가면역 질환과 싸우는 항체와 화학요법 동안 백혈구 수치를 높이는 단백질이 포함된다. 휴미라(Humira), 소발디(Sovaldi)와 같은 생물학적 치료제는 이미 세계에서 가장 많이 팔리는 처방약이다. 그러나 바이오시밀러법은 Hatch-Waxman보다 훨씬 더 복잡하며 매우 난해하고, 완전히 잘못된 표본으로 설계된 것으로 보인다.[14] 최초의 바이오시밀러가 시장에서 판매된 것도 2015년 9월에 와서였다 - 이 법이 통과된 후 6년만이다.[15]

이미 새로운 게임과 분쟁들이 법원을 가득 채우고 있다. 바이오시밀러 승인 과정에 관한 한 소건인 Amgen v. Sandoz는, 2015년 연방 순회 법원에서 공판이 열렸으며,[16] 논쟁의 핵심은 정보 공개에 관한 BPCIA 법규에서 "shall"이라는 단어의 정의에 초점이 맞추어졌다[17] - 이미 많은 논평가들이 "특허 댄스"라고 칭한 공개 과정이었다. 바이오시밀러 게임의 전장은 이미 이름도 있었다! 처음부터 새로웠던 바이오시밀러 분야는, 의도적으로 둔감하게 만드는 시민 탄원서나, 제 4장에서 아빌리파이 분쟁을 이끌었던 법규 해석의 혼동되는 문제들과 같이, 저분자의 사촌 격이라는 환영을 떨치지 못할 것으로 보인다. 연방 순회 법원의 첫 번째 의견 표명에서, 판사는 윈스턴 처칠(Winston Churchill)을 언급하며, BPCIA를 "미궁 속의 신비로 감싼 수수께끼"라고 칭했다.[18] 전체적으로, 생물학적 치료제 분야에서 위대한 출발점이 되지는 못하였다.

그러나 생물학적 치료제 문제를 해결에서 배제한 것은 큰 실수가 될 것이다. 2015년에 승인을 받은 신약 중 1/3은 생물학적 치료제이며, 규제문제를 고치되, 신약의 1/3을 제외시키는 것은 말이 되지 않는다. 생물학적 치료제는 미래의 의약품을 대표하며, 혁신적인 새로운 환자 치료제의 출처가 될 것이다.

간소화는 일반적으로 법조인들의 본능이 아니며, 특히 환자들의 변호사들이 원하는 바도 아니다. 변호사들은 어떠한 상황에서 뉘앙스를 살펴보도록 훈련을 받으며, 고객들이 원하는 것은 무엇이든 옵션을 남겨두길 원할 수 있다. 게다가 특허 대리인은 지나친 간소화에 끌린다고 해서 비난을 받지도 않았다. 특허 이해관계자들의 관습에 깊이 자리한 이러한 본능을 극복하는 것이, 더 효과적인 체계를 설계하는 중요한 요소가 될 것이다.

세 번째 단계는 햇살이 들어오게 놔두는 것이다.(역자주: 선샤인 법을 제대로 가동하게 만드는 것이다.) 시장과 규제자 모두, 정보를 완전히 활용할 수 있을 때 가장 잘 돌아간다 - 경쟁이 필요한 곳에 경쟁을 불러들이고, 규제자가 이의를 제기할 수 있도록 행동에 노출시키는 정보. 게다가 즉각적 의사소통이 되는 이 세계에서, 정보는 행동을 징계하는 데 강력한 역할을 한다. 그러나 의약품 거래와 가격 책정에 관한 정보는 점점 더 분화되고 있으며, 산업에서 핵심 활동가들에 의해 숨겨지고 있다 - 경쟁업체이든, 규제 당국이든, 소비자이든.

본 서적에서 제네릭 경쟁에 관해 우리가 논의한 내용은, 의약품 가격책정이라는 빙산의 일각일 뿐이다. 특히 가격 책정은 더 이상 의약품에 특정한 문제는 아니다. 오히려 PBM이라고 알려진 "의약품 수혜

관리자"가 상업 보험이 되는 의약품 구매의 대다수에 대해서 가격을 협상한다.[19] 다시 말해, PBM은 지불자와 그 밖의 관련자 사이에서 의약품 가격을 협상하는 제 3의 중개인이다. 이는 자주 의약품 가격을 번들(bundle)로 하는 결과를 낳으며, 제네릭 경쟁을 차단하거나 경쟁을 초월하는 보상을 거두는 가격 책정에 이를 수도 있다. 예를 들어, 제약회사는 가격이 오르거나, 경쟁이 더 큰 위협이 되는 경쟁을 차단하는 관행들이나 가격책정을 대가로, 한 의약품에 매력적인 할인을 제공할 수도 있다.

시장이나 규제 기관 모두 이러한 어떠한 정보도 사용하지 못한다. 제약의 생태계는 PBM 가격책정 거래나 리베이트 공개를 필요로 하는 햇살 규칙으로부터 엄청난 혜택을 볼 것이며, 이 중 일부는 현재 고려 중이다. 이는 가격 책정의 규제를 제안하는 것이 아니라, 효율적인 기능을 위해 시장과 규제 당국이 필요로 하는 정보 제공을 말하는 것이다.

네 번째 단계는 제네릭을 포함하는 의약품 거래의 원인 분석에 대한 대법원의 원칙에서 벗어날 것이다. 대법원이 Actavis에서 첫 시작을 열어주었음에도 불구하고, 하급 법원들은 거기에서 멀리 벗어나지 못하였으며, 그러한 의지도 없었다. 누구든 지고 가기에는 부담이 너무 크다. 오히려, 제네릭 진입을 포함하는 거래에서, 의회는 거래가 적절함을 증명하는 부담을 거래를 하는 자들에게 지워야 한다.[20] 반-경쟁적인 행동이라는 오명은 이러한 합의 전반에 걸쳐 너무 강하며, 이러한 거래가, 제네릭을 조기에 진입시키고자 했던 Hatch-Waxman의 의도를 약화시키는 정도는 종종 너무 크다. 복잡성을 만들어내고, 이러한 복잡성 뒤에 숨는 능력을 확보하는 것은, 효과가 정당함을 증명해야 하는 부담을 져야 하는 일이 되어야 한다.

그러나 가장 중요한 단계는, 물질-기반의 법 원칙을 더 자유롭게 사용하게 하는 것이다. Hatch-Waxman 체계와 다양한 개정안들은, 구체적이며 특정한 규칙에만 초점을 맞춘 경향이 있었다. 전형적인 예는, 브랜드 기업이 30개월 이상의 지연을 얻어내는 것이 금지된다는 규정이다; FDA는 150일 안에 시민 탄원에 대한 최종 결정을 내려야 한다.

어떤 개정안은 표준 접근법을 취하기도 한다. 예를 들어, FDA가, 특허가 "주로 신청 승인을 지연시키려는 목적으로 제출되었다"고 생각한다면, 언제라도 시민 탄원을 기각할 수 있는 권한은, 표준-기반 접근법의 훌륭한 예이다. 그러나 이러한 권한을 부여하기 위해서는, "특허가 표면상으로 타당한 과학적 혹은 규제적 문제를 제기하지 않는다"는 조항이 필요하며,[21] 이는 다시 규칙-기반의 접근법 영역으로 돌아가는 것이다. 게다가 앞서 설명한 바와 같이, 이러한 규칙은, 시민 탄원을 기각하기 위해서는 결코 사용된 적이 없다고 해석되었다.

고전적인 표준-기반의 접근법은, 세법의 "단계 거래 주의"에서도 찾을 수 있다. 이러한 주의에서는, 세금 당국이 이들이 빙 돌아가는 경로를 취해, 세금을 피하기 위한, 납세자들의 전반적 계획의 일부라는 생각이 든다면, 모든 거래의 단계들을 한 번에 무너뜨릴 수 있게 한다.[22] 따라서 이러한 주의는 각각의 세부 사항들이 기술적으로 검열을 통과하는지 여부에 초점을 맞춘 것이 아니라, 전체 계획의 결과나 의도를 바라본다. 이러한 유형의 표준-접근법을 더 자유롭게 사용한다면, 법원과 규제 당국은 규제 조항에 있어서 고양이와 쥐의 게임이 아니라, 전략적 행동을 아예 중단시키는 자유를 누릴 수도 있다.

너무 낙관주의를 취해서도 안 된다. 정치 경제적 관점으로부터, 시스템 점검을 피하기 위한 의회 구성원들에 대한 압력 - 전략적 행동을 중단시킬 수 있는 간소화 접근법은 고사하고 - 은 더 커질 것이다. 의회가 2003 개정안에서 Hatch-Waxman의 전략적 행동을 차단하려 했을 때, 이 법의 본래 발의자 중 하나이며, 국회의원이었던 Henry Waxman은 다음과 같이 제약 산업에 대해 고심하였다:

나는 브랜드 산업에게, 새로운 게임을 만들어내는 것을 중단하고, 잘 할 수 있는, 실제로 기여를 할 수 있는 과학 연구 분야로 돌아올 것을 청한다.[23]

국회의원의 이러한 의견은 헛되었던 것으로 보인다. 그럼에도 불구하고, 체계 접근법을 취하며, 간소화에 초점을 맞추고, 표준-기반 권한의 건전한 정도가 포함된, Hatch-Waxman의 전반적인 점검은, 계속해서 이러한 의약품 전쟁을 통제 하에 둘 수 있을 것이다. Hatch-Waxman의 경험이 30년이 지났으니, 이제 다음 단계로 나아갈 때이다. 그렇지 않으면 우리는 모두 계속해서 그 대가를 치르게 될 것이다.

참고문헌

1 *See* U.S. CONST., art. I, § 8, cl. 8("To promote the Progress of [the] useful Arts, by securing for limited Times to ... Inventors the exclusive Right to their respective ... Discoveries."); *see also* Robin Feldman, *Intellectual Property Wrongs*, 18 STAN. J.L. BUS. & FIN. 250, 318(2013).

2 For a discussion of the differing perspectives of patent law and antitrust law regarding inappropriate behavior by patent holders, see generally Robin Feldman, *Patent and Antitrust: Differing Shades of Meaning*, 13 VA. J.L. & TECH. 5(2008).

3 Tom Ewing & Robin Feldman, *The Giants Among Us*, 2012 STAN. TECH. L. REV. 1, 26(2012).

4 *See, e.g., ibid.* at 26–33; Michael A. Carrier, Nicole L. Levidow & Aaron S. Kesselheim, *Using Antitrust Law to Challenge Turing's Daraprim Price Increase*, 31 BERKELEY TECH. L.J., at '31(2016), http://ssrn.com/abstract=2724604; C. Scott Hemphill, *An Aggregate Approach to Antitrust: Using New Data and Rulemaking to Preserve Drug Competition*, 109 COLUM. L. REV. 629(2009).

5 *See* Jacqueline Bell, *Smartphone, Pharma Giants Dominate List of Top IP Targets*, LAW360 (Feb. 10, 2016), www.law360.com/articles/756254/smartphone-pharma-giants-dominate-list-of-top-ip-targets(noting that the number of new patent lawsuits fi led in 2015 increased by 15 percent over the prior year and that generic pharmaceutical companies were frequent targets of those lawsuits, along with technology companies); 2015 *Patent Dispute Report*, UNIFIED PATS. http://unifiedpatents.com/2015-year-end-report/(showing the prevalence of lawsuits fi led by nonpracticing entities in 2015).

6 This system theory example is taken from Robin Feldman, *Cultural Property and Human Cells*, 21 INT'L J. CULTURAL PROP. 1, 6(2014).

7 *Cf.* Feldman, *Intellectual Property Wrongs*, *supra* note 1, at 255(noting that when a comprehensive problem exists, the answer lies in attacking its roots, in addition to trimming the tendrils as they emerge in various places).

8 *See* Robin Feldman, *A Conversation on Judicial Decision-Making*, 5 HASTINGS SCI. & TECH. L.J. 1, 2(2013) (introducing the concept in the context of Federal Circuit attempts to fi x problems in patent doctrines such as patentable subject matter without taking into account the doctrinal area as a whole).

9 The machine-or-transformation test suggested that the Holy Grail for patentability of certain types of inventions would be to determine whether the invention was tied to a machine or resulted in a transformation. *See Bilski v. Kappos*, 130 S. Ct. 3218, 3227(2010) (rejecting the Federal Circuit's machineor-transformation test as the sole test for patentability of process inventions).

10 *See* Robin Feldman, *Coming of Age for the Federal Circuit*, 18 GREEN BAG 2d 27, 32–33(2014). For a detailed discussion of the problems with the Federal Circuit's machine-or-transformation test, see Feldman, *A Conversation on Judicial Decision-Making*, *supra* note 8, at 15–20, 23–25. *See also* ROBIN FELDMAN, RETHINKING PATENT LAW 113–24(2012) (describing various failed tests the Federal Circuit has tried for patentable subject matter).

11 Feldman, *Coming of Age*, *supra* note 10, at 7(describing the final opinion in the Supreme Court's quartet, *Alice Corp. Pty. Ltd. v. CLS Bank Int'l*, 134 S. Ct. 2347 (2014), along with the justices' three prior attempts to prompt the Federal Circuit in *Bilski v. Kappos*, 561 U.S. 593, 659 (2010), *Mayo Collaborative Services v. Prometheus Laboratories, Inc.*, 132 S. Ct. 1289(2012), and *Association for Molecular Pathology v. Myriad Genetics, Inc.*, 133 S. Ct. 2107(2013)); *see also* Robin Feldman, *Rethinking Rights in Biospace*, 79 So. CAL. L. REV. 1, 8–12(2006) (describing a similar phenomenon that plagues the various doctrines related to whether the definition of an invention reaches beyond

the state of the art at the time of the invention).

12 In light of the introduction of more robust forms of postgrant review in the 2011 patent reform America Invents Act, a comprehensive approach would also need to consider how those systems interact with Hatch-Waxman and how they could be used for gamesmanship.

13 For a discussion of the 13 different nonpatent exclusivities, see Robin Feldman, *Regulatory Property: The New IP* 40 Columbia J.L & Arts 53(2016) (arguing that these powerful exclusionary forces must be considered as a coherent whole to make sense of how they interact with each other and with other IP rights systems such as patent and trade secret).

14 *See generally* Jason Kanter & Robin Feldman, *Understanding and Incentivizing Biosimilars,* 64 Hastings L.J. 57(2012) (analyzing and identifying issues with the Biosimilars Act).

15 *See* Ben Hirschler & Michael Shields, *Novartis Launches First U.S. 'Biosimilar' Drug at 15 Percent Discount,* Reuters(Sept. 3, 2015), www.reuters.com/article/us-novartis-drug-idUSKCN0R30C220150903(reporting on the release of a biosimilar version of Amgen's Neupogen).

16 *Amgen Inc. v. Sandoz Inc.,* No. 2015-1499(Fed. Cir. 2015), slip op. available at www.cafc.uscourts.gov/sites/default/files/s15-1499.pdf.

17 *Ibid.* at *10–15.

18 *Ibid.* at *3 n.1.

19 149 Cong. Rec. 15,570(2003).

20 At least two bills have been introduced that would begin to shift the burden for some pay-for-delay settlements. *See* Preserve Access to Affordable Generics Act, S. 2019, 114th Cong. (2015); Prescription Drug Affordability Act of 2015, S. 2023, 114th Cong. (2015).

21 21 U.S.C. § 355(q)(1)(E) (2012).

22 *See* Feldman, *Intellectual Property Wrongs, supra* note 1, at 310(describing the value of using this type of doctrine in the patent context).

23 *Feldman, Intellectual Property Wrongs, supra* note 1, at 160(citing Press Release, Henry A. Waxman, Representative Henry A. Waxman on the Delay of Approval of Generic Drugs (Nov. 20, 2001), www.citizen.org/congress/article_redirect.cfm?ID=6496).

찾아보기

한글 색인

ㄱ

가격 비탄력성 24

가속 조항(acceleration clause) 116

경제협력개발기구 44

글리벡(Gleevec) 22

길레니아(Gilenya, 핑골리모드) 173

ㄴ

나멘다(Namenda) 151

넥시움(Nexium) 142

노바티스(Novartis) 22

ㄷ

델지콜(Delzicol) 150

도릭스(doxycycline) 191

독점 기간 주차 84

동등성 64

듀엑시스(Duexis) 172

ㄹ

라믹탈(Lamictal) 124

레블리미드 168

리피토 111, 113

ㅁ

마케팅 독점권 70

마틴 쉬크렐리(Martin Shkreli) 18

메디케어 41, 43, 84

메디케이드 43

메만틴(치매 치료제) 154

메탁살론(metaxalone) 197

ㅂ

바이오시밀러법(Biosimilars Act) 274

바이옥스(Vioxx) 165

반코신(Vancocin) 247

보이 스카우트 조항 119

보이스카우트 조항 52

복점권 68

본인-대리인 모델 37

부작용 보고시스템(AERS) 181

브랜드 의약 24

ㅅ

생물학적 동등성 37

생물학적 동등성 실험 137

서복손 166, 188

서복손정(Suboxone) 142

선샤인 법 276

선샤인법 54

세금 바꿔치 172

셀셉트(CellCept) 143

쉬크렐리 28

스켈락신 203

스켈락신(Skelaxin) 197

스키니 라벨(skinny label) 194

시민 탄원 179, 250

시민 탄원서 138, 239

시장 실패 85

식약청 안전혁신법(“FDASIA”) 187

신약 신청서 47

ㅇ

아르가트로반(Argatroban) 230

아빌리파이(Abilify) 203

아사콜(Asacol) 149

아큐프릴 112

액토스(Actos) 118

에버그리닝 141

에버그리닝(evergreening 140

에버그린(evergreen) 148

역 지불 51, 77

오렌지 북 65

오파나 183

오파나(Opana) 156

오프라벨 150

옥시코돈 174

위임형 제네릭 107

위임형 제네릭(authorized generics) 119

위험 공유 전략 137

ㅈ

전략적 경제동반자협약 43

제 IV 항 인증 48, 66
제네릭 의약 24
제네릭 의약품 신청 62
제약산업 35
제약 혜택 관리자 39
제인 린치(Jane Lynch) 147
제품 바꿔치기 140, 141
제품 바꿔치기(product hopping) 137
지연을 위한 지불 51
지적 재산권 26, 43
ㅋ
카듀엣 112
카브 아웃 194
크레스토 201, 205
ㅌ
탈리도마이드 64
특허권 26
특허 절벽 27
ㅍ
펠로디핀(felodipine) 180
포이즌 필(poison pill) 117
프릴로섹 142, 145
플로네이즈 139
플로네이즈(Flonase) 독점금지 소송 139
ㅎ
항궤양용제 62
헤로인 174
로마자

영문 색인

A
AbbVie 23
Accupril 112
Actavis 52, 152
Actelion 167
Alice 169
Allergan 173
Alnylam 23
Amgen 275
ANDA 47, 62, 230
AndroGel 91
AstraZeneca 144, 201
Avonex 23
azithromycin 45
B
Biogen 23
BM(business method, 영업방법) 특허 169
BPCIA 274
C
Caduet 112
Celgene 168
Cipro 94
D
Daraprim 19, 28, 29, 37
DAW(대체조제 불가 처방) 142
direct-to-consumer, DTC 38
duopoly 68
E
Endo 156
esomeprazole 20
ETASU 166
F
failure-to-market 85
FTC 29, 121
FTC vs Actavis 91
G
Genentech 143
Gilead 22, 27
Gilead Science(길리어드 사이언스) 18
Glaxo SmithKline 125
GlaxoSmithKline 139
H
Hatch-Waxman 47, 49, 50, 61, 84, 111
I
Impax 28
K
K-Dur 106
Kefauver-Harris 65
King 198
L
Lipitor 46

M
MannKind 18
Motrin 20
Mutual Pharmaceuticals 180
N
naproxen 20
National Health Service 42
Nexium 27
Niacor-SR 106
Noerr-Pennington 190
nonpatent exclusivities 70
O
OECD 44
Otsuka 203
P
parhing the exclusivity period 84
PBM 42, 276
Pfizer 27, 45, 173
Philidor 171
Plendil 180
Provigil 95, 108
R
Ranbaxy 108
Reckitt Benckiser 175
REMS 165
Retrophin 29
reverse payment 77
Roche v. Bolar 사건 65
S
Sandoz 275
Sanofi 23
Schering–Plough 106
sertraline 45
Sherman 90
Shire ViroPharma 247
SmithKline Beecham 128
Solvay 91
Sovaldi 18, 22, 27, 33
Specialty Pharmacy 28
T
Takeda 118
Teva 95, 108, 118
Thiola 29
TPP 43
Trinko 256
Turing 28, 29
Turing 제약회사 19
U
Upsher-Smith 106
V
Valeant 20, 171
Vimovo 20
W
Walgreen 28
Warner Chilcott 149, 151
Z
Zithromax Z-Pak 45
Zoloft 45